제2판

중·노년 상담

김애순 지음

Σ 시그마프레스

장·노년 상담 제2판

발행일 | 2018년 9월 5일 1쇄 발행

저 자 | 김애순
발행인 | 강학경
발행처 | (주)시그마프레스
디자인 | 고유진
편 집 | 문수진

등록번호 | 제10-2642호
주소 | 서울특별시 영등포구 양평로 22길 21 선유도코오롱디지털타워 A401~403호
전자우편 | sigma@spress.co.kr
홈페이지 | http://www.sigmapress.co.kr
전화 | (02)323-4845, (02)2062-5184~8
팩스 | (02)323-4197

ISBN | 979-11-6226-120-0

* 책값은 뒤표지에 있습니다.
* 이 도서의 국립중앙도서관 출판예정도서목록(CIP)은 서지정보유통지원시스템 홈
페이지(http://seoji.nl.go.kr)와 국가자료공동목록시스템(http://www.nl.go.kr/
kolisnet)에서 이용하실 수 있습니다.(CIP제어번호 : CIP2018025006)

머리말

우리 사회는 예측했던 것보다 더 빨리 전국이 고령사회로 진입해 있으며 이미 초고령사회의 문턱을 넘어선 지역도 많다. 이제 많은 사람들이 80세 이상의 수명을 기대하게 되었고, 인생주기 상에서 상대적으로 길어진 장·노년기를 어떻게 하면 풍요롭게 보낼 수 있을지에 많은 관심이 쏠리고 있다. 이런 사회적 변화에 부응하여, 그동안 국가적·사회적 차원에서 제공되는 다양한 복지 서비스가 꾸준히 향상되어 오고 있다. 이런 서비스는 주로 의료, 주거, 간병 등 기초생계를 위한 분야에 우선적으로 치중되어 왔다.

그런데 한 그리스 철학자는 "왜 사람들은 몸을 건강하게 하는 데에는 그렇게도 많은 관심을 쏟는데, 정신을 건강하게 하는 데는 별로 관심을 쏟지 않는지 모르겠다"고 말했다. 이 말은 우리 현대인들에게도 경종을 울리는 말이 아닌가 생각된다. 이제 우리 사회도 의료, 주거, 생계유지를 넘어서 정신건강으로 그 복지 서비스를 업그레이드해야 할 시점에 이른 것 같다.

장·노년기는 신체기능의 감퇴와 더불어 다양한 심리·사회적 변화가 일어나는 시기이다. 그래서 많은 사람들이 이러한 변화에 적절하게 대처하지 못하고 적응의 어려움을 겪고 있을 뿐 아니라, 혹자는 정신건강을 위협받고 고통 속에서 살아가고 있다. 그동안 각종 복지관, 사회교육기관 및 문화센터, 사랑의 전화, 노인의 전화 등 다양한 채널을 통해 이들에게 도움의 손길을 주고 있었지만, 증가하는 수요에 비해 공급이 채 미치지 못하고 있다. 무엇보다 이런 임무에 헌신적으로 봉사하고 있는 사람들은 전문 심리상담가라기보다 소정의 상담교육을 받은 사회복지사가 대부분이며 자원봉사자도 상당 부분을 차지하고 있다. 이러한 현실 속에서 무엇보다 시급한 것은 보다 전문적인 교육과 훈련을 받은 전문 상담원을 양성하는 일일 것이다.

따라서 이 책은 사회의 다양한 분야에서 장·노년층을 대상으로 상담업무에 종사하는 상담원을 훈련하기 위한 목적으로 쓰여졌다. 이번 개정판에서는 책의 구성을 재편하고 세부내용을 수정 보완하였다. 이 책은 6개 장으로 구성되어 있다. 제1장에서는 장·노년기의 발달적 특징을 생리, 인지, 성격, 사회적 측면에서 간략하게 소개함으로써 인생의 가을과 겨울에 대한 이해를 증진하고자 했다. 제2장에서는 상담에 대한 기초 지식을 설명했으며, 제3장에서는 상담의 기본 원리와 다양한 상담 기법의 토대가 되는 개인 및 집단상담 이론을 소개했다. 제4장에서는 앞의 상담 이론에서 도출된 다양한 상담 기법을 소개하고, 상담 장면에서 이를 활용할 수 있도록 훈련하는 연습의 장을 마련하고 있다. 제5장에서는 장·노년기의 특수문제들에 대한 심리학적 설명과 함께 실제 사례를 이용해 상담 기법을 연습해보는 실습의 장을 마련했다. 제6장에서는 집단상담의 진행 절차와 기법 활용의 사례들을 소개하고 있으며, 실제 집단활동에 참여해보는 체험의 장도 마련했다. 이러한 훈련은 복지관, 실버타운 및 양로원, 사회교육 현장의 집단상담이나 집단활동 장면에 많이 활용될 수 있으리라 기대된다.

이 책은 장·노년기의 특수성을 이해시키기 위한 발달 이론, 상담 이론, 상담연습의 장을 함께 엮음으로써, 소정 기간에 장·노년기를 이해하고 상담기술을 연마하는 데 그 효율성을 극대화하고자 했다. 아무쪼록 이 책이 사회 각 분야에서 장·노년층 상담 업무에 봉사하려는 사람들을 훈련하는 데 좋은 도구로 활용되기를 바라며, 미흡하나마 감히 세상에 내놓을 용기를 가져본다. 그동안 편집과 출판을 위해 수고해주신 (주)시그마프레스의 강학경 사장님과 직원들에게 감사드린다.

2018년 여름
김애순

차례

제4장 상담 기법

제5장 장·노년기 특수문제 상담

장·노년기 특수성

1 인생의 가을, 겨울

흔히 인생은 자연의 사계절에 비유된다. 우리의 어린 시절이 대지에 생명이 움트고 온갖 꽃들이 피어나는 봄이라면, 성인 초기는 푸르른 녹음 속에서 성장의 절정을 만끽하는 여름일 것이다. 그리고 중년기는 수확과 결실의 풍요로움 속에서 추풍낙엽의 정취를 음미하는 가을에, 노년기는 만물이 언 땅속에서 휴면하며 재탄생을 기다리는 겨울에 비유할 수 있을 것이다.

인생의 가을은 어떤 빛깔로 단풍이 들까? 젊은 시절 청운의 꿈을 품고 성취의 사다리를 치열하게 오르내린 노고의 대가로, 인생 중반을 넘어서면 우리는 가정과 사회에서 역할, 책임, 힘이 절정에 달한다. 하지만 한편으로는 성취의 절정에서 혹은 실패의 늪에서 내적, 외적 한계를 느끼기도 한다. 우리는 이제 몸이 예전같지 않아 자신이 늙어가고 있음을 피부로 느끼며, 직장에서는 앞으로 올라갈 사다리에 한계가 보이고 젊은 후배의 도약으로 퇴출 압박을 받기도 한다. 가정에서는 청소년 자녀와 갈등, 부부역동의 변화, 부모 부양 등으로 사방에서 협공을 받기도 한다. 그래서 흔히 중년기는 **샌드위치 세대**라고도 불린다. 이제 우리는 자신의 삶을 재조명해보며 흠과 결함을 발견하고 이를 수정해서 연장자로서의 면모를 다듬어가는 시점에 다다른 것이다. 그리고 서서히 우리는 다음에 올 인생의 계절을 준비해야 한다.

아마도 인생의 가을에서 겨울로 접어드는 전환기적 사건은 은퇴와 자녀 출가일 것이다. 이 두 사건은 개인의 삶에 다양한 심리 · 사회적 변화를 가져온다. 수입 감소, 사회적 유대관계 상실, 역할 상실 등으로 어떤 사람은 마치 자신이 허공에 내팽개쳐진 듯 무력감에 빠져들 수 있다. 이런 혼란과 방황 속에서 서서히 채비를 하며 우리는 인생의 겨울 속으로 들어가는데, 이 시기를 **노년의 전환기**라고 한다. 인생의 어느 시기든, 전환기(transition)란 앞 시기를 마무리 짓고 다음 시기를 준비하는 교량 역할을 하는 시기로 방황과 갈등, 번민이 있기 마련이다. 이 와중에서 우리는 자신의 삶을 재점검해보고 다가올 시기에 대한 생애 설계를 새롭게 함으로써 변화와 성장을 해나갈 수 있다.

인생의 겨울은 어떤 모습으로 다가올까? 만약에 누군가 당신에게 "자연의 사계절 중 어느 계절을 좋아하십니까?"라고 묻는다면, 뭐라고 답하겠는가? 아마도 겨울을 좋아한다는 사람이 꽤 있을 것이다. 하지만 "인생의 겨울도 좋아하십니까?"라고 묻는다면 어떤 응답이 나올까? 많은 사람들이 늙음을 두려워하고 노년을 좋아하지 않는다. 그 이유는 '노년'하면 떠오르는 것이 불편함, 질병과 고통, 고독과 소외감이기 때문이다.

그러나 자연의 사계절에 양면성이 있듯이 인생의 계절도 마찬가지이다. 겨울엔 앙상한 나뭇가지를 흔드는 칼바람 속에 온몸이 움츠러들지만, 하얀 눈으로 덮인 산야의 아름다움은 우리에게 평온과 행복감을 가져다준다. 실제로 노년에는 경제적 어려움, 건강 악화, 사회적 소외, 외로움 속에서 몸과 마음이 움츠러든 채 살아가는 사람들이 많다. 이들에게 노년이란 외롭고 쓸쓸한, 별 할 일 없이 웅크리고 앉아 덧없이 흘러가는 세월에 얹혀 사는 힘겨운 계절일 수 있다. 한편 노년에는 마음만 먹으면 젊은 시절 욕망과 열정의 시달림에서 벗어나 마음의 평안과 여유를 누릴 수 있는 자유가 있다. 최선의 경우, 추운 겨울 언 땅속엔 봄에 싹틀 생명이 잉태되어 있듯이, 우리는 후손을 위해 지혜와 관용과 사랑을 베푸는 재탄생의 계절로 이 시기를 가꿀 수도 있다. 이제 자신의 삶을 정리해보고 남은 인생을 좀 더 의미있는 것으로 만들기 위해 마지막 노력을 하면서 우리는 이 계절을 좀 더 따뜻하게 보낼 수 있을 것이다.

그림 1.1 인생의 가을과 겨울

요즈음 기대수명의 증가로 이 인생의 마지막 계절이 무척 길어지고 있다. 흔히 이 시기는 노인 전기와 후기로 구분되고 있으나, 노년에 대한 보다 긍정적인 시각에서 **제3인생**과 **제4인생**이라는 용어가 사용되고 있다. 제3인생이란 아직 남에게 의존하지 않고 건강하게 독립적으로 살아가는 기간을 말한다. 여기서 건강이 악화되어 신체적·경제적으로 누군가에게 의지할 수밖에 없다면 제4인생이 시작된 것이다. 아마도 제4인생을 최소로 줄이고 제3인생을 최대한으로 늘리는 것이 모든 사람의 소망일 것이다. 날이 갈수록 "인생은 60부터"라는 구호아래 제3인생을 더욱 활기차고 풍요롭게 살아가려는 욕구가 증폭되고 있다. 과연 나이가 들면 우리에게 어떤 변화들이 찾아오고, 여기에 어떻게 대처해야 할까?(그림 1.1 참조)

2 생리적 변화[1]

아무리 건강하고 아름다웠던 사람도 40세를 넘어서면 젊음의 생동감이 서서히 사라지기 시작한다. 늙어가고 있음이 가장 먼저 눈에 띄는 곳은 외모

---

1. 장·노년 심리학(김애순, 2012) 참조.

이다. 거울 속에 주름지고 처져가는 얼굴, 희끗희끗한 머리카락을 바라보며 "아, 이제 난 더 이상 젊지도, 아름답지도 않구나!"하면서 자아상이 타격받을 수 있다. 특히 외모가 자존감의 핵심을 차지하고 있거나 직업생활과 관련된 사람일수록 이런 타격이 더욱 심할 수 있다.

아마도 여성에게 젊음의 상실감을 가장 절실하게 느끼게 하는 사건은 폐경일 것이다. 폐경으로 인한 에스트로겐의 감소는 젊음의 생기를 앗아가고 성기능을 저하시킨다. 여성들 중에는 열감증, 골다공증, 짜증, 불면증, 우울증 등 혹독한 폐경기 증상을 겪는 사람들이 있다. 이런 증상은 비단 호르몬 감소 때문만은 아니며 건강, 가족갈등, 역할 상실, 성격 등 복합적인 요인에 기인할 수 있다. 남성도 역시 50세를 넘어서면 근육이 처지고, 머리가 빠지고, 성기능이 저하되는 소위 '남성 폐경기'를 겪으면서 젊음의 상실감을 맛본다. 다양한 심리 · 사회적 요인, 즉 직무 스트레스, 은퇴 압박, 정리해고로 인한 사회적 기능 상실 등이 이런 생리적 감퇴를 가속화할 수 있다.

세간에는 "60세가 되면 미모가, 70세가 되면 건강이 평준화된다"는 말이 회자한다. 누구나 무병장수(無病長壽)를 원하고 실제로 90~100세까지 건강을 누리신 분들도 있지만, 더 많은 사람들이 유병장수(有病長壽)하며 노후를 보내고 있다. 대체로 50대 후반부터는 10명 중 8명이 적어도 1개의 질환은 갖고 있으며, 80세에는 대다수가 5~6개의 만성적 질병을 앓는다고 한다. 65세 이상에서 보이는 만성적 질병은 관절염, 고혈압, 심장병, 외과적 손상, 청각 및 시각 손상과 안질환이 수위를 차지하고 있다(Belsky, 1999). 이러한 만성적 질환은 생명을 위협한다기보다 기능을 손상시킴으로써 거동을 불편하게 하고 무력화시켜서 삶의 질을 떨어뜨린다. 다른 조건이 아무리 좋아도 만성적 질병은 삶의 즐거움을 앗아가기 마련이다.

만성적 질병을 앓더라도 기능 손상이 얼마나 되었는지가 문제이다. 어떤 사람은 세탁, 청소, 쇼핑과 같은 **도구적 일상활동**(instrumental activities of daily living, IADLs)에 지장을 받지만, 이보다 더 심한 사람들은 옷 입기, 식사하기, 혼자서 일어나기 등 **기본적 일상활동**(basic activities of daily living, BADLs)이 어려운 경우가 있다. 특히 85세 이상 고령으로 갈수록 기본적 일상활동에 문제가 생기는 노인들이 급격히 증가한다. 흔히 노인들은 질병보다 기능이 제약받는 데 따라 자신의 건강을 평가하는 경향이 있다.

만성적 질병으로 기능 손상과 사망에 이르는 통로에는 나이, 생활양식, 성, 사회계층이 영향을 미친다. 즉 남성보다 여성이 기능 손상된 상태에서 더 오래 살며, 저소득층이 기능 손상을 더 많이 겪고 빨리 죽는다. 부자와 빈자의 이런 차이는 45~65세 사이에 극대화되는데, 그 이유는 저소득층이 정서적 스트레스, 비만, 음주에 더 노출되기 때문이다(Belsky, 1999). 요즘 생활양식의 혁명으로 이 차이가 더욱 커지고 있다(그림 1.2).

대체로 와병 노인을 부양하는 가족들은 경제적·심리적으로 많은 부담감을 느끼게 된다. 하지만 노인들이 이미 손상된 기능을 회복하는 데는 긍정적인 가족관계가 매우 중요하다. 또한 꾸준한 운동과 노인이 기거하는 주변환경도 중요하다. 불편한 기능으로 최대한 활동할 수 있을 때 기능이 회복될 수 있지만, 여건이 좋지 않아 꼼짝도 못할 경우 감퇴가 가속화될 수 있다.

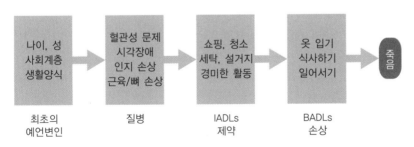

그림 1.2 건강에서 죽음으로 가는 통로

간혹 가족이나 간병인이 일거수일투족을 지나치게 시중들 경우, '지나친 무력(excess disabilities)'으로 기능이 더욱 감퇴해버릴 수 있다. 이처럼 기대수명의 연장은 양날을 가진 칼이다. 의술의 발달은 일단 질병이 촉발한 후 질병 상태에서 생명을 연장해줄 뿐 우리를 이전처럼 건강한 생활로 돌아갈 수 있게 만들어주지는 않는다.

요즘 단순히 수명을 연장하는 것보다는 건강하게 오래 사는 것, 즉 **건강기대수명**을 늘리는 데 많은 관심이 쏠리고 있다. 어떻게 하면 건강하게 오래 살 수 있을까? 노화의 속도와 수명은 타고난 유전적 특징에 의해 결정되기도 하지만, 개인이 평소 자신의 몸과 마음을 어떻게 관리하느냐에 따라 노화가 지연되고 수명이 연장될 수도 있다. 인간의 노화에는 일차적 노화와 이차적 노화가 있다. 유전적으로 계획된 노화가 일차적 노화라면, 외적 요인에 의해 노화가 진행되는 경우를 이차적 노화라고 한다. 여기서 외적 요인이란 만성적 질병, 생활습관, 다양한 스트레스 등 심리·사회적 요인이다.

어떻게 하면 좀 더 젊고 건강하게 살 수 있을까? 최근에는 호르몬 요법, 항산화제 등 젊음을 유지하는 데 도움이 되는 다양한 약물이 개발되고 있다. 그러나 한국의 100세인 연구나 미국의 장수인 연구를 보면, 젊게 오래 살기 위해서 가장 중요한 것은 적절한 식사와 규칙적인 운동, 충분한 수면이다. 소식(小食)과 나이에 맞는 적절한 운동은 젊음의 샘을 마르지 않게 할 것이다. 지나친 스트레스, 과로, 과식, 음주와 흡연은 우리를 겉늙게 하고 수명을 단축한다. 또한 밤에 잠이 오지 않을 때는 수면제를 복용하기보다 낮에 신체활동이나 지적인 활동을 통해서 머리를 데워 둘 필요가 있다. 잠이란 머리를 식히는 기능을 하며, 낮에 데워진 머리는 자연히 밤에 식힐 필요가 있기 때문이다.

인지적 변화

저명한 심리학자 B. F. Skinner는 "노년에 대해 알고 싶으면, 안경에 먼지를 씌우고, 귀를 솜으로 막고, 커다랗고 무거운 신발을 신고, 장갑을 낀 채 하루를 보내보라"고 하였다(주영숙 역, 1988). 나이 들어도 마음은 이팔청춘인데, 무언가를 좀 배우고 싶어도 눈도 어둡고 귀도 잘 안 들리고 돌아서면 잊어버린다고 하소연하는 사람이 많다. 무엇보다 새로운 것을 배우기 어려울 뿐 아니라 건망증이 심해지고 기억력이 없다고 노인들은 호소한다. 이는 늙어갈수록 시각, 청각, 촉각 등 감각기관은 물론 대뇌의 신경원과 신경조직이 퇴화하기 때문이다.

시각의 경우, 40대 중반부터 원시가 시작되면서 돋보기가 필요하게 된다. 눈의 선명도가 떨어져 물체가 흐릿하게 보일 뿐 아니라 시각 거리 조절능력도 저하된다. 특히 밤눈이 어두워지며 밝음과 어두움의 변화에 재빨리 순응하지 못한다. 80세 이후에는 황하현상이 생기는 사람이 증가하는데, 이는 붉은색 계통 색깔은 식별하나 파란색 계통은 잘 안 보이는 현상이다. 이러한 시각감퇴는 독서, 스마트폰 사용, TV 시청 등의 일생생활을 불편하게 할 뿐 아니라 사고로 이어질 수도 있다. 특히 나이 든 사람이 야간에 외출을 하거나 낯선 길을 운전할 경우, 발을 헛디뎌 넘어지거나 교통사고가 날 위험은 항상 도사리고 있다.

청각 역시 50세 이후부터 노인성 난청이 생기는데, 이는 고음에 취약해서 가늘고 높은 소리를 잘 못 듣는 증상이다. 즉 노인은 굵은 저음(남자 목소리)보다는 가는 고음(여자 목소리)을 더 잘 듣지 못한다. 특히 소음 속에서는 소리를 구별하는 능력이 더욱 저하된다. 청력의 감퇴는 일상에 불편을 줄 뿐 아니라 자칫 실수와 오해를 불러일으켜 가족, 친구 간에 갈등을 야기할 수 있다. 대체로 사람들은 자신의 시력감퇴는 쉽사리 알아차리고 대처를 하지만, 청력감퇴는 의식하지 못하고 **편집증**(paranoid)과 같은 반응을 보이는 경향이 있다. 즉 노인이 자신의 귀가 어두운지 모르고 남들이 자신을 따돌린다고 생각하고 소외감, 의심, 적개심을 품고 공격성을 보이면 이런 행동을 이상하게 생각한 주위 사람들은 그를 회피하게 되고, 이 과정이 순환하면서 노인은 차츰 고립되게 된다(김애순, 2012).

또한 대뇌 신경조직의 퇴화로 인해 감각통로로 들어온 애매모호한 정보를 해석하고 의미를 부여하는 **지각** 능력이 떨어진다. 나이 들수록 TV 화면에 빠르게 지나가는 뉴스나 운전 중 표지판을 읽기 어려운 이유는 역동적 시지각이 감퇴하기 때문이며, 빠른 속도로 말하는 이야기는 알아듣지 못하는 것도 마찬가지이다. 야간에 가로등이나 네온사인 등 복잡한 불빛 속에서 신호등이나 표지판을 재빨리 가려내기가 점점 더 어려워지는 것은 선택적 주의력, 형태지각이 저하되기 때문이다. 또한 주의집중력이 떨어져 장시간 운전하기가 어렵고, 휴대전화를 사용하면서 운전하기처럼 동시에 두 가지 일에 주의를 기울이기는 더욱 어려워진다. 따라서 나이 든 사람일수록 밤에 장시간 주의집중해서 작업을 하거나 속도를 요하는 일, 동시에 두 가지 일을 해야 할 경우 쉽게 피로해지고 효율성이 떨어질 수 있다.

정보 처리와 기억 대뇌의 퇴화는 주로 신경원의 사멸과 위축, 시냅스의 변화로 특징지어진다. 정상노화에서도 대뇌의 세 부위─전두엽, 해마, 소뇌─에서 신경원이 가장 많이 퇴화한다. 이들 세 부위는 정보의 조직, 분류, 기획, 저장, 즉 정보 처리와 기억을 담당하는 기능을 한다. 이런 부위의 퇴화는 정보 처리의 속도와 효율성을 떨어뜨려서 새로운 것을 배우기 힘들게 만든다. 따라서 나이 들수록 새로운 정보를 신속하게 체계적으로 저장하지 못하기 때문에 그것을 기억해내기도 힘들어진다. 마치 장롱 속에 옷을 뒤죽박죽 섞어 놓았을 때 꺼내 입기가 어려운 것과 마찬가지이다. 특히 짧은 순간에 많은 정보를 한꺼번에 받아들이거나 복잡한 과제를 빠른 속도로 처리하는 데는 매우 불리해진다(Woodruff-Pak, 1997).

기억력이 떨어지고 건망증이 심해지면 이것은 곧 일상의 실수로 이어진다. 나이 들면 약속, 생일날, 결혼식, 약 먹는 시간 등 미래에 수행해야 할 일을 까마득하게 잊어버려서 가족이나 친구 간에 갈등이 생기기도 한다. 살아오면서 축적된 수많은 생활사들이 기억 속에 복잡하게 얽혀서 서로 간섭하는 것도 건망증을 부추기는 데 한몫을 한다. 생활이 단조로운 사람보다 복잡한 사람들이 건망증이 더욱 심한 것은 이런 이유 때문이다. 그러나 노인들은 최근 일들은 쉽게 망각해도 옛날 일은 비교적 잘 기억하며, 특히 자신의 삶에 매우 의미 있고 정서적으로 깊이 개입된 자전적 경험들은 매우 생생하게 기억한다(김애순, 2012).

이러한 인지능력의 감퇴는 결국 **정신운동속도**를 저하시켜서 느린 반응으

로 인해 일상의 수행능력이 점차 떨어지게 된다. 요즈음처럼 '빨리 빨리'를 외치는 삶의 흐름 속에서 나이 든 사람은 점점 적응하기가 힘들어진다. 이로 인해 자칫 자존감과 사기가 저하되고 성격과 행동에 조심성과 경직성이 증가할 수 있다. 그러나 이런 불리함은 오랜 경험을 통해 축적된 지식과 노하우를 통해 보완할 수 있다. 가끔 우리는 특정 분야에서 장기간 일해 온 연장자들이 젊은이 못지않은 직무능력을 발휘하는 경우를 본다. 무엇보다 나이 든 사람의 장점은 삶의 경험 속에서 터득한 직감, 통찰력, 상대적이고 반영적인 사고방식, 그리고 지혜라고 할 수 있다.

어떻게 하면 노후까지 지적 총명함을 유지할 수 있을까? 그리고 건망증으로 인한 실수를 줄이기 위해서는 어떻게 해야 할까? 우선 신체와 정신을 건강하게 유지할 필요가 있다. 고혈압, 심장병 등 만성적 질환이나 우울, 불안감이 있을 경우 기억력 감퇴는 더욱 악화된다. 꾸준한 심미적·지적 활동은 뇌의 퇴화를 막는 윤활유와 같다. 하지만 무엇보다 잘 잊어버린다는 것을 명심하고 철저하게 대비할 필요가 있다. 항상 메모하고, 달력과 시계를 자주 쳐다봄으로써 망각으로 인한 실수를 줄일 수 있을 것이다. 설령 망각으로 인한 실수가 발생했더라도 이를 겸허히 수용하는 여유와 유머를 지니자. 이처럼 '인생 후반은 지혜로 산다'고 말할 수 있을 것이다.

4 성격의 변화

많은 학자들이 나이가 들면 성격이 **원심성**(遠心性)에서 **구심성**(求心性)으로 변화해간다고 주장하고 있다(예 : Jung, Kimmel, Neugarten, Botwinick). 즉 젊은 시절 외부로 쏠렸던 에너지가 중년 이후에는 차츰 내부로 쏠리면서 외향적, 독립적, 개방적, 적극적인 성향이 내향적, 수동적, 의존적으로 변하고 조심성과 경직성이 증가한다는 것이다. 또한 자아통제 방식 역시 능동에서 수동, 신비적으로 변화하며(Gutmann, 1967; 김애순, 1987), 어떤 문제 상황에 부딪혔을 때 문제 해결보다는 정서적 위안을 얻으려는 '정서중심 대처행동'이 증가한다(Folkman & Lazarus, 1980).

이러한 주장은 그동안 젊은이와 노인을 비교한 연구에서 꾸준히 검증되어 오고 있다. 나이 들면서 내향성이 증가하는 것은 내적인 성숙을 가져올 수도 있지만 한편으로는 자아를 위축시킬 수도 있다. 그래서 노인들은 조그만 신체증상에도 민감한 반응을 보이며, 자신이 쌓아온 이력과 경험을 믿고 자기 방식대로 판단과 결정을 해버리는 자기중심성을 보이는 경향이 있다. 또한 매사에 적극적이지 못하고 남에게 의지하려는 수동성과 의존성이 증가하며, 무슨 일을 판단하고 결정해서 행동에 옮기는 데 매우 조심스러워지고 행동이 느려진다. 여기에 경직성이 증가하면 새로운 변화를 받아들이는 데 융통성이 없어져서 새로운 방식으로 일하기보다 예전에 하던 방식을 고수하려 한다. 도전이나 모험, 새로운 일을 시작하기는 더욱 꺼리게 된다. 이러한 경직성이 지나치면 사회적 변화에 둔감해지고 독선적이 될 우려가 있다.

그러나 발달의 다양성은 노년기에 그 폭이 더 클 수 있다. Butler(1974)는 "나이 든 사람의 경직성은 일종의 신화이다"라고 주장한다. 즉 자기중심성, 수동성, 의존성, 경직성, 조심성은 퇴행적으로 노화하는 사람들에게서 더욱 많이 나타나며, 성공적으로 노화하는 사람들에게서는 여전히 독립적이고 개방적인 성향을 엿볼 수 있다는 것이다. 젊은 시절에 심미적, 외향적, 개방적이었던 사람들은 노년에도 심미적이고 사교적이며 융통성이 있어서 새로운 변화를 수용하고 적응을 잘한다(Costa & McCrae, 1994). 개인의 성격이 성숙 혹은 퇴행적으로 발달해 갈지는 그 조짐이 이미 중년기에 나타난다고 할 수 있다.

일부 학자들은 중년기를 정신적 성숙의 정점으로 보고 있다. D. Levinson
은 "중년기는 지혜, 판단력, 도량, 조망의 폭, 비극적 감각이 무르익는 계절"이라고
한다(김애순 역, 1996). 또한 C. Jung(1954)은 인생의 중반을 넘어서면 지금
까지 밖으로 쏟았던 심리적 에너지가 내면으로 쏠리면서 처절한 자아성찰이
시작된다고 한다. 이때 성격발달의 촉매제 역할을 하는 것이 **중년기 위기** 경
험이라고 이들은 말한다. 즉 "나는 무엇을 위해 살고 있는가?", "내가 진정
으로 원하는 것은 무엇인가?"하고 묻는 정체의 혼란과 실존의 공허감 속에
서, 지나온 삶에 대한 재조명과 처절한 자아인식을 통해 인격이 성숙해간다
는 것이다. 이 과정은 진정한 자기 자신의 실체를 찾아간다는 의미에서 **개별
화**(individuation) 과정이라고 불린다.

Jung은 이 과정에서 삶의 전반부를 채색했던 **심리적 원형**[2]들이 변화한다
고 주장한다. 또 Levinson은 개인 내면의 양극적 성향(늙음-젊음, 남성성-
여성성, 애착-분리, 창조성-파괴성)이 균형과 조화를 이루어 나간다고 한
다. 즉 늙음과 젊음이 조화를 이룰 때, 우리는 늙음을 수용하고 젊음의 생기
를 유지하면서 연장자로서 면모를 갖출 수 있다. 또 남성성과 여성성이 조화
로운 양성적 존재가 될 때, 남녀가 진정한 동반자관계를 발전시켜 나갈 것이
다. 그리고 애착과 분리의 균형을 이룰 때 사회적 인정과 비판에 초연할 수
있으며, 인간사에 창조성과 파괴성이 공존함을 깨달을 때 우리는 용서와 사
랑의 인간관계를 발달시켜 나갈 수 있을 것이다(김애순 역, 1996).

이러한 개별화 과정을 원만히 수행했을 때, 우리는 Erikson(1963)이 말한

---

2. Jung이 인간의 집단무의식 속에 존재한다고 본 사고와 행동의 원형으로 페르소나(Persona), 아니마/아니무스
   (Anima/Animus), 그림자(Shadow), 자아(Self) 등이 있다.

소위 생성감(generativity)을 획득할 수 있을 것이다. 이는 자신의 내적 자원을 사회와 미래세대의 복리를 위해 투여할 수 있는 미덕을 터득하는 것이다. 이런 생성감을 얻지 못하면 정서가 메마르고 의무로 가득 찬 삶 속에서 허우적대는 **침체감**(stagnation)의 늪에 빠져들 수 있다. 가끔 우리는 주위에서 마음의 문을 닫고 우울과 무력감, 침체감 속에서 중년기를 보내고 있는 사람을 볼 수 있는데, 이런 증상은 노년으로 이어질 수 있으며 이는 퇴행적 노화의 조짐이라고 할 수 있다.

대체로 중·노년기에 성격이 원숙하게 발달한 사람은 **양성성**(androgyny)이다. 즉 이들은 이성과 감성의 조화를 보이며 성역할 고정관념에서 벗어나 부부가 많은 역할을 공유하며 동반자적 관계를 즐긴다. 또한 이들은 정서조절능력이 발달해서 타인의 감정과 생각에 민감할 뿐 아니라, 자신의 정서를 표현하고 조절하는 데도 능숙해서 가족, 친구들과의 유대관계를 원만히 유지해 나간다(Labouvie-Vief, 1996). 이들은 '영원불멸에 대한 소망(immortality)'을 '유산을 남기려는 소망(legacy)'으로 승화시킨다. 즉 이들은 마음을 비우고, 자원봉사, 헌신, 기부 등 다양한 사회봉사 활동을 통해서 남은 인생을 보다 가치 있는 삶으로 만들기 위해 노력한다.

⑤ 친밀한 관계

노후까지 건강하게 오래 사는 사람은 가족, 형제자매, 친구들과 아주 친밀한 관계를 유지하고 있는 것이 주요한 특징이다. 나이가 들면 그동안 내 주위를 둘러싸고 있던 사람들의 성분과 역동이 변화하게 된다. 과연 인생 후반까지 내 주위에 남아서 도움을 주고받을 사람은 누구일까? 아마도 일과 관련된 직장동료나 이해관계로 얽힌 친구들은 떠나고 없을 것이다. 그리고 배우자, 형제자매, 자녀, 절친한 친구, 일상의 친구들이 남아 있을 것이다. 이들과 어떻게 잘 어울려 살 것인가?

부부관계 중국 고사에 이런 말이 있다. "20대에는 좋아서 살고, 30대에는 정신 없이 살고, 40대에는 버리지 못해 살고, 50대에는 불쌍해서 살고, 60대에는 의지할 곳이 없어서 산다"(이규태, 1986). 이 말은 나이 들면서 부부관계의 역동이 어떻게 변화하는지를 잘 묘사해주고 있다. 이처럼 나이와 결혼만족도의 관계는 'U' 모형을 그린다(Levenson et al., 1993). 우리는 20대, 30대에는 서로 좋아서, 또 먹고살기 위해 정신없이 살아온다. 40대에 들어서면 이제 부부는 성적 이끌림보다 서로 이해하고 신뢰할 수 있는 동반자적 관계가 절실해진다. 이때 그동안 상호 대화가 없어서 정신적 공동(空洞)이 커졌고 친밀감이 없어진 부부는 그 관계가 침체 상태에 빠질 수 있다.

50대가 되면 남편은 직장에서 은퇴하고 자녀가 출가하면서, 부부는 **빈 둥지 시기**를 맞게 된다. 이즈음 어떤 부부는 여가와 취미생활을 함께 하며 마치 제2의 신혼기를 맞은 듯 즐겁게 사는 반면에, "은퇴로 인해 수입은 반으로 줄고 할 일은 두 배로 늘었다"는 푸념과 함께 갈등이 심화되는 부부도 있다. 특히 그동안 사회적 체면, 자식, 생계 때문에 참고 살아온 부부가 "늙으면 보자" 했던 묵혀둔 불만이 분출할 경우 부부갈등은 악화일로를 걸어 자칫 황혼이혼으로 치달을 수 있다.

그러나 노후에는 이전의 부부관계가 좋았든 나빴든, 서로를 용서하고 도구적으로 뭉치는 것이 현명하다. 이제 서로 늙어가는 모습에 연민을 느끼고 의지하면서 살아가야 하기 때문이다. 은퇴 이후 부부관계 만족도는 친밀감, 건강, 경제적 자원에 영향을 받지만, 무엇보다 변화하는 역할에 부부가 얼마나 융통성 있게 대처하느냐에 달려 있다. 이제 배우자는 성적 대상이라기보다 여생(餘生)을 함께 할 동반자이다. 따라서 부부가 양성화되어 성역할에 구애됨이 없이 가사와 여가활동을 함께 공유하면서 친밀한 관계를 발전시켜 나가야 한다.

부모-자녀 관계 부부관계가 좋으면 자녀관계도 좋지만, 부부관계가 나쁘면 자녀관계 역시 좋지 않은 경우가 많다. 그 이유는 자녀들이 성장하면서 부부관계에 영향을 받을 뿐 아니라, 부모의 태도와 행동을 모델링하기 때문이다. 부모자녀 간 정서에는 사랑은 물론 미움, 죄책감, 수치심도 있다. 그래서 L. Troll은 "강한 사랑은 강한 미움과 함께 한다"고 했다(Troll & Fingerman, 1996). 어린 시절 부모자녀 간 애착의 질이 일생을 통해 안정적으로 유지된다고 하지만(Bowlby, 1980), 나이가 들면서 부모자녀 간 역동은 변화하며 갈등의 소지 역시 달라진다.

중년 부모와 청소년 자녀 사이에는 '보호와 독립'의 욕구가 상충할 수 있다. 즉 부모로부터 독립해서 날아가려는 자녀의 생활에 부모가 지나치게 개입하고 간섭하려 할 때 갈등이 일어날 수 있다. 자녀가 출가하면 부모는 양면감정을 느낀다고 한다. 특히 어머니에겐 모성역할을 상실한 데서 오는 섭섭함이 있지만, 양육의 짐에서 벗어난 홀가분함도 있을 것이다. 이때 자녀에게 쏟았던 에너지를 거두어들여 다른 곳에 쏟을 필요가 있다. 즉 부부관계, 우정활동, 여가와 취미활동을 찾아 역할을 재구성하여 자기 삶을 찾아야 한다. 그렇지 못할 경우 계속 자녀에게 집착하고 출가한 자녀의 삶에까지 개입하게 될 것이다.

요즈음 맞벌이 부부가 증가하면서 자녀양육을 부모에게 맡기는 경우가 허다하다. 이로 인해 어떤 부모는 육체적 피로와 심리적 부담으로 **육아 우울증**

에 빠지기도 한다. 게다가 자식들이 경제적 자립을 못하고 부모에게 돌아오는 부메랑 현상이 일어나면 스트레스는 더욱 증폭된다. 부모자녀 간 지원관계를 살펴보면, 주기만 하거나 받기만 한 부모보다 공평하게 주고받는 부모들이 삶의 만족도가 더욱 높다(김정석, 김익기, 2000). 따라서 **세대 간 지원의 공평성**을 유지하는 것은 갈등을 최소화하는 한 방법일 수 있다. 하지만 무엇보다 이 시기 성숙하고 원만한 부모자녀 관계는 '상호 이해'와 '적절한 심리적 거리'를 유지하는 데 달려 있다(Nydegger, 1991). 즉 서로가 세대 간 가치관과 라이프스타일의 차이를 이해하고, 상대방의 생활에 깊숙이 관여하지 않는 **심리적 완충지대**를 허용할 필요가 있다.

노후에는 '자식이 울타리'라는 말이 있듯이, 자식이 있다는 것만으로도 마음이 뿌듯해진다. 이제 부모도 정서조절능력이 발달하고 자녀의 성숙도 역시 무르익으면 이전에 소원했던 부모자녀 관계가 좋아질 수도 있다. 한편 중년 자녀와 노부모 사이에는 부양부담으로 가족 간에 갈등이 생기기도 하는데, 특히 와병노인을 모시는 가정에서는 경제적, 심리적 부담으로 가족 내 갈등이 더욱 복잡해질 수 있다. 이때 노부모의 부양은 아들, 딸 상관없이 자녀들 모두가 공유하고 상호협력해서 책임을 져야 한다. 노부모가 받는 부양의 질은 자식의 경제적 능력보다 성숙성과 효(孝)의 정신에 달려 있다.

형제자매 관계 나이가 들수록 젊은 시절 소원했던 형제자매가 차츰 가까이 다가오고 더욱 소중해진다. 형제자매는 과거의 가족사를 공유하고 있기 때문에, 이들 사이에는 사랑과 믿음, 미움과 원망, 경쟁과 질투 등 다양한 정서감정이 얼룩져 있다. 형제자매 간 우애는 정서와 흥미를 공유한 데서 비롯되지만, 갈등은 어린 시절 부모의 편애, 성취 및 생활수준의 차이, 도움을 주고받는 과정에서 발생하는 질투와 경쟁, 섭섭함에서 기인할 수 있다.

그러나 형제자매는 나이 터울이 비교적 적어 자녀출가, 사별, 은퇴 등 전환기적 사건을 유사한 시기에 겪기 때문에, 그 누구보다 서로를 이해하고 지지해주는 데 탁월한 능력을 발휘한다. 유사시 경제적, 신체적 도움을 줄 수 있는 것도 친구보다 형제자매들이다. 노년에는 형제자매 간 우애가 깊으면 삶의 질이 높아지지만, 불화했던 형제자매도 회복가능성은 있다. 이들 내면에는 어린 시절 친밀감이 잠재되어 있기 때문이다. 만약에 자주 만나서 감정과 생각을 허심탄회하게 나눈다면, 이들은 마음속의 응어리를 풀고 화목을 되찾을 수 있을 것이다.

친구관계 노후에 가장 오래 내 곁에 남아 있는 사람은 친구이다. 친구는 만나면 즐겁고 필요한 정보도 나누며, 어려운 일이 있을 때는 서로 공감하고 이해해주며 정서감정을 공유한다. 이들은 동시대를 살아온 동년배들이기 때문에 서로 정서를 공감하고 이해하는 능력이 탁월하다. 특히 절친한 친구 사이에는 배우자나 자식과 불화가 있을 때 허심탄회하게 마음을 터놓을 수 있고, 몸이 아플 때면 찾아와서 위로하고 가끔 심부름이나 가사 일을 도와주는 경우도 있다. 일상의 친구들은 식사, 쇼핑, 등산 등의 활동을 함께 할 수 있

어서 만나면 즐겁고 외로움을 덜어준다.

대체로 여자는 만나면 서로 마음을 터놓고 정서를 나누는 **공유적 우정**을 즐기는 반면에, 남자는 등산, 낚시, 골프 등 활동을 통해 만나는 **행위 주체적 우정**을 즐긴다(Wright, 1989). 이들은 만나도 서로 마음을 터놓지는 않는다. 나이 들수록 친교성이 발달한 여자들은 친구 수도 많고 서로 자주 만나며 절친한 친구가 있는 사람도 많다. 그러나 친교성이 발달하지 못한 남자들은 나이 들수록 친구 수가 점점 줄어들고 자주 만나지도 않으며 절친한 친구를 가진 사람도 드물다. 남자의 행위 주체적 우정에는 비용이 들기 때문에, 은퇴 후에는 개인의 경제적 여건에 따라 우정활동이 영향을 받을 수 있다.

노년에 친구들은 정서적 지지, 사회적 지지, 도구적 지지를 통해 개인의 삶의 질을 높이는 데 중요한 기능을 한다. 그만큼 친구 간에 갈등이 생기면 개인의 삶의 질은 떨어진다. 언제 친구 간에 갈등이 생길까? 다른 인간관계에 비해 우정관계의 특징은 정서적 유대감, 자발성, 상호성, 동등성, 교환의 공평성이다. 친구 간에 신뢰를 위반하거나 자발성과 상호성이 없을 경우 갈등이 일어날 수 있다. 특히 장·노년기에는 은퇴로 인한 수입 감소, 건강악화, 사별 등으로 친구 간에 동등성이 깨지고 **교환의 공평성**을 유지하기가 힘들어질 수 있다. 한쪽 친구가 물질이나 서비스를 지나치게 줄 경우, 주는 쪽은 피해의식, 받는 쪽은 자존심 손상과 수치심을 느낄 수 있다. 친구의 역할이란 한계가 있어서, **돌보는 것**(caring for)보다는 **염려하는 것**(caring about)이기 때문이다(Allan, 1986). 돌보는 것은 가족이나 혈연관계의 역할이며, 이역할을 장기간 친구가 할 경우 상호 부담감으로 갈등이 커질 수 있다.

노년에 친구 간에 갈등이 생기면 그만큼 사기가 저하되고 심리적 안녕감이 떨어진다. 그래서 갈등이 있어도 절교보다는 접촉 횟수나 정서적 개입을 줄이면서 우정관계를 미약하게 유지하려는 경향이 있다. 무엇보다 '길은 다니지 않으면 잡초가 무성해진다'는 말이 있듯이, 친구들은 자주 만나지 않으면 사이가 멀어지기 마련이다. 먼저 전화하고 안부를 묻고 자주 만나는 것이 좋다. 동창회, 친목회에도 적극 참여하여 이해관계가 없는 허심탄회한 마음으로 친구들을 사귀는 것이 중요하다.

6 성공적 노화와 퇴행적 노화

나이 들면서 찾아오는 현상—얼굴에 주름이 생기고, 흰머리가 늘어나고, 기력이 떨어지고, 죽음의 그림자가 보이는—을 누군들 피할 수 있겠는가? 하지만 여기에 대처해나가는 모습은 사람마다 다양하다. 어떤 사람들은 가난과 질병으로 고통 받으면서도 주어진 삶을 수용하고 다가오는 죽음을 준비하면서 평온하게 살아간다. 반면에 어떤 사람들은 "다 쓰고 죽자"하는 구호를 외치며 온갖 탐욕과 쾌락을 즐기며 다니지만 공허함의 늪 속에서 허우적거린다. 또한 지나온 삶에 대한 회한으로 불평불만 속에서 살아가는 사람이 있는가 하면, 노화와 죽음의 두려움에 사로잡혀 심리적으로 잔뜩 위축되어 있는 사람들도 있다. 하지만 가끔 우리는 주위에서 자신에게 남아 있는 자원을 사회와 후손을 위해 투여하며, 이 마지막 인생의 계절을 기품과 고상함을 지니고 활기차게 보내는 분들을 본다.

P. Baltes는 노화과정이란 퇴화와 성숙이 함께 공존하는 자기조절과정이라고 한다. 즉 생물학적 감퇴와 열악한 환경 속에서도 여기에 자신을 얼마나 잘 조절하고 유연하게 대처하느냐에 따라 우리는 성숙할 수도, 퇴행할 수도 있다는 것이다. 이러한 적응의 유연성은 개인이 소유한 **자아탄력성**(resilience), **가소성**(plasticity)에 근거한다. 그는 개인 간 발달의 다양성은 일

생에 걸쳐 누적된 환경조건의 차이와 개인 내 가소성이 상호작용한 결과라고 주장한다(Baltes & Baltes, 1990). 대체로 노년에는 경제적 빈곤, 질병, 사별 등으로 인해 젊은 시절보다 환경조건이 더욱 열악해지면서 개인의 삶의 질이 떨어질 수 있다. 그러나 수많은 삶의 경험 속에서 발달되어 온 자아탄력성이 노화과정에도 작용한다. 열악한 환경조건에서도 이를 얼마나 수용하고 유연하게 대처하느냐에 따라 주관적 안녕감이 다르고 성숙과 퇴행의 행로 역시 달라질 것이다.

그러면 성공적 노화란 어떻게 늙어가는 것일까? 물론 생물학적으로 볼 때, 제3인생을 최대한으로 늘려서 제4인생이 없이 죽음에 이른다면 성공적으로 노화한 것일 것이다. 그러나 심리적 측면에서 볼 때, 성공적 노화는 행복감, 지혜, 성숙, 자아통합, 통제감 등의 용어와 상관이 있다(김애순, 2012). 즉 성공적으로 노화하는 사람은 삶에 매우 만족하고 주관적 안녕감이 높으며, 노후에도 역할을 재구성하여 활동수준이 높고 일상에 별 불만이 없다. 이들은 인생을 어떻게 살아야 하는지를 알고 실천하는 지혜가 있으며, 죽음에 대한 두려움 없이 죽음도 삶의 한 단계라고 생각한다. 이들에겐 타인을 공감적으로 이해하고 배려와 관용을 베풀 수 있는, 그리고 자신을 반영해 볼 수 있는 성숙함이 있다. 이들은 자신의 삶과 노화현상을 순순히 수용한다―지나온 생애의 빛과 그림자를 모두 수용하고, 성공과 실패에 초연하며, 자신을 잘 알고 자신을 사랑한다.

반면에 퇴행적으로 노화하는 사람들은 자신의 삶에 대한 회한이 많고 인생의 실패를 타인이나 자신에게 투사하며 불만과 불행감 속에서 살아간다. 이들은 타인에 대한 이해나 배려가 없고 자신의 욕구에 집착하며, 자신을 반영해볼 만한 성숙함이 없다. 이들에겐 못 다한 삶에 대한 미련이 많아서 늙어감과 죽음에 대한 두려움이 있다. 이들 중에는 자기통제감이 없어서 의존적,

수동적이고 정서가 매우 변화무쌍한 사람이 많다. 대부분 뚜렷한 삶의 의미나 목표가 없이 근심, 걱정, 불평 속에서 세월을 흘려보낸다.

　노년을 성공적으로 보내기 위해서 어떻게 해야 할까? 우선 지나온 삶을 돌아보고 자신의 인생을 긍정적으로 정리할 필요가 있다. 인생회고, 자서전 쓰기 등을 통해 인간관계에서 응어리졌던 감정을 용서하고 풀 수 있을 뿐 아니라 성공과 실패, 실수와 좌절을 되짚어보면서 이에 대해 담담해질 수 있을 것이다. 또한 노화현상을 자연스럽게 수용하고 이에 적극적으로 대처할 필요가 있다. 취미생활, 여가, 운동 등을 통해 적절한 활동수준을 유지하면서 **몰입의 즐거움**을 누릴 수 있다면 더할 나위 없이 좋을 것이다. 무엇보다 마음의 문을 열고 타인들과 잘 어울리며, 매사를 낙천적이고 긍정적으로 생각하고 즐거운 마음으로 산다면, 건강과 젊음을 오래도록 유지하며 풍요로운 노후를 보낼 수 있을 것이다. 이를 위해 개인은 물론 가족이나 사회가 함께 노력해야 할 필요가 있다. 우선 우리는 '상담'이라는 접근을 통해서 도움을 청하고, 도움의 손길을 뻗을 수 있을 것이다.

제2장

상담의 기초

1 상담이란?

상담이란 도대체 무엇인가? 서로 마주 앉아서 이야기를 주고받는 것인가? 상담(counseling, 相談)이라는 어휘를 말뜻 그대로 풀이해보면 '서로 말을 주고받는다'는 의미가 있다. 그러면 친구 사이에 이야기를 나누거나 백화점에서 물건을 사고팔 때 점원과 고객이 나누는 대화도 상담인가? 학술대회나 정책 토론장에서 토론자들이 주고받는 대화, 성직자가 신도들에게 하는 설교, 선생님이 학생에게 하는 훈계나 충고, 혹은 재판정에서 검사와 피의자가 나누는 대화도 상담인가? 이들 대화양식의 특징은 어떤 차이가 있는가?

우선 친구 사이의 대화에서는 허심탄회하게 그동안 궁금했던 서로의 생각이나 감정을 나누거나 정보를 교환하지만 대화를 나누는 뚜렷한 목적은 없다. 백화점에서 점원과 고객이 대화할 때는 상호 적절한 가격에 물건을 사고팔고 하려는 뚜렷한 목적은 있으나, 상대방의 감정과 생각을 이해하고 공감한다기보다 자신의 이익을 위해 상대방을 설득하는 데 초점을 둔다. 또한 토론장에서 토론자는 상대방의 의견을 경청하고 수용하기보다 자기 주장을 펴고 이를 방어하려고 한다. 성직자의 설교나 선생님의 훈계는 일방적으로 자신의 생각이나 의견을 상대방에게 전달하는 경우이며, 통상 위계적인 관계에서 화자와 청자의 대화가 이루어진다. 즉 설교나 조언을 하는 사람이 더 우월하고 듣는 사람은 더 열등하다는, "나는 당신보다 더 낫소"하는 메시지가 은연중에 전달되기 때문에 자칫 듣는 쪽에서는 자존심이 손상될 수도 있다. 검사가 피의자를 심문할 때 역시 양자관계가 위계적일 뿐 아니라, 대화양식이 일방적으로 추궁하는 경향이 있어서 상대방을 긴장시키고 심리적으로 위축시킬 수 있다.

그러면 상담이란 이러한 대화양식과 어떻게 다른가? 우선 상담이란 뚜렷한 목표가 있다는 점에서 친구 사이의 대화와 다르다. 이해관계에 따라 상대방을 설득하기보다 상대방의 생각과 감정을 공감하고 이해하려 한다는 점에서 상인과 고객 사이의 대화와 다르다. 또한 자기 주장을 펴고 이를 방어한다기보다 상대방의 생각과 감정을 경청하고 수용하며 서로의 생각에 대해 매우 개방적이라는 점에서 토론과 다르다. 그리고 대화를 주고받는 양자관계가 위계적이지 않고 동등하며, 심리적으로 긴장되거나 위축되지 않고 편안하다는 점에서 설교나 충고, 심문과도 다르다. 상담은 앞에서 언급한 모든 대화의 차원을 넘어선다.

상담이 이루어지기 위해서는 우선 문제를 가지고 도움을 요청하는 내담자(client, 來談者)와 여기에 도움을 주는 상담자(counselor, 相談者)가 있다. 상담자는 상담에 대한 전문적 훈련을 받고 다년간의 경험을 쌓은 사람으로 상담경험과 자질을 갖추고 있을 뿐 아니라, 특정 상담영역에서의 전문적 지식과 정보를 소유하고 있는 사람이다. 이 두 사람이 서로 동등한 입장에서 마주 대하고 이야기하며 생각과 감정을 교류한다. 이 과정에서 상담자는 내담자의 감정과 생각을 공감적으로 이해하고 수용함으로써, 내담자가 상담자를 신뢰하고 편안하게 마음을 터놓을 수 있는 분위기를 조성한다. 상담자는 내담자 스스로 자신이 가진 문제의 실체가 무엇인지를 파악하고 문제를 해결해나가도록 도와주고 이끌어 간다.

상담에는 언제나 분명한 목표가 있다. 우선 내담자가 가진 문제의 성격에 따라 구체적 상담목표가 다를 수 있으나, 일상의 가벼운 상담인 경우 필요한 정보와 조언을 제공해주는 데 일차적 상담목표를 둘 수 있다. 그러나 심리상담인 경우, 생활 속에서 일어난 갈등을 해결해나감으로써 사고, 감정, 행동의 세 가지 차원에서 변화를 가져오는 데 목표를 둘 수 있다. 더 나아가 상담과정을 통해 정신건강을 회복하고 인간적 성장을 하도록 도움으로써 삶의 질을 높이는 데 심리상담의 궁극적 목표가 있다. 즉 상담이란 내담자가 문제가 되었던 과거의 생각, 감정, 행동에서 벗어나 갈등적 문제를 해결하고 인간적 성장을 해 나가도록 상담자가 돕는 일련의 학습과정이라 할 수 있다. 대부분의 상담이 서로 얼굴을 마주 대하는 대면관계(對面關係)에서 이루어지나, 요즈음은 전화 상담이나 인터넷을 이용한 상담도 활발하게 이루어지고 있다.

2 상담, 라이프 코칭, 심리치료

우리가 일상생활 속에서 부딪히는 문제는 매우 다양하다. 우선 전문적 정보 획득이나 의사결정을 위해 도움을 얻고자 하는 경우가 있으며, 심리적 갈등으로 고통 속에서 이를 해결하기 위해 도움이 필요한 경우가 있다. 또한 비록 정상적으로 기능하고 있지만 변화와 성장에 대한 욕구로 새로운 도약을 갈망하며 번민하는 경우도 있다. 최악의 경우 정신기능에 심각한 장애가 와서 정상생활이 어려워 전문적 치료가 필요한 사람도 있다. 이 다양한 문제를 해결하는 데 도움을 주는 활동은 크게 상담, 라이프 코칭, 심리치료의 세 영역으로 나뉜다. 이 세 영역의 활동은 서로 약간씩 중첩되어 있기는 하지만, 초점을 둔 기능과 그 대상이 다르다.

우선 상담은 일상생활을 영위하고 있으나 적응에 어려움을 겪는 정상인을 대상으로 원만한 적응을 돕는 데 그 초점을 두고 있다. 예컨대 진로선택, 취업선택, 요양원 입소 등 어떤 문제에 대한 선택과 의사결정이 어려운 경우, 전문적 정보나 정보를 얻는 방법을 알려주고 조언을 해주는 역할이 있다. 요즈음 이런 일은 학교의 생활지도나 다양한 서비스 영역에서 그 기능을 하고 있다. 하지만 성격 문제, 대인관계 갈등, 가족 간 갈등, 직무소진 등으로 정서적, 행동상의 부적응 문제가 발생한 경우 심리상담이 필요하다. 즉 심리상담에서는 생활 속에서 겪는 심리적 갈등으로 고통을 호소하는 사람이 그 갈등을 해결하고 정서, 사고, 행동상의 변화를 일으킴으로써 일상에 원만하게 적응하도록 돕는 데 그 초점을 두고 있다.

한편 **라이프 코칭**은 일상생활 속에서 정상적으로 적응하고 있지만 넘치는 삶의 에너지로 보다 큰 변화와 성장을 갈망하는 사람에게 성장과 자아실현을 향해 삶의 방향키를 잡도록 자극하고 코칭을 해주는 데 초점을 두고 있다. 따라서 라이프 코칭에서는 고객과 코치가 동등한 위치에 있으며 상담 장면보다 고객이 더욱 에너지가 있고 적극적이다. 라이프 코칭의 영역은 생애설계, 인간관계, 비즈니스 코칭 등 상당히 광범위하다. 흔히 변화와 성장에 대한 욕구가 밀려오는 시기는 인생의 전환기이다. 요즈음 수명의 연장으로 인생의 전환기마다 어떻게 하면 다음 시기를 좀 더 효율적으로 멋있게 살아볼까 하고 고심하는 사람들이 많다. 이들이 자신의 삶과 자아를 반영해보면서 진정으로 원하는 삶이 무엇인지를 인식하고 다가오는 시기의 생애설계를 보다 지혜롭게 하도록 도움을 주는 것도 라이프 코칭의 한 역할이다. 또한 직장생활을 하다 보면 성취를 위해서, 혹은 인간관계 문제로 변화와 성장의 필요성이 절실해지는 때가 있다. 이들이 리더십을 연마하고 의사소통기술을 익혀서 동료나 고객들과 효율적으로 인간관계를 하도록 코칭해 줄 수도 있다. 가끔 삶의 불균형으로 스트레스를 받는 사람들에겐 일상생활의 라이프 밸런스를 회복하여 성장을 위한 에너지를 충전하도록 도와주는 것도 라이프 코칭의 기능이다.

그러나 일상생활 속에서 심리적 갈등이 해결되지 못하여 불안, 우울 등 정신건강에 심각한 이상이 생긴 경우나 심리적, 신체·생리적 원인으로 정신기능이 손상당하여 정상적 일상생활이 어려운 경우에는 **심리치료**가 필요하다. 즉 심리치료 장면에서는 정신건강에 심각한 장애를 가진 사람을 대상으로 정신장애의 원인과 증상을 진단하여 치료하는 데 그 초점을 두고 있다. 이러한 기능은 전문 임상심리학자나 정신의학자가 다루고 있다. 가끔 상담 장면에서 성격장애, 우울증, 치매, 성기능 장애, 죽음불안 등 심각한 정신장애를 수반한 사람들을 접할 경우가 있는데, 이때는 전문적 임상심리학자나 정신치료자에게 내담자의 진단이나 치료를 의뢰(referral)할 필요가 있다.

3 상담자 자질과 상담환경

상담자 자질　어떤 사람이 상담을 할 수 있을까? 상담자는 특별한 자질을 갖추고 있어야 하는가? 상담자의 자질은 인간적 자질과 전문적 자질로 구분해 볼 수 있다. 여기서 **인간적 자질**이란 원만한 성품을 갖추고 있고 소신이 있으며 사람에 대한 깊은 관심과 인내심을 소유하고 있는 것을 말한다. 그리고 **전문적 자질**이란 고도의 의사소통능력과 상담기술, 각 상담활동 영역에 대한 전문적 지식을 갖추고 있는 것을 의미한다. 인간적 자질이 비교적 개인적인 특성이라면, 전문적 자질은 교육이나 훈련을 통해서 연마될 수 있는 것이다. 만약에 그가 효율적 상담자라면, 다음과 같은 몇 가지 자질을 갖추고 있어야 한다(그림 2.1).

첫째, 인간존중에 대한 마음과 타인에 대한 민감성이다. 상담자는 문제를 가진 내담자를 한 사람의 인간으로서 존중해주는 마음이 있어야 한다. 심리적 갈등으로 정신건강이 좋지 않거나 부적응적인 행동을 보이는 경우, 자칫

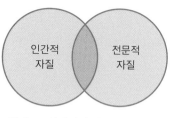

인간적 자질

전문적 자질

그림 2.1 상담자의 자질

내담자를 무시하거나 소홀히 할 수가 있는데 이는 효율적 상담자의 태도가 아니다. 또한 타인의 감정이나 생각, 태도를 민감하게 알아차리고 이해하며 이에 적절한 반응을 할 수 있어야 한다. 애초에 타인의 감정이나 생각에 둔감하고 무딘 사람이라면, 상담자로서 활동하기에는 적절치 않을 것이다.

둘째, 객관성이다. 상담자는 내담자의 독특한 가치관, 행동방식과 태도를 객관적으로 보고 수용하는 포용력이 있어야 한다. 사람마다 인생경험, 가치관, 행동방식과 태도가 다를 수 있다. 만약에 상담자가 객관성이 없다면, 자신의 가치관에 따른 색안경을 끼고 자신의 인생경험에 비추어 내담자의 경험과 문제를 지각하고 해석할 우려가 있다. 이럴 경우 상담자는 내담자의 행동방식이나 태도를 공감하고 이해하기가 어려워질 것이다.

셋째, 자기인식과 개방성이다. 상담자는 자신의 가치나 신념, 욕망, 행동동기, 대인관계 속성 등을 잘 이해하고 있어야 한다. 즉 자신이 어떤 사람인지를 누구보다 잘 알고 있어야 한다. 자칫 상담 장면에서 상담자의 신념이나 대인관계 속성이 나타날 수 있는데, 이러한 것들이 상담과정에 영향을 미치는 것을 방지하기 위해서이다. 또한 상담자는 타인의 경험은 물론 자신이 경험하는 느낌이나 생각을 개방적으로 수용하고 표현할 수 있어야 한다. 즉 내담자의 느낌, 생각을 수용함은 물론, 상담자는 자신이 느낀 감정과 생각도 수용하고 솔직히 표현할 수 있어야 한다. 상담자가 이러한 자질을 갖추고 있으면 상담 장면에서 효율적으로 기능할 수 있을 뿐 아니라, 상담자 자신의 인간적 성장에도 도움이 된다.

넷째, 전문적 지식과 정보이다. 상담기술과 경험은 물론, 자신이 활동하고 있는 상담영역에 대한 전문적 지식과 정보를 갖추고 있어야 한다. 우선 상담자는 경청, 자기표현, 감정읽기, 공감적 이해, 질문하기, 직면, 해석 등 상담에 필요한 고도의 의사소통능력과 상담기법을 연마하여 갖추고 있어야 한다. 또한 자신이 활동하는 상담분야에 관한 정보와 지식을 갖추고 있어야 한다. 즉 활동 영역이 아동상담이면 아동발달, 중·노년상담이면 중·노년 발달에 대한 지식이 필요하며, 조직상담이면 해당 분야의 조직구조나 취업 경향, 조직원의 개인적·사회적 정보를 모두 갖추고 있어야 한다.

[연습문제 2.1] --o

1. 상담하는 과정에서 은연중에 자신의 평소 대화패턴이 튀어나올 수 있다. 타인을 대할 때 나의 대화패턴은 어떤 것인가? 혹시 일방적인 자기주장, 토론, 설교, 심문하는 스타일은 아닌가?

2. 나는 상담자로서 자질을 어느 정도 갖추고 있는가? 인간적 자질은? 전문적 자질은? 보완해야 할 자질은?

상담환경 우선 상담환경은 편안하고 친근감이 있어야 한다. 사람들은 단순하지만 따뜻한 분위기에서 편안함을 느끼는 경향이 있다. 상담실의 크기나 가구 배치, 방의 조명을 어떻게 하느냐에 따라 방 분위기가 달라질 수 있다. 상담실이 너무 크면 산만하고 위협적일 수 있지만 너무 작아도 답답할 수 있다. 방의 조명은 너무 밝거나 어둡지 않은 적절한 밝기로 따뜻한 분위기를 낼 수 있으면 좋을 것이다. 내담자와 상담자 간의 의자 배치도 상담 분위기에 영향을 미칠 수 있다. 즉 정면에서 마주보는 것보다는 원탁이나 서로가 약간 비스듬히 볼 수 있는 위치가 긴장감을 덜어줄 수 있다. 방의 명칭도 '상담실'보다는 '만남의 방'이라고 했을 때 더욱 친근감이 있을 것이다.

무엇보다 상담장소는 시끄럽고 산만해서는 안 된다. 상담실 주변에서 사무적인 일로 전화벨이 울리거나, 직원이나 방문객의 발자국 소리, 대화소리가 시끄럽게 들린다면 상담 분위기가 산만해지고 불안정해서 상담하기가 힘들어질 것이다. 특히 상담은 비밀이 보장되어야 하기 때문에 상담실은 상담 내용을 다른 사람이 들을 수 없는 곳이라야 한다. 따라서 특별히 방음장치가 되어 있는 곳이라면 더욱 좋을 것이다.

또한 상담 도중에 상담이 방해받지 않는 환경이어야 한다. 즉 상담 중에는 전화, 노크, 방문, 사무적인 일 등으로 인해 상담이 일시적으로 중단되는 경우가 있어서는 안 된다. 상담 중에 전화를 받는다거나 누군가 사무서류를 들고 들어온다거나 해서 상담이 중단되었다가 다시 시작하는 일이 일어나지 않도록 미연에 조치를 취해야 한다.

상담이 진행되는 과정에서는 처음 내담자를 만나기 시작해서 종결할 때까지 몇 차례의 면접을 하게 된다. 한두 번의 면접으로 문제가 해결되는 경우도 있으나 심리상담의 경우 5, 6~20회까지도 진행된다. 이 과정에서 상담자는 내담자의 말(언어적, 비언어적)을 주목·경청하고 이를 공감적으로 이해해야 한다. 이를 통해 상담자와 내담자 사이에 신뢰관계를 형성하고 함께 문제 해결방안을 모색해서 실제로 이를 실행하도록 노력한다. 이 과정은 6단계로 구분해볼 수 있으나, 각 단계는 그 경계가 분명하지는 않으며 서로 중복되거나 생략되는 경우도 있다. 하지만 이러한 상담모형은 상담을 진행해나가는데 지침이 될 수 있다(그림 2.2).

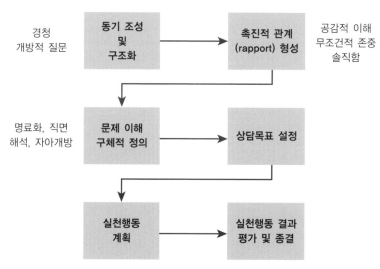

그림 2.2 상담 진행과정

1단계 동기 조성 및 구조화 내담자에게 자신의 걱정거리, 고민, 찾아온 이유를 말하도록 한다. 흔히 내담자들은 상담자가 문제를 해결해주고 행동방향을 제시해주기를 바란다. 이들은 문제에 대한 책임을 회피하고 상담의 필요성을 절실히 느끼지 못하는 경우가 많다. 따라서 상담자는 내담자에게 상담의 기본 성격, 상담자와 내담자의 역할한계와 책임, 상담목표 등을 간략하게 설명하고 상담시간과 면담 횟수를 말해준다. 아울러 상담에 대한 내담자의 기대와 느낌이 어떤지를 명료화하고 상담과정의 방향과 골격을 분명히 해두며 내담자가 상담과정에 적극적으로 참여하도록 이끈다.

이러한 구조화를 통해 내담자는 상담에 대한 올바른 인식을 갖게 되고 두려움이나 궁금증이 줄어들 수 있다. 상담 진행과정에서 상담관계를 재조정할 필요가 있을 때는 언제나 재구조화가 가능하다. 이 단계에서 상담자가 사용하는 기법은 주로 침묵이나 수동적 경청, 개방적 질문이다. 상담자는 내담자의 말을 경청하고 억양, 얼굴표정, 몸짓 등 비언어적 행동을 예민하게 관찰하며, 개방적 질문을 통해 문제가 무엇인지 파악하도록 노력한다. 다음은 구조화의 한 예다.

"무슨 일로 찾아오셨는지요? 상담에 대해 어떤 기대를 하고 오셨어요? 먼저 상담이 어떤 것인지 말씀드려야 할 것 같군요. 상담이란 자신을 좀 더 잘 이해하고 스스로 문제를 발견해서 해결해 나가도록 노력하는 것입니다. 이 과정에서 상담자는 이를 함께 느끼고 이해하면서 도와주는 역할을 합니다. 아까 그 문제에 대해 더 구체적으로 이야기해 보시겠어요? 여기서 말씀하신 내용은 비밀을 지켜드립니다. 우리에게 허용된 시간은 50분입니다. 매주 한 번씩 만나지요. 또 궁금하신 것이 있나요?"

2단계 촉진적 관계 형성 내담자가 믿고 개방적으로 이야기할 수 있는 분위기를 조성하여 상담자에 대해 신뢰감을 형성하도록 한다. 상담자의 전문성, 숙련성, 매력, 신뢰감은 내담자로 하여금 상담효과에 대해 긍정적 기대를 갖게 하는 요인이다. 상담자는 내담자를 긍정적으로 존중하고, 내담자의 문제를 공감적으로 이해하고 수용하는 태도를 표시하며, 내담자의 반응에 대해 상담자가 느낀 감정이나 생각을 솔직하게 말한다. 이 단계에서는 상담 기법에서 연마한 감정이입을 통한 공감적 이해, 무조건적 존중, 솔직성을 충분히 활용할 필요가 있다.

3단계 문제의 구체적 정의 이 단계에서는 내담자의 문제에 대한 감정표현을 촉진시키고 진술내용에 대한 명료화가 진행된다. 상담자는 해석, 직면, 개방적 질문, 자아개방 등 전문적 상담 기법을 활용해서 내담자와 함께 무엇이 문제인지를 이해하고 구체적으로 정의한다. 이 과정에서 상담자는 내담자로 하여금 자신에 대한 탐색과 자각, 합리적 사고는 물론 문제에 대한 새로운 조망을 촉진할 필요가 있다. 즉 내담자는 자신이 부딪힌 문제와 삶의 경험을 이전보다 더 통합된 시야에서 새롭게 재인식해야 한다. 내담자가 자신의 문제행동이 무엇이고, 대안적인 바람직한 행동이 무엇인지를 절실하게 깨달아야만 실제로 문제해결을 위해 노력할 수 있기 때문이다.

  이를 위해 상담자는 내담자와 함께 그의 관심사, 문제형성 배경, 충격적인 경험, 방어기제와 습관적 행동, 상담효과에 대한 느낌 등을 탐색해서 정리하도록 해야 한다. 그렇지 않으면 긴장과 불안으로 문제해결 노력이 충분한 효과를 거두기 어렵다. 흔히 내담자는 자기탐색과 사고방식의 변화를 요구할 때 부담을 느끼며 저항하거나 상담을 중단하려고 할 수 있다. 내담자가 자기이해와 합리적 사고를 충분히 갖출 때까지 상담자와 내담자는 상담목표에 대한 인식차이, 의사소통, 수행기술 부족 등을 점검해서 조정할 필요가 있다. 이를 통해 내담자가 상담에 적극적으로 참여하도록 고무할 수 있다.

4단계 상담목표 설정 일단 문제가 무엇인지 명료하게 정의되면 상담목표를 설정하는 단계에 이른다. 내담자는 자신의 문제를 자각하고 좀 더 바람직한 방향으로 변화하고자 하는 마음의 움직임을 보일 수 있다. 아직 무엇을 해야 할지 명확하지는 않지만 변화에 대한 의도나 동기를 보이는 것이다. 내담자에게서 이런 동기가 확인되면, 상담자와 내담자는 관련된 정보를 수집하여 그것을 바탕으로 대안적인 행동을 논의하며 해결방향을 모색할 수 있다.

> "저는 그것이 자식에 대한 사랑이라고 생각했는데 집착이었군요. 이제 아들, 딸과 심리적 거리를 좀 두는 게 더 나을 것 같아요. 서로 독립된 삶을 누리도록 말입니다. 그런데 저는 어디다 마음을 붙이고 살죠? 이제 제 생활을 찾아야 할 것 같아요."

위의 사례에서 내담자는 자신의 문제에 대한 자각, 변화하려는 동기, 해결방향을 모색해가는 기미를 분명히 보이고 있다. 즉 자신의 행동이 자식에 대한 사랑이 아니라 집착이었다는 자각, 자식의 독립을 배려하려는 동기, 해결방안으로 자신의 생활을 찾으려 하는 것을 알 수 있다. 이제 구체적인 상담목표를 설정할 필요가 있다. 어디에 상담목표를 둘까? 아마도 우리는 내담자로 하여금 새로운 취미, 여가, 일 등의 활동을 통해 자신의 생활을 찾도록 돕는 데 상담의 목표를 둘 수 있을 것이다. 이때 상담목표는 구체적이어야 하며 그 성과를 측정할 수 있는 것이어야 한다. 또한 현실 속에서 실현가능한 타당한 목표라야 하며, 내담자의 가치와 일치해야 한다. 그리고 상담목표가 이러한 준거에 부합하는지, 그 긍정적·부정적 효과는 무엇일지 다시 검토해서 수정할 필요가 있다.

5단계 실천행동 계획 상담목표가 내담자가 '문제해결을 위해 달성하고자 하는 것'이라면, 이를 달성하기 위해 '어떻게 해야 하는 것'은 실천행동의 계획이다. 목표 달성을 위한 행동방안을 찾는다는 것은 그렇게 쉬운 일이 아니다. 더욱이 내담자마다 문제가 다양하고 처한 상황이 다르기 때문이다. 가능한 방안은 중지를 모아 다양한 대안을 탐색해서 행동목록을 만들고 각 대안의 긍정적인 점과 부정적인 점을 점검해보는 것이다. 일단 내담자가 대안을 선택하고 결정을 내리면, 설령 어떤 변화도 원치 않을 경우에도, 상담자는 그 결정을 지지하고 존중해주어야 한다.

상담 중에는 모든 문제가 잘 해결될 것 같지만, 실제생활 속에서 부딪히면 여의치가 않다. 따라서 상담자는 내담자의 새로운 사고나 행동계획이 실제생활 속에서 실현될 수 있도록 도와주어야 한다. 즉 내담자와 함께 갈등상황에서 어떻게 대처할지 구체적인 행동계획을 의논하고 작성하여 이를 실생활 속에서 실천해보도록 한다. 그런 후, 그 결과를 평가하고 행동계획을 다시 수정보완해 나간다.

6단계 실천 결과 평가 및 종결　종결은 상담자와 내담자의 합의하에 이루어진다. 내담자가 종결하기를 바랄지라도 필요하다면 상담자가 좀 더 계속하도록 권유할 수도 있다. 또 내담자가 이제 혼자서 문제 상황에 대처하는 것을 불안해하거나 거부당하는 것 같은 느낌을 가질 수도 있기 때문에 종결 시에는 2~3주 간격을 두고 만나면서 서서히 끝내야 한다. 종결 시에는 상담효과를 평가해보며, 문제가 다시 생길 경우 추수상담의 가능성을 말해준다. 또 필요하면 다른 기관에 의뢰할 수도 있다. 설령 상담목표가 달성되지 않았다고 해도 상담이 완전히 실패한 것처럼 느낄 필요는 없다. 내담자 자신에 대한 탐색과 상황에 대한 이해를 증진시킨 것만도 큰 도움이 될 수 있기 때문이다.

상담유형은 발달시기에 따라 심리적 특성과 당면한 문제들이 다르기 때문에 발달시기별로 구분될 뿐 아니라, 상담자의 활동무대에 따라 세분화되기도 한다(표 2.1). 장·노년 상담은 발달시기별로 볼 때 인생의 중턱을 넘어서 인생 후반으로 가고 있는 사람들을 대상으로 한다고 볼 수 있다. 장·노년기에는 다양한 신체적, 인지적, 사회적 변화에 대처하는 과정에서 적응의 문제가 많이 발생한다. 따라서 장·노년기 상담에서는 문제해결적인 차원에서도 상담을 하지만, 예방적인 차원에서도 상담이 이루어진다. 즉 삶 속에서 발생한 문제를 해결하고 치료과정을 밟는 적극적인 차원에서 상담을 하지만, 그 이전에 다가오는 노후를 준비해서 미리 문제를 예방하고 보다 활기차고 건강한 삶을 살아가도록 도와주는 예방적 차원에서 상담이 이루어지기도 한다.

그러면 장·노년 상담에서는 주로 어떤 문제들을 다루게 될까? 우선 40~50대의 남성과 여성들 중에는 **중년기 위기** 속에서 방황하고 혼란을 겪는 사람들이 있다. 물론 이러한 위기감은 정신적 성숙의 계기가 될 수도 있으나, 자칫 부부관계의 침체, 혼외정사, 갑작스러운 직업 전환, 과음 등 더욱 복잡한 문제들을 파생시킬 수도 있다. 아마도 많은 중년들은 내면의 소리 없

표 2.1 상담유형

발달시기별	유아 상담, 아동 상담, 청소년 상담, 대학생 상담, 성인 상담, 중·노년 상담
활동무대별	학교 상담, 조직 상담, 산업 상담, 고객 상담, 목회 상담, 전화 상담

는 아우성을 어떻게 다루어야 할지 갈등과 혼란 속에서 도움의 손길을 필요로 할 것이다.

또한 퇴직을 전후로 적응에 어려움을 겪는 사람들이 있다. 은퇴를 앞둔 사람은 퇴직에 대한 불안으로 스트레스를 받을 수 있다. 이들에겐 은퇴 후 삶에 대한 비전을 탐색하고 제3인생 설계를 지혜롭게 하여 은퇴생활을 준비하도록 하는 **은퇴준비 상담**이 필요하다. 퇴직 후에는 역할상실과 사회적 유대관계 감소로 인한 무력감, 외로움과 소외감, 우울증 등 정서적 부적응의 문제로 도움을 청하는 사람이 있는 반면에, 일자리 찾기와 여가시간 보내기 문제로 도움을 요청하는 사람도 있을 수 있다. 새로운 일거리를 찾거나 새로운 역할이나 여가활동을 준비하기 위해 정보나 조언을 구하는 사람들이 많을 것이다.

다음은 인간관계에서 오는 갈등의 문제이다. 은퇴나 자녀 출가 이후에는 사회적 유대망의 구성원과 이들 사이의 역동이 변화한다. 즉 부부관계, 부모자녀 간의 역동이 변화할 뿐 아니라 형제자매, 친구관계가 활성화되면서 그만큼 인간관계에서 오는 갈등도 증폭될 수 있다. 아마도 이 시기 상담 장면에서 가장 빈번히 등장하는 상담주제 중 하나는 중·노년의 부부갈등, 외도, 황혼의 이혼 및 재혼 문제일 것이다. 요즈음은 여성들의 사회진출로 손자녀 양육을 떠맡은 조부모가 육아우울증에 시달리거나, 육아문제로 부모자녀 간에 갈등이 일기도 한다. 또한 동창회, 친목회 등을 통해 친구관계가 활성화되면서 삶의 질이 올라가는 한편, 그만큼 친구 간 갈등 역시 빈번해진다. 동성친구 간 갈등은 물론, 이성친구와 관련한 문제로 도움을 청하는 사람도 있다.

한편 노부모를 모시는 가정에서는 **간병 부담**의 문제가 있다. 핵가족화되어 버린 가족체계 속에서 노인부양의 부담이 가족 간 갈등의 소지가 되고 있다.

특히 치매, 중풍 등 만성적인 와병노인이 집에 계실 경우 육체적, 경제적, 심리적 부담으로 가족 간에 갈등이 일어나곤 한다. 주수발자의 육체적 피로와 정신건강, 경제적 부담으로 인해 발생하는 가족 간 다툼이 주요 상담주제로 등장하고 있다.

또한 우울증, 알코올 중독, 성기능 감퇴, 기억력 감퇴 등 정신건강과 관련된 문제로 도움을 요청하는 사람들이 있다. 임상수준이 아닌 경미한 증상일 경우 이 역시 상담영역에 속하나, 증상이 심각한 경우 임상 전문가에게 진단과 치료를 의뢰할 필요가 있다. 마지막으로 인생의 끝자락에서 배우자나 친지 등 사랑하는 사람의 죽음 이후 발생하는 문제가 있다. 즉 재산상속 및 분배로 인한 가족 간 갈등, 남은 자의 경제적 어려움, 혹은 애도과정을 정상적으로 치르지 못한 데서 오는 죄책감, 우울, 죽음불안으로 고통을 호소하고 도움의 손길을 요청하는 사람들이 있다.

이상과 같은 문제들이 장·노년기 상담 장면에서 다루게 될 특수주제들이다. 실제로 제5장에서 이 특수주제들에 대한 상담연습을 해볼 것이다. 따라서 장·노년 상담영역에서 활동하는 상담자들은 장·노년기 심리와 발달적 특수성에 대한 전문적 지식을 갖추고 있어야 한다. 아울러 노인복지 서비스, 양로원 및 요양원 실태, 노인 간호학, 노인기초연금이나 장기요양보호법 등 변화하는 노인 정책에 대한 지식과 정보도 겸비할 필요가 있다.

제3장

상담 이론

상 담 및 심리치료의 토대가 되는 다양한 이론적 접근 방법들이 개발되어 오고 있다. 모든 접근 방법은 인간 본성에 대한 각 학파의 철학적 관점에 기초하여 발전된 것이다. 먼저 개인상담 및 치료 장면에서 상담자의 태도와 상담 기법의 근간이 되고 있는 이론적 접근들에 대해 소개하고자 하며, 차례로 집단상담 장면에서 많이 활용되고 있는 이론들을 소개하고자 한다.

이들 이론들은 어떤 이론이 가장 효율적이라기보다는 내담자가 갖고 있는 문제의 성격, 나이, 교육수준 등 개별적 조건에 따라 상담자가 적절하게 활용할 필요가 있다. 따라서 상담에 임하는 사람들은 개방적인 자세로 여러 이론을 이해하고 자신에게 적합한 이론과 기법들을 찾아 연마해야 할 것이다. 요즘은 다양한 접근법을 상담과정에 따라 적절히 배치하여 활용하는 통합적 접근법이 활용되고 있다.

1 정신분석 접근[3]

주요 개념 정신분석의 창시자인 Sigmund Freud는 "인간의 마음은 빙산과 같다"고 하였다. 그는 인간의 마음을 빙산에 비유하여 수면 위에 떠오르는 의식(conscious), 떠오르기 직전의 전의식(preconscious), 수면 밑의 무의식(unconscious)으로 구분하였다. 또한 그는 인간의 모든 행동, 사고, 감정은 무의식의 지배하에 있으며, 우리의 행동은 반드시 무의식 속의 어떤 원인에 의해 일어난다는 **심적 결정론**을 주장하고 있다. 그는 인간의 모든 것, 특히

---

3. *Theory, methods, and processes of counseling and psychotherapy*(George & Cristiani, 1981), 상담심리학(3판)(이장호, 2004) 참조.

개인의 성격은 어린 시절의 경험에 의해서 결정된다고 보았다. 따라서 상담이나 심리치료 장면에서 나타나는 갈등, 사랑과 미움, 신뢰와 불신, 충동과 욕구, 성적 문제 등은 인생 초기의 삶 속에서 겪은 경험에 그 뿌리를 두고 있다고 한다.

그는 인간의 성격이 **원초아**(id), **자아**(ego), **초자아**(super ego)로 구성되어 있다고 한다. 원초아는 본능적 욕구를 충족시키기 위해 '쾌락원리'에 지배되는 차원이다. 자아는 원초적 본능과 현실 사이를 중재하는 '현실원리'에 입각하여 움직이는 차원이다. 초자아는 쾌락보다는 안전을, 현실보다는 이상을 추구하는 양심과 도덕성과 같은 차원이다. 이 세 차원들 간에 균형이 이루어질 때 우리는 심리적으로 안정적이나, 그 균형이 깨져 갈등이 일어나면 불안 상태에 처하게 된다. 불안에는 현실불안, 신경증적 불안, 도덕적 불안이 있는데, 정신장애의 원인이 되는 것은 신경증적 불안이다. 신경증적 불안은 실제로 불안을 느낄 만한 이유가 없는데 괜히 불안한 경우로, 원초아가

Sigmund Freud

너무 강렬해서 자아가 이를 통제하지 못할 때 생기는 갈등에서 비롯된다. 도덕적 불안은 자신의 행동이 양심이나 도덕적 규범에서 벗어날 때 느끼는 수치심, 죄책감에서 비롯된다.

이러한 불안을 합리적으로 통제하지 못할 때, 사람들은 무너져 내리는 자아를 보호하기 위해서 무의식적으로 방어기제를 사용할 수 있다. 즉 방어기제란 현실적 문제를 해결하려고 한다기보다는 일시적으로 긴장과 괴로움에서 벗어나 심리적 위안을 얻으려는 무의식적 행동이다. 물론 이것은 일시적으로는 심리적 안정에 도움이 되며 심각한 충격으로부터 자신을 보호할 수 있다. 그러나 장기간 사용하면 자아의 융통성과 힘이 약화되어 정신건강을 해치게 된다.

상담 및 치료 목표　내담자가 자신의 마음 깊숙이, 무의식 속에 잠재해 있는 갈등을 의식 수준에서 자각하도록 하여, 원초아의 억압을 약화하고 자아의 기능을 강화함으로써 성격구조를 재구성하는 데 그 치료 목표를 두고 있다. 예컨대 개인이 의식하고 있지는 않으나 마음속에 용납되지 않은 욕구나 충동, 갈등이 잠재되어 있을 경우, 이를 억누르는 데 많은 심리적 에너지가 소모될 뿐 아니라 심리적 긴장이나 불안 등 다양한 심리적 증상이 유발될 수 있다. 따라서 이 무의식 속에 있는 욕구와 갈등을 언어표현을 통해 **의식화**(awareness)함으로써 억압된 내면의 감정, 욕구, 충동이 발산되고 심리적 긴장과 불안이 해소될 수 있다. 이에 따라 무의식적 충동과 갈등을 억압하는 데 사용되느라 갇혀 있던 심리적 에너지가 활성화되면서 자아기능이 원활해지게 된다. 말하자면 현실원리에 통제되는 자아의 기능을 강화시켜 적응력과 문제해결능력을 키우는 데 그 목표가 있다.

주요 기법　내담자의 무의식적 갈등이나 동기를 탐색하여 자각시키기 위하

자유연상 내담자는 긴 의자에 편안하게 누워서 떠오르는 생각이나 감정을 자유롭게 표현한다.

여 자유연상, 꿈의 분석, 저항의 해석, 전이의 해석 등 다양한 기법이 활용되고 있다.

자유연상에서는 내담자를 편안한 안락의자에 눕게 한 후 마음을 텅 비우고 떠오르는 생각과 감정을 자유롭게 이야기하도록 한다. 이런 과정에서 내담자는 억눌린 감정을 발산하면서 '정서적 정화(catharsis)' 경험을 하게 되는데, 그 자체로 치료 효과는 없다. 상담자는 연상의 흐름에서 무의식 속에 억압된 욕구, 소망, 갈등을 찾아내어 내담자에게 설명하고 해석해줌으로써 의식화를 촉진한다. **꿈의 분석**은 수면 중에는 방어기능이 약화되어 억압된 욕망, 충동이 꿈으로 표출될 수 있다는 데 근거하고 있다. 꿈에는 꿈의 실제 내용인 현재몽과 그 내용이 상징하고 있는 잠재몽이 있다. 상담자는 내담자가 보고하는 현재몽 속에 감추어져 있는 잠재몽을 찾아서 그 의미를 해석해준다.

해석은 다양한 상담 및 치료 장면에서 활용되고 있는 기법이다. 해석이란 어떤 주제에 대해 내담자의 생각과 감정, 행동을 구체화시켜 명료하게 하고 그 속에 담긴 의미를 설명해줌으로써 내담자의 관심을 집중시키고 보다 깊은 탐색을 가능하게 하는 언급이다. 이때 질문, 재진술, 지시 혹은 두 가지 이상의 생각, 감정, 행동을 대비시키는 언급을 사용하기도 한다. 해석을 할 때 주의할 점은 시기와 깊이의 적절성이다. 즉 해석하려는 내용이 내담자의 의식 수준 가까이 왔을 때, 그가 소화해낼 수 있는 수준까지만 해석을 해야 한다. 내담자가 아직 신뢰감이 형성되지 않았거나 마음의 준비가 되지 않았을 경우 거부반응이 일어나기 때문이다.

그러나 내용을 해석하기 전에 저항이나 방어를 미리 지적하고 해석해줄 필요가 있다. 저항이나 방어는 흔히 내담자가 약속을 어기거나 감정과 생각을 털어놓지 않은 행동으로 나타나는데, 이것은 노출에서 오는 불안으로부터 자신을 보호하려는 것이다. 상담자는 이러한 심리상태를 알아차리면 그 행동에 대해 내담자의 주의를 환기시키고 행동의 의미를 해석해줄 필요가 있다.

또 하나 치료과정에 중요한 것은 **전이**(transference)의 해석이다. 전이란 내담자가 과거 주요인물에 대한 감정을 치료자에게 투사하는 경우이다. 즉 어린 시절 주요인물에게 느꼈던 신뢰와 불신, 사랑과 미움, 독립과 의존 등 상반된 감정들을 상담자에게서 재경험하는 것이다. 상담자가 전이감정을 명료화하여 해석해줄 때, 내담자는 문제를 보다 깊이 탐색하고 정서적 갈등을 해소할 수 있다. 내담자가 전이를 이해하고 극복하기 위해서는 장기간의 훈습(working-through)이 필요하다. 또한 **역전이** 현상도 일어날 수 있다. 이것은 치료자가 내담자를 싫어하거나 좋아하면서 갈등이 생기는 경우로 치료에 방해가 되기 때문에 각별히 조심해야 한다.

2 인간중심 접근[4]

Carl Rogers

주요 개념 이 접근은 Carl Rogers(1961)의 인본주의적 인간관에 든든한 뿌리를 두고 있다. 그는 인간의 본성은 선하고, 믿을 수 있으며, 합리적이고, 현실적이면서도 미래지향적이라는 강한 믿음을 갖고 있다. 그래서 모든 사람은 자신의 의견과 생각을 갖고 자신의 운명을 통제할 권리가 있다고 보았다. 즉 개인의 존엄성과 존재가치, 그리고 독립성을 굳게 믿은 것이다.

특히 그는 인간은 누구나 스스로 자아를 성장시키고 자신의 잠재력을 실현시키고자 하는 **자아실현 경향성**(self-actualizing tendency)이 있다고 보았다. 이것은 성장, 건강, 원만한 적응, 사회화, 자기실현, 자율성을 향해 움직이려는 선천적 동기이다. 이러한 실현 경향성은 지구상의 모든 유기체가 자신을 유지하고, 향상시키고, 재생산하기 위해 환경과 상호작용하는 능동적 과정이며, 이는 곧 생명체의 본질이라고 한다. 하지만 누구나 자아실현의 동기와 능력을 소유하고 있을지라도, 그 방출은 적절한 조건이 갖추어졌을 때 일어난다고 한다.

---

4. *Theory, methods, and processes of counseling and psychotherapy*(George & Cristiani, 1981), 상담심리학(3판)(이장호, 2004) 참조.

또한 그는 개인의 주관적이고 사적인 경험의 세계, 즉 **현상학적 장**(phenomenal field)을 강조하고 있다. 즉 사람마다 세상 속에서 자신이 겪는 경험을 지각하고 해석해서 행동에 옮기는 독특한 경험의 장이 있다는 것이다. 이것은 누구도 다른 사람의 사적인 입장에 서보지 않은 한, 그를 완전히 이해하기란 어렵다는 것을 의미한다. 따라서 개인의 행동을 이해하기 위해서는 그가 세상을 보는 **내적 준거틀**(internal frame of reference)―그의 의식상에 있는 감각, 지각, 의미, 기억의 총체―로 들어가보아야 한다. 이를 위한 최선의 방법은 **감정이입**(empathy)이다. 이것은 상대방이 느끼고 생각한대로 함께 느껴주고 이해해주는 것이다.

Rogers는 가장 적응적인 행동은 자아개념과 현실경험이 일치할 때 일어나며, 심리적 긴장과 갈등, 불안은 자아개념과 현실경험이 불일치할 때 발생한다고 한다. 즉 이상적 자아와 실제 자아 사이의 괴리가 클 경우, 사람들은 현실을 왜곡하고 자기정당화, 투사 등의 방어기제를 사용해서 자신과 타인을 기만한다는 것이다. 타인을 속이고 미워하고 잔인하게 구는 행위도 이런 방어기제에서 비롯된 것으로 보고 있다. 따라서 이러한 방어기제를 버리고 자신이 경험한 현실을 개방적으로 인정하고 수용할 때, 우리는 비로소 다른 사람과 서로 신뢰하고 의미 있는 관계를 유지할 수 있다. 이러한 개방적 자아를 발달시키기 위해서는 필요한 조건이 있다. 그것은 인간의 선천적 욕구, 즉 조건 없이 사랑받고자 하는 **무조건적 긍정적 존중**(positive self regard)의 욕구를 충족시키는 토양이다.

상담 및 치료 목표　내담자 스스로 성장할 수 있는 능력이 있다고 전제하기 때문에, 그에게 무언가를 해준다기보다는 그가 성장하고 발달할 수 있는 능력을 자유롭게 발휘하도록 조건을 마련해주는 데 상담목표가 있다. 즉 상담자는 내담자가 스스로 문제를 발견해서 해결하고 자아를 성장시켜 나가는 과정에서 도우미 역할을 한다. 따라서 여기에서는 무엇보다 중요시되는 것이 상담자와 내담자의 관계이다. 둘 사이의 접촉은 양방향적이어야 하며, 내담자가 상담자를 믿고 마음을 터놓을 수 있는 관계를 형성하는 것이 중요하다. 이러한 **촉진적 관계**(rapport)를 형성하기 위해서는 상담자의 진지함과 **솔직성**, 내담자에 대한 **긍정적 존중과 공감적 이해**가 필수조건으로 요구되고 있다.

상담자의 진지함과 솔직성이란 그가 내담자와 주고받는 메시지가 실제로 자신이 내적으로 경험한 것과 일치하는 것을 의미한다. 즉 내담자가 어떤 감정이나 생각을 표출했을 때, 그것이 부정적이든 긍정적이든 거기에 대한 자신의 느낌과 생각을 솔직하게 말해주는 순수함이다. 무조건적 긍정적 존중이란 내담자가 경험한 모든 것을 있는 그대로 수용하고, 그를 한 인간으로서 존중해주는 것이다. 한 개인에게 이와 같은 감정을 유지하기 위해서는 그의 어떤 행동이든 평가하고 판단해서는 안 된다. 마지막으로 공감적 이해란 상담자가 내담자의 내적 준거틀을 공감하고 이해하는 것이다. 이는 상담자가 마치 자신이 내담자가 된 것처럼 그의 입장에 서서 그의 모든 것을 이해하려고 노력할 때 가능하다.

이러한 세 가지 조건이 이루어졌을 때, 비로소 내담자는 자신이 가치 있는 사람이며 성장가능성이 있는 사람이라고 믿게 된다. 그러나 이러한 효과는 상담자가 일방적으로 수용과 이해, 존중을 한다고 해서 가능한 것이 아니고 내담자가 이를 순순하게 지각할 때만 발생할 수 있다. 이것은 곧 둘 사이의 의사소통이 중요하다는 것을 의미한다. 이상의 세 가지 성장조건은 모든 상담 장면에서 상담자와 내담자간의 촉진적 관계를 형성하는 토대로 활용되고 있다.

주요 기법 특별한 치료 기법보다 상담자의 인격, 믿음, 태도, 무엇보다 상담자와 내담자와의 관계에 초점이 맞추어진다. 여기에서 '기법'이란 내담자가 자유롭게 표현한 것을 수용하고, 이해하고, 존경하면서 함께 나누는 것 자체이다. 이들은 특별한 치료 기법이 오히려 둘 사이의 관계를 비인간화시킬 우려가 있다고 생각한다.

그러나 여기에서도 몇 가지 강조하는 점이 있다. 첫째, '지금-여기'에서의 경험에 초점을 맞춘다. 즉 상담자는 내담자가 가진 문제의 기원이나 역사에 대해 알 필요가 없다. 현재 그가 어떻게 느끼고 있고, 그것이 그의 전반적 행동에 어떻게 영향을 미치고 있는지가 중요하다.

둘째, 지적 요인보다 '감정적 요인'에 초점을 둔다. 그 이유는 비록 내담자가 진실한 상황이 무엇인지를 지적으로 알았다 할지라도, 반응은 정서적으로 나타나기 때문이다. 즉 지식은 행동을 변화시키는 데 도움이 안 된다는 것이다. 따라서 상담자는 내담자가 자신과 타인들, 삶 속의 사건에 대해서 어떻게 느끼고 있는지에 초점을 맞추도록 하고, 그 감정에 가능한 한 정확하게 피드백을 준다.

셋째, 이 접근에서는 진단이란 바람직하지 않다고 간주한다. 그것은 개인의 문제를 진단할 수 있는 사람은 오로지 그 자신뿐이기 때문이다. 즉 내담자의 내적 준거틀을 가장 정확하게 볼 수 있는 사람은 상담자가 아니라 바로 그 자신이라는 것이다. 특히 진단하는 것은 개인을 범주화해버릴 위험이 있다. 이 덫을 피하기 위해, 상담자는 내담자를 스스로 진단하고 치료할 수 있는 잠재력의 소유자로 간주하고 반응한다.

그러나 통상 상담 초기에 내담자는 자신의 감정을 잘 모르며 부정적 감정을 수용하려 들지 않고 문제해결을 상담자에게 의존한다. 이때 상담자는 내담자가 편안하게 자신의 속마음을 털어놓을 수 있을 정도로 친밀하고 신뢰하는 분위기, 즉 **라포**(rapport)를 형성해야 한다. 상담자가 내담자를 긍정적으로 존중하고 감정이입의 분위기를 조성했을 때, 내담자는 자신의 욕구, 동기, 감정 등 내면세계를 거리낌 없이 표현할 가능성이 있다. 이때 상담자는 인내심을 가지고 수동적 경청 혹은 반영적 경청 기법을 활용하여 전문적으로 들어야 한다. 또한 상담자가 공감적 이해와 솔직성을 보여줌으로써, 내담자는 스스로 감정을 반영해보고 자신을 좀 더 객관적으로 볼 수 있게 된다. 그 결과, 내담자는 방어적 태도를 버리고 외면했던 내적 감정을 수용할 뿐 아니라, 통찰력이 커지면서 스스로 문제를 해결하고 성장해나가게 된다.

③ 행동수정[5]

주요 개념 **행동주의**(behaviorism)에서는 인간의 행동은 선천적 반사기능을 제외하곤 대부분 학습에 의해 습득된다고 본다. 이들은 문제행동 역시 잘못된 학습에 의해 형성된 것이라고 주장한다. 따라서 역으로 학습원리를 이용해서 이를 소거하고 바람직한 행동을 강화해서 대체시킴으로써 문제행동을 수정할 수 있다는 것이다. 이들은 감정이나 인지보다는 '행동'에 초점을 두고 있다. 그 이유는 변화시킬 수 있는 것은 행동이며, 그 변화를 관찰할 수 있는 것도 행동이라고 믿기 때문이다. 이러한 이론적 토대 위에서 발달한 치료법이 **행동수정**이다.

과연 이들이 의미하는 행동이란 무엇인가? 행동에는 가시적인 **외현적 행동**(예 : 얼굴을 찡그리는 것)과 사적인 **내현적 행동**(예 : 속이 상한다)이 있다.

---

5. 행동수정(이임순, 이은영, 임선아 역, 2003) 참조.

행동수정에서 표적으로 삼는 것은 외현적 행동이지만, 내현적 행동 역시 행동수정으로 영향 받을 수 있다. 그러면 '체중이 3kg 줄었다'도 행동인가? 이것은 행동 결과이며, 체중을 줄이기 위해 '매일 아침 한 시간씩 운동하다'는 행동이다. 행동수정에서는 문제행동을 기술할 때 '섭식장애'나 '불안장애' 등의 요약명칭을 쓰는 것이 아니라 '…행동 과잉', '…행동 결핍'처럼 다루어야 할 행동용어로 정의한다.

B. F. Skinner

따라서 어떤 문제행동을 변화시키려면, 우선 그 문제행동을 측정가능한 아주 구체적인 용어로 정의한다(예 : 과식 → 밥을 한 공기 이상 먹는 것). 그리고 문제행동에 영향을 미치는 환경자극이 무엇인지 결정한다. 환경자극에는 사람, 사물, 사건은 물론 자신의 행동도 포함된다. 그다음, 문제행동은 감소하고 바람직한 행동은 증가할 수 있도록 환경자극을 변화시키는 적절한 처치절차를 고안해낸다. 처치절차에 따라 문제행동의 변화 추세를 측정하고 평가해봄으로써 행동 변화를 파악할 수 있다. 이처럼 행동수정의 장점은 바람직하게 변화된 행동 결과를 객관적으로 관찰하고 측정할 수 있다는 데 있다. 이러한 행동수정 기법은 노화로 인해 기능이 점점 퇴화해가는 노인들이 기능을 유지하고 향상시킬 수 있는 바람직한 생활방식을 습득하도록 하는 데 유익하게 활용될 수 있을 것이다(그림 3.1).

기본 원리와 절차 연합학습의 기본 원리인 **고전적 조건형성** 및 **작동적 조건**

그림 3.1 행동수정 절차

형성 과정이 행동수정에 활용되고 있다. 즉 바람직한 행동을 증가시키는 데 '정적강화', 부적절한 행동을 감소시키는 데 '소거'가 활용된다. 문제행동은 강화하지 않아 차츰 소거하고, 바람직한 행동은 보상으로 강화하여 증가시킴으로써 대안행동이 된다. 이때 어떤 강화물을 어떻게 사용할지, 강화물의 종류와 강화계획이 행동수정 결과에 중요한 촉매작용을 하게 된다.

정적강화 이것은 어떤 행동에 보상을 주어서 강화시킴으로써 그 행동을 증가시키는 원리이다. 우선 증가시키려는 표적행동을 선택해서 구체적으로 정의한다(예 : 미소 짓기). 그리고 개인에게 가장 적합한 강화물을 선정한다. 강화물에는 사탕처럼 소모적인 것, TV 보기, 화투치기처럼 활동적인 것, 칭찬이나 관심처럼 사회적인 강화물이 있다. 강화물은 개인이 가장 선호하는 것이라야 효과가 있다. 개인이 가장 좋아하는 행동이 좋아하지 않는 행동의 강화물로 쓰일 수도 있다.[6] 예를 들면 화투치기를 좋아하는 어르신이 운동을 하지 않으려 할 경우, 식사 후 30분 동안 아파트 주변을 산책하시면 자녀가 화투치기를 함께 해드려서 걷기운동을 증가시킬 수 있다. 화투치기가 운동의 강화물이 된 셈이다.

일단 강화물이 선정되면 강화물을 어떻게 줄 것인지, 즉 강화물의 크기, 강화물의 제시간격과 빈도를 계획한다. 강화물의 크기는 원하는 행동을 증

---

6. Premack의 원리 : 강화하려는 행동보다 더 선호하는 행동이 있으면, 그것이 무엇이든 강화물로 이용될 수 있다.

가시킬 만큼 커야 하며, 매 시행에 받을 강화물의 크기는 포화되지 않을 정도로 주고, 최대한 자주 강화하는 것이 좋다. 강화물의 제시간격은 원하는 행동이 일어났을 때 즉시 강화하는 것이 직접적인 효과가 있다. 하지만 지연되었을 때도 간접적인 효과가 있다. 지시, 자기진술, 생각 등이 행동과 강화물 사이를 매개할 경우이다.

예를 들어 아침 6시에 일어나서 운동하고 나면 1,000원을 보상받는 연수 프로그램에 참가했다고 하자. 그런데 2, 3일 지나자 도저히 일어나기가 싫다. 이는 6시 기상(행동)과 1,000원을 받는 것(보상) 사이에 지연간격이 있기 때문일 수 있다. 만약에 잠자리에서 일어나기 싫을 때마다 '지금 일어나서 운동하면 1,000원이나 받잖아'하는 자기진술로 스스로를 강화한다면, 아마도 효과가 있을 것이다. 일단 이렇게 해서 '6시 아침운동'이라는 원하는 행동이 습득되면, 이제 서서히 강화물을 감소시키고 자연강화물로 대치한다. 자연강화물이란 인위적으로 계획되지 않은 자연환경이다. 즉 아침에 일어나서 운동하고 나면 기분이 상쾌하고 몸이 가벼운 효과를 경험하면, 이 현상이 아침운동에 대한 자연강화물이 된다(그림 3.2).

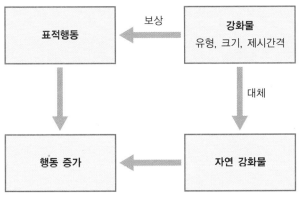

그림 3.2 정적강화에 의한 행동 증가시키기

소거 일단 어떤 행동이 강화에 의해 습득되었을지라도, 더 이상 강화되지 않으면 소거되어 버리는 원리를 이용한 것이다. 어떤 행동이 바람직하지 않다고 생각될 경우, 그 행동에 대해서 보상(관심, 칭찬, 주의)을 해주지 않으면 저절로 사라지게 된다는 원리이다. 예를 들면 남편의 관심을 끌기 위해 아내가 틈만 나면 두통을 호소한다. 처음엔 남편이 관심을 기울이고 걱정을 했더니 점점 더 두통을 호소하는 횟수가 증가한다. 나중엔 아내가 아무리 두통을 호소해도 모른 척했더니 차츰 두통을 호소하는 횟수가 줄어든다. 아마도 호소해도 소용없다는 생각이 들었기 때문일 것이다.

소거의 절차를 좀 더 자세히 설명해보자. 첫째, 소거시킬 문제행동을 선택해서 구체적으로 정의한다. 이때 주의할 점은 그 행동을 감소시키는 것이 바람직한지 신중하게 검토해야 한다. 위의 예에서 아내의 두통이 스트레스로 인한 두통이었다면, 무관심으로 이를 소거하는 것은 바람직하지 않을 것이다.

둘째, 그 행동을 유지시키는 주된 강화물이 무엇인지 탐색해서 결정한 후, 그 강화물을 차츰 제거함으로써 문제행동을 서서히 감소시킨다. 이때 소거절차가 시행되는 장면이 처치효과에 영향을 미칠 수 있다. 즉 문제행동을 일으키는 강화물을 제거해도 대안적 강화물이 있으면 주강화물을 통제하기가 어렵다. 위의 예에서 아내의 두통에 대해 남편이 무관심하다고 해도 딸이 관심을 보인다면 아내의 두통 호소는 계속될 수 있다. 따라서 이런 대안적 강화물의 영향을 미리 최소화하거나 차단할 필요가 있다.

셋째, 소거효과를 높이는 최선의 방법은 문제행동 소거와 함께 대안적 행동에 대해 정적강화를 해주는 것이다. 예컨대 두통을 호소하며 빈둥거리던 아내가 일어나 집안일을 할 때 관심을 보이거나 칭찬을 해주는 것이다. 흔히 소거과정에서는 공격성이나 **소거폭발**(extinction burst)이 나타날 수 있는데, 상담자는 이를 미리 감안할 필요가 있다. 소거폭발이란 문제행동이 감소하

그림 3.3 문제행동 소거와 대안행동 증가

기 직전에 오히려 문제행동이 더욱 악화되는 현상이다. 그러나 문제행동 소거와 아울러 바람직한 행동에 대한 정적강화가 병행될 때, 공격성이나 소거폭발은 최소화될 수 있다(그림 3.3).

소거과정에서 상담자가 주의해야 할 함정이 있다. 예컨대 자신도 모르게 일상생활 속에서 바람직한 행동을 소거해버리거나, 문제행동에 신경을 쓰다 보니 오히려 그 행동을 강화해버리는 경우이다. 즉 "우는 아이 젖 먼저 준다"는 속담처럼, 양로원에서 불평불만이 많으신 노인들에게 관심을 기울이고 시중을 들다 보면, 불평이 없는 어르신들에게는 관심이 줄고 소홀히 대할 수 있다. 이럴 경우 관심이 오히려 불평불만을 강화해버리는 효과가 나타날 수도 있다.

강화물과 강화계획 강화물에는 일차강화물과 이차강화물이 있다. 일차강화물이란 인간에게 즐거움이나 쾌락, 만족 등 선천적 반응을 일으키게 하는 자극이나 물질이다. 즉 음식, 물, 추위에 온기, 더위에 냉기 같은 것들이다. 이차강화물이란 원래는 중성자극이었으나 일차강화물과 자주 연합되어 인간에게 어떤 반응을 유발하도록 학습된 **조건강화물**이다. 이차강화물에는 칭찬, 미소, 상장, 돈, 토큰, 점수, 마일리지, 쿠폰 등 다양한 것들이 있다. 이

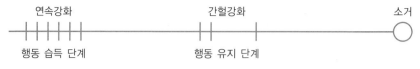

그림 3.4 연속강화와 간헐강화

조건강화물의 강화력은 **지원강화물**의 강화력에 달려 있다. 즉 토큰을 모아 돈으로 환산해주거나 돈을 모으면 영화를 보게 하는 경우, 돈과 영화의 효과가 지원강화물의 강화력이다.

강화계획이란 표적행동이 발생하면 어떻게 강화할 것인가 하는 규칙인데, 여기에는 연속강화와 간헐강화가 있다. **연속강화**란 표적행동이 일어날 때마다 강화하는 경우이며, **간헐강화**는 이따금씩 간헐적으로 강화하는 경우이다. 대체로 처음 행동이 습득되는 단계에서는 연속강화가 효과적이나, 일단 행동이 습득되고 유지하는 단계에서는 간헐강화가 더 효과적이다. 그 이유는 처음 행동이 습득되기 위해선 강도 높은 보상이 필요하지만, 일단 행동이 습득되고 나면 강화물이 싫증날 수가 있기 때문이다. 통상 우리의 행동은 연속강화보다 간헐적으로 강화되었을 때 소거가 더디며 실생활에서 자연강화물로 대치되었을 때 더욱 잘 유지되는 경향이 있다(그림 3.4).

적용 프로그램 행동수정 기법을 이용한 대표적 프로그램으로 토큰경제, 자기통제 프로그램, 체계적 둔감법 등이 있다. 이 프로그램들은 양로원이나 요양원, 노인복지시설 등에서, 혹은 개인이 어떤 행동습관을 고치려 할 때 유용하게 활용될 수 있다.

토큰경제 한 집단에 소속된 사람들이 바람직한 행동을 할 때마다 토큰(조건강화물)을 보상으로 얻고, 그 토큰을 일정 기간 모아서 지원강화물(음식, 돈)로 교환할 수 있도록 하여 행동 변화를 가져오려는 프로그램이다. 그 절차를 보면, 먼저 증가시키려는 표적행동을 결정하고, 평소에 이 행동이 얼마나 일어났는지 기저선(base line)을 정한다. 그다음 토큰의 유형과 지원강화물을 선택한다. 이때 토큰은 운반과 보관이 쉽고 위조가 불가능한 것이어야 하며 내담자에게 매력적인 것이라야 한다.

이제 강화계획을 세운다. 누가, 어떤 행동을, 어떤 방식(빈도, 양)으로 강화할지, 그 기록은 누가 어떤 방식으로 할지를 계획한다. 그리고 토큰과 지원강화물을 어떤 비율로 교환할 것인지 지원강화물의 값과 교환빈도를 결정한다. 일단 표적행동에 변화가 일어나면, 토큰을 점진적으로 제거하거나 토큰의 가치를 감소시켜서 자연환경으로 일반화시킨다. 이를 위해 토큰을 간헐적으로 주거나, 토큰을 받을 수 있는 행동을 줄이거나, 토큰의 제시간격을 지연시키는 방법이 있다. 토큰과 교환할 수 있는 지원강화물의 양과 교환빈도를 줄이는 방법도 있다. 벌주기 토큰경제에서는 반대로 토큰을 회수하는 방법을 쓴다.

자기통제 프로그램 이 프로그램은 과음, 흡연, 지나친 TV 시청 등 바람직하지 못한 행동을 감소시키거나 운동하기, 일찍 일어나기 등 바람직한 행동을 증가시키는 데 활용될 수 있다. 통상 우리는 이런 행동을 통제하려면 의지가 강해야 한다고 믿고 있다. 과연 이 '의지'라는 것도 통제할 수 있을까? 물론 우리가 어떤 행동을 변화시키려면 강한 의지나 동기가 필요하지만, 무엇보다 반드시 변화시킬 수 있다는 확신감이 선행해야 한다. 이런 확신감으로 체계적인 훈련에 임했을 때, 그 성과를 보고 자기통제감과 의지가 향상될 수 있다. 예컨대 우리가 단주나 금연을 시도하려면 '끊을 수 있다'는 확신감이 있어야 한다. 그리고 체계적 프로그램에 의해 단주나 금연에 성공하고 나면, 이번에는 그 성과를 보고 '할 수 있다'는 자신감과 자기통제감이 생기고 의지가 향상될 수 있다.

자기통제 프로그램의 세부적 절차를 살펴보자. 첫째, 표적행동을 정한다. 이때 표적행동은 과잉행동을 줄이든, 결핍행동을 증가시키든, 어느 쪽으로도 정의할 수 있다. 다만 표적행동은 구체적이고, 긍정적이며, 측정가능한 용어로, 달성가능한 수준에서 정의한다. 예를 들면 '담배를 끊자'보다는 '담배 대신 껌을 씹자'로 정의하는 것이 더 효율적이다.

둘째, 행동기록카드를 작성한다. 최소한 일주일 이상 자신의 평소 표적행동을 관찰하여 기저선 자료로 활용한다. 그리고 프로그램 시작 후에는 행동변화 상황(빈도, 지속시간)을 표적행동의 출현 즉시 기록하여 그래프로 작성한다(그림 3.5).

셋째, 행동통제계획을 세운다. 우리의 행동과 습관은 S(자극)-O(유기체)-R(반응)-C(결과)의 연쇄작용에 의해 습득된다(예: 담배를 보면-군침이 돌아-피우게 되고-마음이 진정된다). 이 연쇄과정 중 자극을 통제할 수도 있고 결과를 통제할 수도 있다. 자극을 통제할 경우, 자극을 피하거나 자극

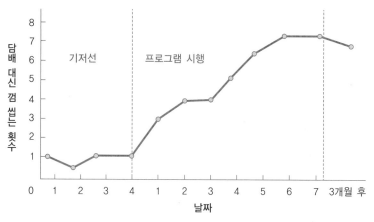

그림 3.5 행동기록카드

과의 접촉을 어렵게 만들어 버린다. 즉 흡연하는 친구와 어울리지 않거나 금연구역을 설치한다. 결과를 통제할 경우 강화물을 사용하는데, 표적행동만 강화할 수도 있지만 표적행동에 근접한 행동을 차별적으로 강화하는 것이 좋다.

넷째, 자기계약서를 작성한다. 이상의 절차를 문서로 작성하는데, 여기에는 표적행동, 실시 스케줄, 강화물 사용법, 행동기록방법, 증인 등이 명시되어야 한다. 행동기록이나 강화물 사용을 단계적으로 줄이면서 서서히 프로그램을 종료한다. 목표 달성에 실패하거나 목표 달성을 했다가 다시 도루묵이 되어 버릴 수 있다. 그래도 체념하지 말고 실패의 원인을 분석해서 재도전할 용기가 있어야 한다.

체계적 둔감법　심리적 긴장 상태와 신체적 이완 상태는 공존할 수 없다는 데 근거하여 고안된 역조건형성 치료법이다. 즉 신체적 이완 상태에서 불안이나 공포의 위계목록을 차례로 상상하도록 하여 점진적으로 불안을 감소시킨다. 먼저 10~30개의 불안위계목록을 작성하여 순서대로 배열한 카드 묶음을 만든다. 불안위계를 0(평상시 정서)~100(최대 불안)까지 주관적으로 평가하여 기입하는데, 이때 항목 간 간격은 5~10을 넘지 않게 한다. 가장 낮은 불안카드를 1로 시작하여 번호를 매긴다. 그리고 나서 약 1주일 정도 녹음테이프의 지시에 따라 신체이완 훈련을 한다. 몇 분 내에 스스로 이완할 수 있을 정도가 되면 프로그램을 실시한다.

조용한 장소에서 신체를 완전히 이완시킨 후, 1번 카드를 집어 들고 거기에 적힌 상황을 상상한 후(10초), 다시 이완한다(30초). 이 과정을 다시 반복한다. 이때 불안의 양이 5suds(불안의 주관적 단위) 이하면 다음 카드로 넘어간다. 5suds~10suds 이상으로 불안을 느낀다면 1~2분의 깊은 이완 후 다시 같은 카드로 반복한다. 한 회기는 20분 이상 지속하지 않는 것이 좋으며 하루에 두 번 정도로 자주 하는 것이 좋다. 매 회기는 이전 회기에서 성공적으로 끝난 다음 항목부터 시작한다.

[연습문제 3.1] --○

1. 노인복지관이나 양로시설에서 노인들이 흔히 보이는 행동 과잉과 행동 결핍을 예로 들어보라.

2. 위의 행동 과잉과 행동 결핍 중 하나를 선택하여, 행동 과잉을 감소시키기 위한 혹은 행동 결핍을 증가시키기 위한 행동수정 프로그램을 계획해보라.

4 합리적 정서적 행동적 요법[7]

상담이나 치료의 초점을 개인의 인지과정에 둔 대표적 이론 중 하나가 **합리적 정서적 행동적 요법**(rational emotive behavior therapy, REBT)이다. 이러한 인지적 접근에서는 심리적 갈등이나 정서 및 행동장애가 개인의 비합리적이고 잘못된 사고나 신념에서 비롯된다고 본다. 그래서 내담자의 비합리적이고 그릇된 사고를 수정해서 사고과정을 재구성함으로써 정서적, 행동적 변화를 일으키려고 한다.

---

7. *Theory, methods, and processes of counseling and psychotherapy*(George & Cristiani, 1981), *Theory & practice of group counseling*(Corey, 2004) 참조.

주요 개념 REBT의 창시자인 Albert Ellis는 "인간은 생각하는 대로 느낀다"고 했다. 이 말은 우리의 감정은 사고과정에 의해 지배된다는 것을 의미한다. 즉 우리가 어떤 불행한 사건을 당했을 때 불안, 우울, 분노, 죄책감 속에 빠져드는 것은, 실은 그 사건 때문이 아니고 자신의 비합리적 사고 때문이라는 것이다. 그는 이 **역기**

Albert Ellis

능적 비합리적 사고의 근원은 '해야 한다', '해서는 안 된다(shoulds, oughts, musts)' 등 완벽주의적 사고방식이라고 한다.

 Ellis는 문화사회에는 11가지의 비합리적 사고방식이 존재한다고 주장하고 있다. 즉 "나는 누구에게나 사랑받고, 인정받고, 존중받고, 대우받아야 하며 그렇지 못할 경우 보잘것없는 사람이다", "나는 모든 일을 유능하게 잘 해내야 하며 그렇지 못할 경우 쓸모없는 인간이다", "나는 크게 노력하지 않고도 안락하고 행복한 삶을 누릴 수 있어야 하며, 그렇지 못할 경우 아주 끔찍한 일이다" 등의 사고방식이다. 그는 이러한 그릇된 신념체계가 어떻게 정서적 고통과 역기능적 행동을 유발하는지를 A-B-C 이론을 통해 구체적으로 설명하고 있다.

A-B-C 이론 우리의 사고, 정서, 행동이 어떻게 서로 영향을 미치며 순환하는지를 설명해주는 도식이다. 예컨대 우리가 어떤 사건(A : Activating event)을 당했을 때, 거기에는 필연적으로 어떤 정서적 결과(C : emotional Consequence)가 나타나게 된다. 그런데 그 정서적 반응의 원인은 실은 사건(A) 자체가 아니고, 그 사건에 대한 개인의 신념체계(B : Belief system)라고 그는 주장한다.

예를 들어 어떤 은퇴자가 재취업에 실패한 후(A), 심한 좌절감에 빠져서 자신을 마치 쓸모없는 폐물처럼 느낀다고 하자(C). 이때 이 사람의 심한 좌절감은 재취업 실패(A)보다는 '실패해서는 절대로 안 된다'는 신념(B)에서 기인한다는 것이다. 그 후 그는 A-B-Cs로 개정된 이론을 제시했는데, 여기서 B는 '믿고, 감정을 드러내고, 행동하는 것'으로 정의되고 있다. 내담자가 어떤 신념(B)을 믿는다는 것은 강한 정서적, 행동적 요인을 수반하기 때문이다. Ellis는 비합리적 사고에서 기인한 정서적 장애는 자신에게 책임이 있으며, 인간은 자신의 사고, 정서, 행동을 변화시킬 능력이 충분히 있다고 주장한다.

과일반화된 자기평가 사람들은 어떤 행동이 잘못되었을 때, 그것을 성격이나 인생 전반으로 확장시켜서, 마치 자신을 인생에 실패한 보잘것없는 사람으로 평가해 버리는 경우가 있다. 이러한 과일반화는 자기중심성, 지나친 자의식, 낮은 자존감, 자기비하, 무력감을 초래하며, 정서장애의 주된 원인이 될 수 있다. 예를 들어 자식과 불화가 있는 노인이 인생을 헛살았다고 비관하면서 우울증에 빠져드는 경우이다.

그러나 우리는 내 행동의 완벽함을 타인들에게서 인정받고 사랑받음으로써만 내 가치를 증명할 수 있는 것은 아니다. 비록 내 자신이 불완전하더라도 자신을 있는 그대로 수용하는 것이 중요하다. 설령 우리가 변화할 수 있다 할지라도 변화란 부단한 노력의 산물이며, 변화할 수 없는 것은 오히려 수용하는 것이 더 바람직하다. 만약에 우리가 자신의 행동을 솔직하고 정확하게 평가할 수 있다면, 그리고 자신을 무조건적으로 수용할 수 있다면, 아마도 정서적으로 더욱 건강하고 충만한 삶을 누릴 수 있을 것이다.

상담 및 치료 목표 정서적, 행동적 장애와 그릇된 신념, 가치, 태도 사이의 연관성을 명료화해서 이를 직면시키고, 건강하고 합리적인 사고로 재구성함으로써 정서와 행동의 변화를 가져오는 데 상담의 목표가 있다. 하지만 비합리적 사고는 매우 뿌리가 깊어서 쉽사리 변화될 수 없기 때문에, 어떻게 여기에 도전해서 자기평가와 자기비난의 악순환을 끊을 수 있는지 그 방법을 가르쳐주는 것이 중요하다.

'성공해야한다', '유능해야한다'는 강박적 사고방식이 나를 짓누른다.

따라서 우선 내담자가 자신의 생각이 무엇인지를 자각하게 해서, 그 생각 중 무엇이 잘못된 것인지를 규명한다. 그리고 이를 대치할 수 있는 합리적 사고나 신념, 가치를 발견하여 학습하도록 하고 변화된 사고방식과 행동을 강화한다. 또한 내담자가 특정 행동과 자신 전체를 어떻게 분리시킬지, 불완전한 행동에도 불구하고 자신을 어떻게 무조건적으로 수용할지를 가르침으로써 과일반화된 자기평가와 자기비난의 악순환을 끊는 데 상담의 초점을 둔다.

이 과정은 **Ds**(detecting, debating, discriminating) → **E**(effect)로 축약될 수 있다. 즉 내담자가 자신의 사고방식이 얼마나 비합리적인지를 발견하게 되면(detecting), 이 믿음과 가치들에 대해 논쟁한다(debating). 이런 논쟁을 통해 합리적, 비합리적 사고를 구별할 수 있게 되고, 자신의 사고와 정서장애의 연관성을 이해하게 된다(discriminating). 그 결과 내담자는 자기파괴적 사고를 버리고 새로운 신념과 가치를 획득하여, 자신과 타인을 수용하고 일상의 불만과 정서적 고통이 줄어들게 된다(effect). 더 나아가 내담자가 자신의 행동과 삶에 대해 책임감을 느끼고 새로운 문제에 합리적으로 대처해나갈 수 있도록 가르치는 데 이 접근의 궁극적 목표가 있다.

주요 기법 REBT에서는 짧은 기간에 강력한 개입을 하는 것이 특색이다. Ellis는 짧은 시간에 실제의 문제를 효과적으로 해결하는 것이 최선의 요법이라고 강조한다. 실제로 그는 하루나 이틀, 혹은 9시간의 집단 상담을 성공적으로 이끌었다. 여기서는 내담자가 구체적인 상황에서 자기파괴적 생각을 바꾸고 행동 변화를 이끌 수 있도록 감정보다는 인지적, 행동적 차원에 초점을 둔다.

따라서 상담자는 소크라테스 질문과 토론, 지시와 조언, 단계적 과제물, 독서 등을 활용하여 적극적으로 개입하며 이론적 모형, 대처방법, 해결전략을 직접 가르친다. 상담자는 내담자와 너무 가까워지는 것을 피하며 그의 의존성을 경계하지만 상호 존경과 협동, 고무와 지지, 스승 역할을 통해 신뢰하는 분위기를 형성한다.

인지 기법 먼저 내담자에게 A-B-Cs 이론을 가르쳐서 일상생활의 구체적 문제에 적용해보도록 하며, 그의 역기능적 사고가 어디에서, 어떻게 습득되었든 간에 그것을 바꿀 수 있다고 강조한다. 그리고 상담자는 내담자의 비합리적 사고와 태도에 초점을 두고 적극적으로 논박하고 이를 바꾸도록 설득한다.

실제로 내담자 자신이 일상에서 언급한 말을 적어보고 이를 분석해본 후, 자기파괴적 언어패턴을 합리적 언어로 대치하도록 연습한다. "이번에도 실수하면 절대로 안 돼. 도저히 내 자신을 용납할 수가 없어. 남들이 날 비웃을 거야!" → "만약에 실수한다고 해도 후회는 없어. 남들이 뭐라고 해도 나는 최선을 다했으니까." 또한 REBT와 관련된 문헌, 비디오, 오디오, 강의, 워크숍 등이 보조도구로 사용되며 인지적 숙제가 부과되기도 한다. 예를 들면 비합리적 신념이 기술된 자기보고서(self-help form)를 작성하거나, 스스로 비합리적 신념을 기록

한 후 그것을 합리적인 것으로 대치해서 써오도록 한다.

정서 기법   무조건적 수용, 합리적 정서 상상, 유머, 위험 감수하기 등이 있다. 우선 상담자가 '무조건적 수용'의 본보기를 보여준다. 즉 비록 자신의 행동이 부적절할지라도 아주 쓸모없는 사람은 아니라는 것을 자기노출을 통해 보여줌으로써, 내담자의 행동이나 신념이 도전받아도 여전히 수용받고 있다는 분위기를 만들어낸다. 또한 내담자에게 미래에 일어날 수 있는 최악의 상황을 상상토록 하여, 이때 경험하는 파괴적 정서를 좀 더 건강한 것으로 대치하도록 한다. 즉 실패 후 '난 형편없는 인간이야' 하는 느낌을 '후회나 실망'으로 대치하도록 연습시킨다.

또한 사람은 심각해지면 유머감각을 상실하기 때문에, 자신의 신념이나 행동의 어리석음을 유머러스하게 표현하여 웃는 연습을 한다. 이를 코믹한 노래로 풍자해서 부르거나 숙제로 일상에서 연습하기도 한다. 마지막으로 '위험 감수하기' 연습이다. 사람은 남의 이목, 수치심, 굴욕감 때문에 자신의 생각을 표현하지 못하는 경우가 많다. 집단이나 공공장소에서 평소에 못했던 행동(돈 빌리기, 큰소리로 외치기)을 과감하게 실험해봄으로써 수치심이나 굴욕감을 극복하도록 한다.

행동 기법   '위험 감수하기' 실험을 일상생활 속에서 수행해보고 그 결과를 보고하도록 하거나, 숙제의 수행 여부에 따라 보상과 벌칙을 주는 행동 지향적 기법이다. 이때 보상과 벌칙은 내담자 스스로 주도록 하는 것이 좋으나, 흡연이나 알코올 남용과 같은 파괴적 탐닉일 경우 상담자가 기관에 헌금하도록 벌칙을 가할 수도 있다. 최근 **자기교습훈련**(self-instructional training, SIT)에서는 인지-행동의 재구성에 초점을 둔다. 즉 내담자가 자신의 파괴적인 말과 행동을 자각하게 한 후, 상담자가 효율적인 언어와 행동을 시연해

보인다. 내담자가 그것을 큰소리로 따라서 말하고 마음속으로도 시연하면, 상담자가 피드백을 줌으로써 강화하여 행동 변화를 이끌어낸다. 이상과 같은 인지 기법들은 내담자가 자신의 생각을 내성할 수 있고 교육적 지시나 과제를 수행할 지적수준이 갖추어져 있을 경우에 그 효과가 있다.

5. 현실 요법[8]

William Glasser & Carleen Glasser

주요 개념 현실 요법(Reality Therapy)은 **선택이론**(choice theory)을 실제로 상담이나 치료 장면에 도입한 방법론적 접근이라고 볼 수 있다. 선택이론은 현상학적 실존주의에 그 바탕을 두고 있다. 여기에서는 인간은 주관적 세계, 즉 실제보다 자신의 욕구 차원에서 세상을 지각하기 때문에, 동일한 상황에서도 사람마다 지각하는 세상이 다를 수 있다고 본다. 이는 우리가 삶에서 중요한 선택을 '왜', '어떻게' 하는지를 설명해주고 있다. 우리는 삶의 목표를 스스로 선택하고 그 선택에 대해 책임을 지고 있다. 현실요법의 창시자인 William Glasser는 "우리의 모든 행동과 감정은 심지어 불행, 우울, 불안마저도 당했다기보다 스스로 선택한 것이다"라고 말한다. 따라서 변화란 우리가 현재 행하고 있는 것이 스스로 선택한 결과라는 현실을 인정하고 거기에 준해서 행동할 때만 가능하다는 것이다.

---

8. *Theory & practice of group counseling*(Corey, 2004) 참조.

Glasser는 인간에게는 다섯 가지 기본 욕구―**생존, 사랑과 소속감, 힘, 자유, 즐거움**―가 있는데, 모든 행동은 이 기본 욕구를 충족시키려는 동기에서 비롯된다고 한다. 즉 우리는 자신의 욕구대로 환경을 조형하기 위해서, 원하는 내면의 그림에 맞추기 위해서 행동한다는 것이다. 누구나 자신이 그리는 이상향(Shangri-La)―할 수만 있다면 그 안에서 살고 싶은 세계가 있다. 이 세계를 구성하고 있는 가장 중요한 요소는 사람, 가장 접촉하고 싶은 사람들이다. 대인관계와 모든 삶의 문제, 행동, 생각, 감정마저도 이 이상향에 맞추기 위해서 우리가 스스로 선택한 것이다. 따라서 모든 삶의 선택은 자신에게 책임이 있으며 그 선택을 스스로 통제할 수 있음을 인식할 때 우리는 변화할 수 있다는 것이다.

또한 현실치료자들은 "과거는 지나가 버렸고 변화될 수 없다. 현재의 문제를 직면하고 해결책을 찾자"라는 말을 자주 한다. 우리는 타인에 예속된 심리적 노예가 아니며, 과거나 현재의 덫에 걸려 있어도 안 된다는 것이다. 우리가 충분히 기능하려면 과거에 무슨 일이 일어났건 현재 속에서 자신의 미래를 창조적으로 계획할 필요가 있다. 오직 우리가 통제할 수 있는 것은 과거의 행동이 아닌 현재의 행동이기 때문이다.

상담 및 치료 목표 개인의 삶과 행동에 대한 책임감과 통제감을 일깨워줌으로써 더 나은 선택을 통해 행동 변화를 일으키도록 돕는 데 궁극적 목표가 있다. 즉 개인이 스스로 선택한 행동을 인정하고 책임질 때 삶을 효과적으로 통제할 수 있음을 깨닫게 하는 데 초점을 둔다. 우선 내담자로 하여금 마음속에 무엇을 그리고 있는지, 내면의 욕구를 만족시키기 위해서 어떤 행동을 하려는지 탐색하도록 한다.

현실요법에서 상담자의 역할은 매우 적극적이고 직접적이다. 특히 집단

상담에서 리더는 집단원이 자신의 행동에 대해 활발하게 토론하도록 격려하며 무책임과 변명은 도외시한다. 또한 행동 결과를 직면하고 평가하도록 한 후, 행동을 변화시킬 계획을 세워 이를 실행하도록 돕는다. 이들은 내담자나 집단원의 한계, 문제, 실패, 불행보다는 힘과 가능성에 초점을 둔다. 그 이유는 부정적 측면에 집착하면 오히려 자존감만 낮아지고 비효율적 통제를 강화할 수 있기 때문이다. 여기에서도 상담자나 집단 지도자에게 가장 중요한 특성은 진지함과 편안함이며, 이러한 자질을 얻는 데는 많은 시간과 경험이 필요하다.

주요 기법 현실치료의 주요 절차는 W(Wants) → D(Doing & Direction) → E(Self evaluation) → P(Planning)로 요약된다.

욕구(W) 내담자가 자신의 욕구를 실현하기 위해서 무엇을 원하는지 명료화한다. 다른 상담보다 질문을 많이 사용하며 질문은 상담과정에서 이정표 기능을 한다. 시기적절한 전략적 질문은 내담자로 하여금 자신이 무엇을 원하는지, 자신의 행동이 원하는 방향으로 향하고 있는지를 평가할 수 있게 한다. 하지만 질문이 과다하게 오용될 경우 내담자를 짜증나게 하고 방어와 저항을 불러일으켜 상호 거리감이 생길 수 있다.

따라서 상담자는 질문하는 방법을 연마해야 한다. 내담자에겐 일상의 다양한 측면, 즉 가족, 직장, 친구에게 자신이 진정으로 원하는 것이 무엇인지를 탐색할 기회가 주어져야 한다. 이때 다음과 같은 질문들이 유용하게 쓰일 수 있다. "당신이 진정으로 원하는 것은 무엇인가?", "어떤 사람이 되고 싶은가?", "당신이 원하는 가족의 모습은?", "당신이 가장 원하는 삶은?"

행동과 행동방향(D) 현재의 행동이 자신이 원하는 것을 얻는 방향으로 가고 있는지를 확인하는 단계이다. 현실요법에서는 특히 현재의 행동에 초점을 맞춘다. 비록 문제가 과거에 기인했다 하더라도, 모든 문제는 현재에 발생한 것이고 현재의 행동을 변화시킴으로써 해결될 수 있기 때문이다. 즉 내담자가 현재의 생각과 행동을 바꾸고 더 나은 행동을 선택하는 방법을 배움으로써 문제를 해결하도록 한다. 따라서 여기서는 감정이나 신체증상보다는 사고와 행동을 다루는데, 그것은 행동이나 사고가 더 통제하기 쉽고 변화가능성이 있으며, 행동이 변화하면 감정도 변화할 것이라 믿기 때문이다.

다음은 현재의 행동과 행동방향을 탐색하도록 하는 데 도움이 되는 질문들이다. "무엇을 어떻게 하려고 하십니까?", "지난주에 실제로 당신은 무엇을 했습니까?", "내일 당신은 무엇을 하실 겁니까?", "이 선택이 당신이 원하는 걸 가능하게 할까요?", "지금 당신이 가고 있는 방향이 정말로 도움이 될까요?"

자기평가(E) 자기평가는 현실치료의 핵심이다. 행동 결과를 직면시키고 평가하도록 한다. 자신의 행동을 평가하지 않으면 변화란 있을 수 없기 때문이다. 자신의 행동을 평가해봄으로써 문제의 원인을 발견할 수 있고 문제해결을 위해 어떤 변화를 취해야 할지 깨닫게 된다. 이때 상담자는 내담자의 행동에 대해 판단해서는 안 되며, 집단상담에서 유능한 지도자는 이 평가과정에 집단원 전체가 개입해서 자신의 행동을 평가하도록 돕는다.

미래 행동계획(P) 내담자가 일단 자신의 행동을 평가하고 나면 행동 변화를 결심하게 된다. 이때 상담자는 내담자에게 새로운 정보를 제공하고 그가 원하는 것을 효과적으로 얻는 방법을 찾도록 도와야 한다. 즉 내담자의 잘못된 선택을 성공적인 것으로 바꾸도록 돕는다. 하지만 가장 좋은 계획이란 내담자가 주도한 것이며, 그다음은 내담자와 지도자가 함께 주도한 것이다. 계획을 세울 때는 달성가능한 단기계획을 설정한 후, 이것이 장기적 목표로 발전하도록 강화하는 것이 좋다. 좋은 계획이란 단순하고, 도달가능하며, 치밀하고, 측정할 수 있어야 하며, 즉시 시행할 수 있고, 통제할 수 있으며, 일관성 있게 반복할 수 있는 것이어야 한다. 이 단계에서는 행동계획을 세우고 실제로 이것이 어떻게 수행될지를 체크하는 데 대부분의 시간이 소요된다.

수행 아무리 합리적이고 실용적인 계획이라도 수행으로 옮겨지지 않으면 시간낭비일 뿐이다. 따라서 상담자는 내담자가 계획을 실행에 옮기도록 격려와 지지를 해주어야 한다. 집단상담에서는 한 집단원이 자신의 계획을 발표하면 전체 집단이 이를 함께 살펴보고 평가하면서 지지와 격려를 보낼 필요가 있다. Wubbolding(2000)은 수행과정은 점차로 진행되며 다음과 같이 다섯 단계를 거친다고 한다―① 전혀 변화를 원하지 않음 → ② 변화를 위해 노력할 의향 없음 → ③ 변화할 수 있다는 생각을 함 → ④ 최선을 다하려 함 → ⑤ 그것이 무엇이든지 하려고 함.

여기서 상담자의 역할은 낮은 단계에 있는 내담자를 높은 단계로 이동하도록 격려하는 것이다. "그것을 실행하겠습니까?", "언제 실행하겠습니까?", "왜 원하는 것을 하지 못했습니까?" 설령 수행에 실패해도 감출 필요는 없다. 상담자는 수행을 방해하는 요인이 무엇인지, 수행하지 않은 결과가 어떨지를 보게 하고, 좀 더 달성하기 쉬운 단기계획으로 유도할 수도 있다.

6 게슈탈트 요법[9]

주요 개념 게슈탈트 요법(Gestalt Therapy)은 '전체는 부분의 합보다 크다'는

---

9. *Theory & practice of group counseling*(Corey, 2004) 참조.

형태주의 심리학파의 명제에서 출발한 전체론(holism)에 그 바탕을 두고 있다. 전체론이란 인간을 통합된 하나의 존재로 보는 입장이다. 이들은 개인의 특별한 측면에 관심을 기울인다기보다 사고, 감정, 행동, 신체, 꿈 등 다양한 측면이 어떻게 통합되어서 환경과 접촉하는지에 관심의 초점을 둔다. 따라서 이들은 개인을 그가 처한 장(field), 즉 끊임없이 변화하는 환경맥락 안에서 보고자 한다.

Friedrich Fritz Perls

게슈탈트 요법의 창시자인 Friedrich Fritz Perls는 "인간의 마음은 전경과 배경의 흐름에 비유할 수 있다"고 한다. 즉 유기체의 심리적 자기조절(self regulation)과정을 형태지각의 '전경과 배경 원리'에 비유한 것이다. 우리가 사물을 지각할 때 주의의 초점이 되어 형태로 지각되는 부분을 **전경**이라 하면, 지각되지 못하는 부분은 **배경**이라 한다. 마찬가지로 우리의 마음속에도 의식하는 욕구(전경)와 의식하지 못하는 욕구(배경)가 끊임없이 교차함으로써 자기조절과정이 이루어진다.

예컨대 우리의 의식상에 어떤 욕구, 격정, 흥미가 전경으로 부각되면 일시적으로 심리적 균형이 깨지게 된다. 이때 최선의 수단을 강구하여 이런 욕구와 흥미를 충족시키면 다시 균형을 되찾게 되고, 의식되지 못한 채 배경에

형태지각에서 전경과 배경의 원리
"무엇처럼 보입니까?"

남아 있던 다른 욕구들이 차례로 전경으로 출현한다. 이처럼 전경과 배경의 흐름이 원활하게 이루어질 때 심리적으로 건강하지만, 배경에 있는 욕구가 자각되지 못해 전경과 배경의 흐름이 유동적이지 못하면 건강하지 못하다.

상담 및 치료 목표 게슈탈트 요법에서 추구하는 가장 핵심적인 치료 목표는 내담자의 **자기인식**(self awareness)을 촉진하는 것이다. 즉 내가 어떤 사람인지, 내 감정, 생각, 행동을 예리하게 자각하도록 도움으로써 분열된 내면의 부분들을 통합해 개인적 성장과 변화를 일으키게 하는 것이다. 이들은 변화란 다른 존재가 되기 위해 고투할 때보다 현재 내 자신이 어떤 사람인지를 깨달을 때 더 일어나기 쉽다고 믿고 있다. 이런 자기인식을 위해서는 자기에 대한 지식, 자기수용, 선택에 대한 책임, 세상과 원만한 접촉이 필요조건으로 요구되고 있다.

따라서 이들은 겉으로 표출되지 않고 배경 속에 잠재해 있는 정서감정, 기억, 사건, 욕구, 동기, 생각을 전경으로 부각시켜 의식하도록 하는 데 초점을 두고 있다. 하지만 대체로 사람들은 후회, 미움, 분노, 불안, 수치심, 죄책감 등의 정서감정이 생기면 불편해지기 때문에 이를 직면하려 하지 않는다. 이런 불편한 정서나 기억들이 내면에 잠재해 있으면, 이것은 정신을 분열시키고 삶에서 생동감을 앗아간다.

또한 이들은 **지금-여기**(here and now)에, 즉 현재의 경험에 초점을 둔다. 과거는 지나간 것이고 미래는 아직 경험하지 못한 것이어서 현재의 경험만이 진정한 성장과 변화의 기회라고 믿기 때문이다. 따라서 이들은 내담자들이 지금-여기에서 경험하는 감정과 생각을 접하도록 격려하며, 과거의 문제는 마치 지금-여기에서 경험한 듯이 재현해서 느끼도록 한다. 이를 위해서 '빈의자 기법', '정서 과장하기', '돌아가면서 말하기' 등 다양한 실험이 활용되고 있다.

또한 이들은 창조적 적응이란 자신의 개별성을 잃지 않고 환경과 효과적으로 접촉하는 것이라 믿고 있다. 따라서 이들은 집단원이 보이는 **접촉에 대한 저항**에 관심을 둔다. 저항이란 치료적 작업에 매우 소중한 자료로서, 개인의 저항스타일은 많은 것을 말해주기 때문이다. 여기서 저항이란 지금-여기에서의 진정한 경험을 방해하는 방어기제를 의미한다. 상담과정에서 가장 도전을 받는 방어기제들로 투입, 투사, 반전, 융합, 편향 등이 소개되고 있다.

여기서 **투입**(introjection)이란 타인들의 신념과 기준을 무비판적으로 받아들여서 조화를 이루는 것이다. 즉 내가 원하는 것이 무엇인지 생각해보지도 않고 수동적으로 환경에 융화되어 버리는 것이다. 반면에 **투사**(projection)란 자신의 이미지와 일치하지 않은, 혹은 자신 안에서 결코 인정하고 싶지 않은 면들을 부인하고 남에게 전가함으로써 자신에 대한 책임을 회피하는 것이다. 이것은 **전이**(transference)의 기초가 된다. 또한 **반전**(retro-flection)이란 어떤 누군가에게 행하고 싶은 것을 자신에게 전환시키는 것이다. 예컨대 어떤 위협적인 대상에게 심한 분노와 공격성을 느꼈다면, 그것을 자신의 내면으로 돌리는 것이다. **융합**(confluence)은 타인에게 수용되고 호감을 얻고자 하는 욕구가 매우 강한 사람들에게서 나타난다. 이들은 자신과 타인의 차이를 분별하지 못하고 모든 사람의 생각과 감정이 같다고 믿기 때문에, 갈등 자체를 불안해해서 감히 자신의 생각을 독자적으로 말하길 주저한다. **엇나감**(deflection)은 사실을 진술한다기보다는 지나친 유머, 추상적인 일반화, 질문을 통해서 일관된 접촉을 혼란스럽게 하는 것이다.

이러한 방어기제들은 소위 세상과의 접촉스타일이라 볼 수 있는데, 이들이 모두 병리적인 것은 아니며 상황과 개인의 자각수준에 따라 건강할 수도, 건강하지 않을 수도 있다. 따라서 상담에서 관심의 초점은 개인의 자각수준에 맞추어지며, 개인이 세상과의 접촉을 방해하는 자신의 지배적인 접촉스타일을 자각하도록 고무시킨다. 개인이 자신의 저항을 이해할 때 자아인식이 확장되고 잃어버린 기능들을 회복할 수 있다.

특히 집단을 진행하는 동안에는 시종일관 집단지도자는 에너지가 어디에 집중되어 있고, 어디에 사용되고 있으며, 어떻게 차단되는지에 특별한 주의를 기울여야 한다. 에너지가 갇혀 있는 모습은 목소리, 꽉 다문 입, 홍조, 눈맞춤 피하기 등 긴장된 몸짓이나 신체증상으로 나타날 수 있다. 지도자는 갇힌 에너지를 보다 적응적 에너지로 전환시키도록 다양한 실험을 활용할 수 있다.

주요 기법 기법(techniques)과 실험(experiment)의 의미를 구분해서 사용하고 있다. 즉 기법이란 미리 준비된 연습이나 절차를 말한다면, 실험이란 집단경험에서 순간적으로 생성되는 보다 창조적인 작업을 의미한다. 형태주의 요법에서 사용되는 주요 기법과 실험은 다음과 같다.

언어연습 언어패턴과 성격의 관계를 강조하고, 자신의 언어패턴을 자각하게 함으로써 자기인식을 높인다.

첫째, 비인칭(그것, 그들)이나 너를 나로 대치하게 함으로써 말에 대한 책임을 확신시킨다. 비인칭이나 너를 주어로 사용할 경우, 자신의 경험에 대해 거리를 두고 방어적이 될 수 있기 때문이다. 즉 "집단에 참여하는 것은 피곤한 일이지요"를 "나는 집단에 참여하기가 피곤해요"로 대치하게 한다.

둘째, "나는 할 수 없다(I can't)"를 "나는 하지 않겠다(I won't)"로 대치시킴으로써 자기결정에 대한 책임을 지게 한다. 셋째, "나는 …해야 한다 혹은 하지 않으면 안 된다(I should, I ought to)"를 "나는 …하기로 했다(I choose to)"로 대치함으로써 선택의 자율성을 강조한다. '해야 한다', '해서는 안 된다'는 언급이 자신을 얼마나 무기력하게 만드는지 깨닫도록 한다.

넷째, 무엇을 '왜(why)'보다는, 무엇을 '어떻게(how)' 경험하고 있는지 묻도록 한다. 즉 "지금 당신의 심정이 어떻습니까?" 같은 질문이다. 하지만 질문대신 직접 진술을 하도록 하는 것이 좋으며 질문하는 동기를 나누도록 한다. 질문은 상대방을 방어적으로 만들 뿐 아니라 질문자는 질문 뒤에 안전하게 숨어 있게 되기 때문이다.

이러한 언어작업을 할 때, 개인과 집단의 발달단계를 고려하여 시기적절하게 개입할 필요가 있다. 개인상담이나 집단상담의 초기에는 이런 개입이 자칫 안전감을 해치고 비판이나 평가받는 느낌을 주기 때문이다.

실험 '환상적 대화'는 자신 안에 있는 양극적 측면들, 중요한 인물, 무생물과 대화를 나누게 하는 방법이다. 자신의 두려움과 정반대 상황, 즉 자기표현이 두려운 사람에게 강하게 자기주장을 하는 모습을 상상케 하여 그 느낌을 평소와 비교하도록 하는 것이다. '돌아가며 이야기하기'는 집단상담에서 집단을 한 바퀴 돌면서 각 집단원에게 평소에 표출하지 못한 말을 하도록 하는 것인데, 이때 '불완전한 문장 완성하기'로 작업할 수도 있다.

또한 마음속에 담고 있는 생각을 큰소리로 말하게 하는 '리허설(rehearsal)', 자신이 좀처럼 표현하지 않은 자신의 정반대의 측면을 표현해보도록 하는 '역전(reversal)'이 있다. '과장하기'는 특정 동작, 제스처, 자세를 과장해서 반복하도록 하여 그때 느낌과 생각을 더욱 강렬하게 자각하게 하는 것이다. 이것은 자신의 저항을 인식하고 차단된 에너지를 다른 데로 전환하게 하는 효과가 있다. '꿈 다루기'는 꿈을 분석하고 해석한다기보다 꿈을 현실상황으로 끌어들여 잠재된 갈등과 욕구를 자각시키는 데 초점을 둔다. 이 모든 실험은 자신이 의식하지 못한 갈등, 소망, 감정, 욕구를 자각하여 내면의 분열된 자아의 측면을 통합하도록 하는 작업의 일환이다.

7 의사교류분석[10]

주요 개념 의사교류분석(transactional analysis, TA)은 '인간은 과거의 조건이나 습관적 행동패턴에서 벗어나서 새로운 인생목적과 행동을 선택할 수 있는 능력이 있다'는 믿음에 그 바탕을 두고 있다. 물론 우리는 어린 시절 부모나 주요인물의 기대와 요구에 영향을 받지만, 어린 시절 형성된 자신과 삶에 대한 결정은 다시 재고되고 도전받으며 새로운 결정이 내려질 수 있다는 것이다.

세 가지 자아상태 TA의 창시자인 Eric Berne은 우리 내면에는 세 가지 자아 상태―**부모자아**(Parent), **성인자아**(Adult), **아동자아**(Child)―가 존재하며, 매순간 우리의 사고, 감정, 행동은 이 자아 상태가 표출된 것이라고 보고 있다.

부모자아 상태에는 어린 시절 부모 혹은 권위적 인물이 보여준 가치, 도덕성, 신념, 행동이 내포되어 있다. 이는 부모가 자신에게 했던 행동, 태도, 사고를 내면화한 것으로, 이 자아 상태에서는 타인과의 관계에서 마치 부모가 자신에게 했던 것처럼 느끼고 말하고 행동한다. 부모자아에는 양육적 부모자아(NP)와 통제적 부모자아(CP)가 있다. 양육적 부모는 자녀를 수용하고 자율성을 인정해줌으로써 편안하고 안정감을 주지만, 너무 부드럽게 감싸고 어린애 취급을 할 수 있다. 반면에 통제적 부모는 자녀에게 행동기준을 제시하고 책임감을 부여함으로써 자녀의 성장과 발전을 촉진하지만 비평, 훈계,

---

10. *Theory, methods, and processes of counseling and psychotherapy*(George & Cristiani, 1981), *Theory & practice of group counseling*(Corey, 2004) 참조.

처벌, 거부, 비하하는 행동으로 자녀를 불편하고 불안하게 할 수 있다.

성인자아 상태는 객관적이고 현실 지향적인 자아의 측면이다. 즉 어떤 문제에 부딪혔을 때, 자신이 배우고 생각해 온 것을 표상해보고 외적 현실과 유용한 정보를 최대한으로 고려해본다. 이를 통해 가능성을 타진하고 합리적 결정을 내려서 최선책을 모색한다. 따라서 대인관계에서 타인에게 감정적, 비평적이지 않으며 합리적이고 성숙한 의사교류를 가능하게 한다. 이러한 자아 상태는 나이와 상관이 없다.

아동자아 상태는 천진무구하고 유치하기도 한 우리의 가장 자연스러운 모습으로, 천진한 아동자아(NC)와 순응적 아동자아(AC)가 있다. 천진한 아동자아는 천진난만하고 어린애다운 장난기와 사랑스러운 측면이 있으며 자발성, 창조성이 있지만 충동적, 감정적, 공격적, 반항적인 측면도 있다. 순응적 아동자아는 부모의 질책을 모면하기 위해 추종이나 주저함을 보였던 어린 시절의 모습이며, 이때 느꼈던 죄책감, 두려움, 분노, 욕구불만, 반발 등의 감정이 인간관계에서 재경험되기도 한다. 이럴 경우 적응적인 면도 있지만 자신의 힘, 가치, 존엄성을 비하할 수도 있다.

우리는 상황에 따라 혹은 대상에 따라 이 세 가지 자아 상태를 끊임없이 오간다. 즉 어떤 상황에서는 성인자아에서, 다른 상황에서는 아동자아 상태에서 말하고 행동한다. 건강하고 자율성이 높은 사람일수록 이 세 가지 자아 상태를 민감하게 이동하면서 주어진 상황에 가장 적절한 반응으로 대처할 수 있다. 그러나 어떤 사람은 상황에 관계없이 어느 하나의 자아 상태가 습관적으로 표출된다. 이러한 양상은 그의 어린 시절 부모와의 상호작용을 거슬러 올라가보면 그 기원을 알 수 있다.

스트로크에 대한 욕구 사람들은 누구나 성장하면서 타인들로부터 인정받고 자극받고 싶은 욕구가 있다. 이 인정과 자극에 대한 욕구를 TA에서는 **스트로크**(strokes)라고 한다. 이것은 어린 시절 우리가 어떤 행동을 했을 때 어른들이 잘했다고 쓰다듬어주는 신체적, 심리적 자극이며, 이는 곧 세상에 대한 신뢰감과 자기애를 발달시켜 준다.

스트로크에는 긍정적인 것과 부정적인 것이 있다. 따뜻함, 애정, 인정, 미소, 어루만짐 등의 긍정적 스트로크는 건강한 발달을 위해 필수적이다. 부정적 스트로크는 아이들에게 행동규범을 가르치기 위해 사용하는 '하지 마라(don'ts)', '해서는 안 된다(shouldn'ts)', '해야 한다(shoulds, oughts)' 등의 제지, 당위성, 지시와 명령, 의무와 책임을 부가하는 피드백이다. 이러한 피드백은 아무런 반응 없이 무시해버리는 것보다는 나을지라도, 무언가 아직 충분하지 못한 것 같은, 자신이 부족한 것 같은 느낌을 갖게 한다.

부모와의 상호작용, 타인과의 인간관계는 바로 이런 스트로크의 교환이라고 할 수 있다. 사람들은 삶 속에서 자신이 원하는 스트로크를 받기 위해 **개임**을 한다. 개임이란 자신의 목적 달성을 위해 다른 사람을 조종하는 의사소통 방법으로, 이것은 사람들 사이의 친밀감을 해치고 결국 좋지 않은 감정을 안겨줄 수 있다. 개임을 하는 사람은 박해자, 구원자, 희생자 중 어느 하나의 입장에 서 있다. 즉 우월감이 있는 사람은 타인의 흠을 찾아서 박해하는가 하면, '난 오직 당신을 도우려 한다'는 구원의 메시지를 전달하는 사람도 있다. 혹은 "불쌍한 나를 도와주세요!"하는 메시지를 전달하면서 남들이 자신을 함부로 다루도록 희생자 역할을 하는 사람도 있다. 또한 부정적 보상에서 오는 '기분 나쁜 감정(rackets)'을 오래 지속시키는 전형적 행동패턴(화남, 신경질, 찡그림)을 통해서 타인을 통제하거나 동정을 받으려 하기도 한다. 이러한 개임을 통해서, 사람들은 자신이 원하는 스트로크를 받고 인생 초기의 결정을 유지하고 방어해 나가려 한다.

네 가지 삶의 기본 입장　어린 시절 부모나 주요인물과 상호작용하는 과정에서 어떤 스트로크가 교환되었는지, 또 부모의 가르침과 그 가르침으로 어떤 **라이프 스크립트**(life scripts)가 형성되었는지는 개인의 실존적 결정에 중요한 영향을 미친다. 즉 이는 개인의 사고, 감정, 행동, 자아 상태는 물론, 궁극적으로 **삶의 입장**(life position)과 계획에 결정적 영향을 미치게 된다. TA에서는 통상 사람들이 보이는 네 가지 삶의 입장을 다음과 같이 제시하고 있다.

첫째, '나도 옳고 당신도 옳다'는 입장이다. 이런 입장에 있는 사람은 자신의 존재 가치와 존엄성에 대한 믿음이 있다. 이들에게는 신뢰감이 있고 타인을 있는 그대로 수용하고 상호 주고받으려는 의지가 있으며 개방적이다.

둘째, '내가 옳고, 당신은 틀리다'는 입장이다. 이런 사람은 자신의 문제를 다른 사람 탓으로 돌리고, 그들을 질책하고 비평한다. 이들은 자신의 분노와 혐오감을 자신보다 열등하다고 생각되는 사람에게 투사하며, 자기우월감을 유지하기 위해서 항상 희생양이 필요하다.

셋째, '내가 틀리고, 당신이 옳다'는 입장이다. 이런 사람은 짓눌려 있는 듯 울적함과 무력감 속에서 살며, 타인의 욕구를 충족시키기 위해 봉사하면서 자신이 희생당하고 있다고 느낀다.

넷째, '나도 틀리고, 당신도 틀리다'는 불만에 가득 찬 무익한 입장이다. 이런 사람은 삶에 대한 흥미가 없고 미래에 대한 비전이 없다. 이 자기파괴적 입장에 있는 사람은 현실에 대한 적응력이 없으며, 극단적으로 철회하거나 유아적, 폭력적 행동을 보이며 자신뿐 아니라 타인에게도 상처를 입힌다 (표 3.1).

상담 및 치료 목표　TA의 기본 목표는 내담자가 어린 시절의 결정을 재고해 보고 현재 자신의 행동과 삶의 방향에 대해서 새로운 결정을 하도록 돕는 데

표 3.1 삶의 네 가지 입장

		나	
		옳다	틀리다
당신	옳다	나도 옳고, 당신도 옳다	내가 틀리고, 당신이 옳다
	틀리다	내가 옳고, 당신은 틀리다	나도 틀리고, 당신도 틀리다

있다. 이를 위해서 우선 내담자는 자신의 현재의 삶이 어린 시절의 결정에 의해서 얼마나 제약받고 있는지를 인식해야 한다. 즉 어린 시절 부모와 상호작용하면서 주고받은 스트로크, 부모의 가르침과 라이프 스크립트가 자신의 삶의 입장을 어떻게 조형해 왔는지를 재고해본다. 그리고 이러한 것들이 현재 자신의 삶을 어떻게 제약하고 왜곡하고 있는지를 절실하게 인식할 필요가 있다. 이러한 깨달음을 통해, 사람을 조종하려고 술수를 쓰는 자기파괴적 라이프스타일을 버리고, 자율적이고 친밀감 있는 라이프스타일을 발달시키도록 돕는 데 그 목적이 있다.

주요 기법 Berne은 "사람 사이에서 생기는 모든 심리적 갈등은 상호 간의 의사소통과정에서 생기며, 거기에 갈등의 증상과 문제가 표출되어 있다"고 주장한다. 따라서 TA에서는 내담자의 사회적 상호작용 장면에 초점을 두고 문제를 탐색하고 관찰하기 때문에, 그 기법들이 특히 집단상담에서 아주 유용하게 활용될 수 있다. 다만 다른 집단상담에서는 집단원 간의 자유로운 상호작용을 촉진하는 데 초점을 둔다면, 여기에서는 개인과 지도자 사이의 관계에 초점을 두는 경향이 있다.

TA에서는 기본적으로 두 단계에 걸쳐 분석을 한다. 첫 번째 단계에서는 구조적 분석을 한다. 이것은 내담자에게 가장 강력하게 나타나는 **지배적 자아**가 무엇인지, 그리고 하나의 자아 상태에서 다른 자아 상태로 얼마나 원활하게 이동하고 있는지 그 융통성을 분석하는 것이다. 즉 부모, 성인, 아동 자아 중에서 개인이 현재 어떤 자아 상태에서 생각하고, 행동하고, 말하고 있는지를 분석한다. 심리적으로 건강한 사람은 상황에 따라 적절하다면 어떤 자아 상태도 활성화될 수 있지만, 지배적 자아 상태를 진단해내는 것이 중요하다. 아울러 자아 상태의 하위구조도 분석해낸다. 즉 부모자아 중 양육적 부모자아인지 통제적 부모자아인지, 그리고 부모 메시지의 기원(부모의 자아 상태)도 분석해볼 수 있다.

두 번째 단계에서는 집단원 간의 상호 의사교류를 분석한다. TA에서는 사회적 상호작용에서 일어나는 의사교류방식을 상보적, 교차적, 이면적 의사교류로 분류하고 있다. **상보적 의사교류**(complimentary transaction)는 두 사람이 성인자아 상태에서 의사소통하거나, 혹은 한쪽이 아동자아 상태에서 말하면 상대방이 부모자아 상태로 반응하는 경우처럼 벡터(vector)가 평행인 경우이다. 이런 의사교류는 반응이 적절하고 기대된 것이기 때문에 상호 간에 대화가 부드럽게 계속 진행될 수 있으며, 상호 간의 감정과 사고의 교류가 이루어져 더욱 친밀한 관계로 발전할 수 있다(그림 3.6).

교차적 의사교류(crossed transaction)는 한쪽이 성인자아 상태에서 말하면서 성숙한 반응을 기대하는데, 상대방은 마치 부모가 아이에게 하는 것처럼 말하거나, 혹은 아이가 부모에게 투정부리듯이 반응할 때이다. 이럴 경우, 반응하는 사람이 재빨리 자신의 성인자아를 활용하여 대화패턴을 바꾸지 않는 한, 대화는 교착 상태에 빠지게 된다. 결국 한쪽이 상처를 받거나 화가 나서 서로 이해되지 않는 상태에서 대화는 단절되게 된다(그림 3.7).

이면적 의사교류(ulterior transaction)는 2개 이상의 자아 상태가 동시에 작

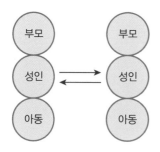

성인 → 성인
"내일 시간 좀 낼 수 있니?"

성인 ← 성인
"그래요, 무슨 일인데요?"

그림 3.6 상보적 의사교류

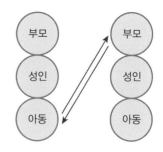

아동 → 부모
"엄마! 요즘 나 속상해 죽겠어요."

아동 ← 부모
"그 일 때문이지? 그래,
이해가 간다. 어쩌면 좋지."

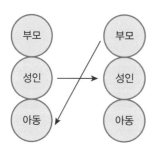

성인 → 성인
"내일 10시에 결혼식에 가야 해?"
"2시간 일찍 출발해야 할 거야?"

아동 ← 부모
"그럴 필요 없어요."
"1시간이면 충분해요."

그림 3.7 교차적 의사교류

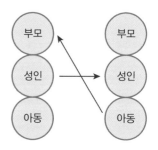

성인 → 성인
"미용실에 갔다가 몇 시쯤 오는데?"

부모 ← 아동
"재촉 좀 하지 말아요."

용하게 되는 경우이다. 표면적 메시지는 사회적 수준에서 성인자아가 표출
되지만, 내면의 메시지는 심리적 수준에서 아동자아가 표출된다. 즉 겉으로
는 점잖게 말하지만 그 말 속에는 상당히 유치한 다른 의미가 함축되어 있
다. 이럴 경우, 서로가 감정과 생각을 솔직하게 의사소통하지 않기 때문에
서로의 생각이나 감정을 이해하기가 어렵다(그림 3.8, 그림 3.9).

이상과 같은 의사교류분석과정에서 작업의 초점은 개인이 하고 있는 게임
에 맞추어진다. 지도자의 가장 중요한 도구는 관찰로서, 그는 내담자의 언

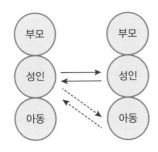

사회적 수준

성인 → 성인

"이 제품이 더 좋긴 한데 값이 훨씬 더
비싸지요."

성인 ← 성인

"할부로 하면 한 달에 얼마나 더 내야
하는데요?"

심리적 수준

성인 → 아동

"당신 능력으론 이걸 살 수 없을 텐데,
괜히…."

성인 ← 아동

"내가 못 살 줄 알고? 천만에!"

그림 3.8 각진 이면교류

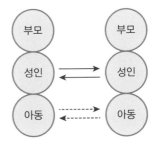

사회적 수준

성인 → 성인

"우리 집 새 소파 샀는데 구경할래?"

성인 ← 성인

"그래? 좋겠다. 한번 볼까?"

심리적 수준

아동 → 아동

"얼마나 근사한지 가서 보면 놀랄 걸?"

아동 ← 아동

"좋아! 뭘 샀길래 폼을 재지?"

그림 3.9 이중적 이면교류

어, 행동, 태도, 제스처, 목소리 등을 유심히 관찰하고 그의 라이프 스크립트의 본질을 결정한 부모의 가르침, 과거경험에 대한 실마리를 찾아내서 내담자가 이를 인식하도록 돕는다. 즉 내담자는 자신의 라이프 스크립트의 형성과정, 이를 정당화하기 위한 '기분 나쁜 감정', 그리고 이런 것들이 얼마나 자신의 행동과 삶을 제약하고 있는지를 깨달아야 한다. 지도자는 내담자가 자신의 감정, 사고, 행동에 대해 책임을 지고, 만성적인 자기파괴적 사고와 행동에서 벗어나 새로운 변화를 향해 도전하도록 고취시킨다.

TA에서는 감정보다는 인지적, 행동적 측면에 초점을 두고 있으며 합리성과 책임을 강조한다. 특히 집단상담의 지도자는 구조적 분석, 스크립트 분석, 개임분석을 설명하는 등 마치 선생님이나 컨설턴트와 같은 기능을 한다. 이것이 집단원의 자발성과 주도성을 약화시킬 우려가 있으나, 따뜻하고 수용적인 태도, 지도자와 집단원 간의 동등성을 강조하는 계약을 통해 자발적이고 신뢰하는 분위기를 형성할 수 있다. 무엇보다 TA의 장점은 단기간에 신속하게 내담자의 변화를 이끌어낼 수 있다는 점이다.

8 사이코드라마[11]

주요 개념 Jacob Moreno에 의해 창시된 사이코드라마(Psychodrama)는 자발적 극장(Theater of Spontaneity)의 즉흥극에서 기원한 집단요법이다. 여기에서는 내담자들이 과거, 현재, 미래의 예기된 상황에서 다양한 역할을 연출해 보이고, 자신의 행동방식에 대해 피드백을 받음으로써 자아인식과 의사소통, 문제해결을 촉진한다. 내담자는 자신의 희망, 꿈, 갈등에 대해 이야기

---

11. *Theory & practice of group counseling*(Corey, 2004) 참조.

한다기보다 자신이 처한 상황과 거기서 느끼는 감정을 연출해서 보여주도록 요구받는다. 어떤 줄거리가 있는 각본에 의한 연극이라기보다 자신의 삶의 장면을 극적으로, 즉흥적으로 연출하기 때문에 내담자 자신이 극작가인 셈이다.

여기에서는 **창조성, 자발성**이 강조된다. 즉 내담자가 삶 속에서 창조적으로 대처할 수 있도록 상상, 놀이, 즉흥극, 영감에서 나온 행동을 통해 창조성을 발휘하도록 촉진된다. 이러한 창조성을 발휘하도록 자극하는 최선의 방법은 자발성을 불러일으키는 것이다. 자발성이란 충동적 행동이 아니라 두려움 없이 새로운 상황에 부딪쳐보고자 하는 도전감이다. 여기에는 용기, 생동감, 개입, 위험을 감수하려는 의지, 그리고 열린 마음이 내포되어 있다. 즉 사람들은 자발적으로 묻고, 도전하고, 다시 생각하고, 재평가하면서 신선한 조망을 갖게 된다. 아쉽게도 개인의 자발성은 나이가 들수록 줄어들며, 삶의 여러 상황에서, 심지어는 치료 장면에서도 제약을 받는 경향이 있다. 집단지도자는 집단원이 제한된 대사, 경직되고 틀에 박힌 반응에서 벗어나도록 함으로써 자발성을 향상시킬 수 있다. 하지만 너무 밀어붙이는 것은 바람직하지 못하며, 가장 효율적인 방법은 집단지도자가 직접 자발성의 본보기를 보여주는 것이다.

또한 사이코드라마에서는 **지금-여기** 현재의 순간에 초점을 둔다. 즉 과거든, 현재든, 미래의 사건이든, 마치 현재 여기에서 일어난 것처럼 연출하도록 한다(예 : "이야기하지 말고, 보여주세요! 작년에 당신과 남편이 싸우는 장면을."). 이것은 과거를 재현해서 재경험해봄으로써, 그때 그 당시 그 사건이 내담자에게 어떤 영향을 미쳤고, 지금은 그 사건을 어떻게 다른 시각으로 볼 수 있는지 기회를 제공해준다. 내담자는 자신이 무엇을 생각하고 느끼는지를 타인에게 보여줌으로써 자기방어에서 벗어나 좀 더 구체적인 경험을 할 수 있다.

그러나 실제 현실이 아니더라도 개인이 희망하거나 두려워하는 가상적인 장면을 연출하기도 하는데, 이를 **잉여현실**(surplus reality)이라고 한다(예 : "만약에 당신이 황혼에 재혼을 하신다면 무슨 일이 일어날까요?"). 이것은 현실의 제약을 벗어난 내담자의 심리적 세계를 반영한다. 잉여현실을 연출함으로써 개인은 이전에 표현하지 못했던 정서를 표현하고 질의응답을 통해 잃어버렸던 자아를 만날 수 있다. 그리고 연출무대는 집단에서 배운 새로운 행동양식을 일상에서 실행하도록 연습하는 장면으로도 활용된다.

또한 사이코드라마에서 중요시하는 것은 **만남**(encounter)과 **텔레파시** (telepathy)이다. 예컨대 역할극을 통해서 집단원은 서로 의미 있게 연결되고, 이러한 만남은 직접적인 의사소통과 자기노출을 유도한다. 진정한 만남이란 역할반전을 통해서 상대방의 입장에 설 수 있을 정도로 서로 정신과 마음을 여는 것이다. 사람들이 서로 얼마나 마음을 열고 연결되어 있는지는 텔레파시로 측정할 수 있다. Moreno에 의하면, 텔레파시란 '사람과 사람 사이의 2원적인 감정의 흐름'이다. 집단원 간에 상호 긍정적인 텔레파시가 일어난 경우, 즉 라포(rapport)가 형성되었을 때 치료가 시작될 수 있다. 부정적 텔레파시가 오가는 경우, 집단의 역동은 몰이해, 단순한 투사나 전이를 넘어선다.

상담이나 치료과정에서 **정화작용**(catharsis)을 강요할 필요는 없지만, 내담자가 억압된 정서를 재발견할 필요가 있을 때는 의식과 무의식을 연결시키는 기법으로 정화작용을 이끌어내기도 한다. 이러한 정서적 방출은 사이코드라마의 자연스러운 일부분으로, 그 자체가 목적이 아니라 정서적 확장과 통합의 지표로 사용된다. 즉 정서적 방출 자체로 충분하지는 않으며, 이러한 감정들을 어떻게 작업해서 통찰로 이끌어 가느냐가 중요하다. 통찰이란 다양한 정서적 경험을 인식하고 이를 의미 있는 이야기와 연결시키는 인지적 전환이다. 일단 자신을 억압했던 강한 정서를 자유롭게 방출하고 더 이상 예전의 방식대로 살 필요가 없다는 것을 이해하게 되면, 사람들은 자신의 감정을 표현하거나 억제하는 방식을 적절하게 통제할 수 있게 된다.

집단지도자 역할 사이코드라마에서 집단지도자는 연출가(director)로 호칭된다. 연출가는 기획, 정화의 촉매, 감정표현의 촉진, 관찰자, 분석가 등 다양한 역할을 한다. 즉 주연을 선정하고, 그의 문제를 탐색하는 데 가장 적절한 기법을 결정하여 심리극을 기획한다. 그런 후 참여자들이 자신의 목표를 설정하고 개인적 문제를 탐색하도록 워밍업 시킨다. 일단 심리극이 시작되면 거기서 무엇이 출현하는지 주의 깊게 관찰하며, 주연이 계속 연기를 하고 자유롭게 감정을 노출하도록 촉진한다. 주연을 보호하고 지지와 방향 제시도 하며, 탐색이 필요한 관계, 장면, 실험을 제시하기도 한다. 그는 필요시에는 치료적 해석도 하고, 행동을 중지시키기도 하며, 다른 사람을 참여시키기도 한다. 극이 끝난 후 전체 집단원이 함께 느낀 점과 피드백을 나누도록 하며, 그 경험들을 요약해 준다.

드라마 구성요소 주연, 조연, 청중, 그리고 무대로 구성된다. 여기서 무대는 주연의 삶의 공간이 확장된 것을 상징한다. 물론 주연과 조연이 자유롭게 움직일 수 있도록 충분히 넓으면 좋으나, 사정이 여의치 않으면 방의 한 공간을 지정해서 사용할 수도 있다.

주연 집단이 잠시 상호작용한 후, 그의 문제가 심리극에서 탐색하기에 가장 적절하다고 집단 전체가 동의한 사람이 주연(protagonist)이 된다. 하지만 이 역할은 자발적으로 이루어지며, 개인은 사양할 자유가 있다. 주연은 탐색할 문제를 선택해서 연출가와 상의하고 과거, 현재, 미래 중에서 장면을

골라 마치 지금-여기에서 일어난 것처럼 연기한다. 과거의 사건인 경우 사실 그대로 기억해낼 필요는 없으며, 주연 자신이 경험한 핵심요소들을 그려내면 된다. 상상력의 원천은 주연이며 가능한 한 자발적으로 움직이도록 고무되나, 문제를 탐색하고 극을 만들어가는 데는 연출가의 조력이 필요하다. 그러나 무엇보다 주어진 주제에 어떻게 개입하는가는 주연의 선호도, 준비성이 최우선이며, 연출가는 주연의 흐름을 민감하게 감지하고 작업하는 것이 최선이다.

조연(보조자아) 조연 혹은 보조자아(The auxiliary egos)는 주연의 인생에서 중요한 의미를 지닌 인물의 역할을 하는 사람이다. 주요인물은 살아있거나 죽었을 수도 있고, 상상의 인물일 수도, 무생물일 수도 있다. 조연은 최소한도 주연이 그 인물을 지각한 대로 연기를 할 필요가 있으며, 자신과 주연과의 상호작용에 심혈을 기울이고 이를 해석해줌으로써 치료적 안내를 하게 된다. 대체로 조연은 주연이 선출하나 예외는 있다.

만약에 실제 인물과 아주 유사한 사람이 선택되었을 경우에 주연과 조연의 상호작용은 훨씬 더 자발적이고 현실감이 있을 수 있다. 주연과 연출가는 실제 인물의 배경자료를 준다거나 행동스타일을 알려줌으로써 조연의 역할을 코치할 수 있다. 조연 역할 역시 대단한 치료적 기능을 가지고 있을 수 있다. 즉 누군가의 역할을 대신 연출함으로써, 자신이 깨닫지 못한 자아의 측면이 건드려질 수 있기 때문이다. 물론 조연에게도 역할을 연출할 때 약간의 표현의 자유가 주어지지만, 주연과 조연이 따로 노는 것은 경계해야 한다.

청중 청중(audience)은 연기를 하지 않은 다른 집단원들을 말하며 이들도 역할이 있다. 즉 이들은 주연과 조연의 자기노출에 증인이 됨으로써 '심리적 거울' 기능을 할 뿐 아니라, 주연에게 지지와 피드백을 주기도 한다. 이들은 즉흥극이 진행되는 도중에 조연으로 선택되기도 한다. 어떤 집단원은 주연이나 조연을 동일시하고 공명을 느끼며 자신의 감정을 방출하기도 하고, 대인관계에서 겪은 갈등에 대한 통찰을 얻기도 한다. 이들의 역할을 통해 주연은 세상을 보는 자신의 관점을 타인들과 나누고 있음을 경험한다. 이처럼 사이코드라마는 집단원 전체에 혜택을 준다.

진행 과정 워밍업, 활동, 나눔의 3단계로 진행된다.

워밍업 단계 워밍업의 목적은 집단원의 저항을 없애고 자발적인 분위기를 만드는 데 있다. 즉 참여자들이 자신의 목표를 설정하고 서서히 자발적으로 심리극에 개입하도록 준비시키는 과정이다. 이러한 자발성을 불러일으키는 데 가장 중요한 것은 신뢰하는 분위기와 안전감이다. 집단원은 자신이 무엇을 드러낼지, 그리고 언제 드러낼지를 스스로 결정할 수 있고, 그리고 내키지 않으면 언제든지 멈출 수 있다는 것을 확신할 수 있어야 한다. 또한 놀이를 즐기는 맛, 위험을 감수하려는 의지도 필요하다. 지도자의 진지함, 따뜻함, 유머, 자발성에 대한 모델링은 신뢰감을 촉진하는 데 큰 역할을 한다.

워밍업을 위해서는 다양한 언어적·비언어적인 기법들이 사용되고 있으며 그중 음악, 댄싱, 율동 등 신체적 기법이 많이 활용되고 있다. 첫 탐색을 심리극에서 하는 경우, 다음과 같은 **구조적 워밍업**이 활용될 수 있다. 즉 연출가가 심리극의 본질과 목적을 간단히 설명하고 참여자들의 질문을 받는다. 그리고 각 집단원이 간략하게 면담을 받는다(예 : "당신이 여기서 다루고 싶은 문제가 있습니까?"). 집단원은 짝을 지어 자신이 경험하고 있는 갈등이나 문제에 대해 몇 분간 서로 이야기를 나눈다. 이때 '돌아가면서 나누기(go-around)' 기법을 사용하면 집단의 상호작용이 촉진된다.

비구조적 워밍업에서는 집단 초기의 자발적인 상호작용을 통해 주연이 출현하기도 한다. 이때 지도자는 집단원이 보이는 언어적·비언어적 단서에 주의를 기울여야 한다. 일단 집단의 응집력과 신뢰감이 형성되면, 연출가는 집단의 주제를 확인하고, 주연을 선발해서 무대에 올린다.

활동 단계   무대 위에서 실제의 사건을 연출하고 작업하는 단계이다. 지도자는 주연을 무대에 올려 행동을 개시하도록 하고, 조연을 불러올리고, 어떤 의미 있는 사건이 출현하도록 이끈다. 이때 지도자는 주연의 얼굴표정, 말하는 모습, 제스처를 통해 중요한 단서를 끌어낼 수 있다. 주연이 지루하게 자질구레한 이야기를 늘어놓으면 극이 맥이 빠져버릴 우려가 있기 때문에, 갈등이 있는 문제에 초점을 맞추기 위해 지도자는 다음과 같은 질문을 할 수 있다. "지금 당신의 인생에서 가장 갈등이 있는 사람은 누구입니까?", "당신의 며느리에 대해서 어떻게 생각하십니까?", "언제 가장 외롭고 섭섭한 느낌이 듭니까?"

일단 주연이 자신의 문제가 무엇인지 명확한 감각이 오면, 조연을 코치하면서 문제를 연출해낼 수 있다. 문제는 대인관계 혹은 외로움, 두려움, 거부감 등 내면의 문제일 수 있으나, 대체로 지엽적인 것에서 시작되어 핵심으로 이동한다. 마지막 장면에서, 주연은 동일한 상황에서 다른 역할을, 혹은 미래의 행동을 상상해서 연기해보도록 주문받을 수 있다. 이것은 그가 좀 더 효과적으로 반응할 수 있는지를 알아보기 위해서이다. 그러고 나서 주연은 자신의 생각을 청중과 나누어볼 수 있다. 마지막에 주연이 자신이 해온 어떤 작업을 마무리 지었다는 느낌을 갖도록 하는 것이 중요하다. 이를 위해서는 새로운 행동을 일상에서 적용하도록 연습시키는 것이 중요하다.

나눔 단계　무대 위의 상연이 끝난 후 모든 집단원은 개인적인 느낌과 생각을 나눌 기회를 갖게 된다. 자신의 인생에 대해 많은 것을 드러낸 주연은 이제 집단원들로부터 무언가를 돌려받을 만하다. 이 나눔의 과정에서 주의할 점은 평가, 해석, 조언, 분석, 판단은 금물이라는 것이다. 자신의 문제를 많이 노출하고 난 사람은 매우 취약할 수 있기 때문이다. 해석이나 평가는 나중에 주연이 취약성에서 벗어났을 때 가능하다.

청중은 심리극을 보고 느낀 점과 반응, 그리고 자신의 삶에 어떻게 와 닿았는지를 건설적이고 지지적으로 이야기해야 한다. 조연도 자신이 맡았던 역할에 대한 반응을 나눌 수 있다. 주연은 이러한 나눔에 아주 개방적으로 임할 필요가 있다. 만약에 해석이나 평가가 나타날 경우, 지도자는 다음과 같은 질문으로 개입할 수 있다. "지금 당신이 본 극에서 가장 마음에 와 닿은 것은 무엇입니까?", "어떤 상황이 당신의 삶과 관련이 있습니까?", "주인공에 대해 당신이 나누고 싶은 어떤 느낌이 있습니까?"

잠시 동안 활발하게 나눔을 가진 후에, 지도자는 주연에게 다음과 같은 질문을 할 수 있다. "지금 심정이 어떠십니까?", "지금 무엇을 깨닫고 계십니까?" 말이 많은 것보다는 침묵으로 남아 있는 것이 더 강력할 수도 있다. 이러한 나눔은 주연은 물론 모든 집단원에게 치료 효과가 있다. 즉 다른 사람의 경험이 노출되는 것을 보면서 공통의 유대감이 형성되고, 특히 드라마 속의 카타르시스를 통해 사람들은 자신이 혼자가 아니라는 느낌, 인간의 감정에는 공통점이 있다는 것을 깨닫게 된다.

　마지막으로 마무리 작업의 중요성도 강조되고 있다. 마무리는 문제가 해결되었다는 것을 의미하는 것이 아니라, 모든 참여자들이 어떻게 영향을 받았고 무엇을 배웠는지를 말할 기회를 갖는 것이다. 이제 정서적 감정을 가라앉히고 좀 더 인지적 차원에서 중요한 측면을 통찰할 기회이다. 마무리 작업에서 해야 할 과제는 회기의 중요한 순간들을 요약하고, 배운 것을 일상생활에 적용하도록 지지하는 것이다. 그리고 다음 회기를 계획하고 주제를 확인하는 것, 매듭 짓지 못한 일, 미처 표현되지 못한 반응을 간단히 표현하도록 하는 것도 마무리 과제이다. 헤어지는 데서 오는 감정을 나누고 마무리 의식을 할 수도 있다.

주요 기법　자기제시, 역할반전, 이중자아, 독백 등 다양한 기법이 활용되고 있다. 먼저 주연의 **자기제시**(self presentation)를 돕기 위해, 지도자는 "…을 이야기해보세요"보다 "…을 보여주세요"라고 언급해 이야기를 행동으로 전환해서 표현하도록 한다. **역할반전**(role reversal)이란 주연이 자신의 극 중에 나오는 다른 사람의 성격과 행동을 상상해서 역할을 해 보이는 것이다. 예를 들어 조연이 자신이 맡은 역할을 어떻게 해야 할지 모를 때, 주연이 그 역할을 시범으로 보여줄 수 있다. 또한 주연이 어떤 사람과 갈등관계에 있을 때, 그 사람의 입장에서 보는 것이 도움이 되겠다는 판단이 설 때 지도자가 주연에게 역할반전을 지시할 수 있다. 이 기법은 갈등상황을 최대한으로 표출하게 함으로써 왜곡된 시각을 바로잡아 줄 뿐 아니라, 다른 사람의 입장에서 상황을 이해함으로써 문제에 대한 통찰과 감정이입을 높일 수 있다.

이중자아(double self)는 주연이 지각하고 있지 않은 생각과 감정들, 즉 그의 '내면의 자아'를 연기해 보이는 것이다. 지도자는 이렇게 지시할 수 있다. "이 사람이 당신의 이중자아입니다. 만약에 이 사람이 당신이 생각하고 있는 것을 말하면, 그대로 따라서 말하세요. 하지만 당신이 생각하고 있는 것이 아니면, 그것을 바로잡아 주세요." 그러고 나서 다시 물어볼 수 있다. "이것이 당신이 표현하고 싶은 이중자아 맞습니까?" 이중자아는 무의식보다는 전의식(preconscious)의 내용, 즉 말로 표현되지 않은 내적 과정을 깨닫도록 하는 데 그 목적이 있다. **독백**(soliloquy) 역시 이와 같은 목적으로 사용된다. 지도자는 주연에게 잠시 행동을 멈추게 하고 그 순간의 감정을 표현하도록 하거나, 무대 위를 걸어 다니면서 현재 생각하고 느낀 점을 말해보라고 한다. 혹은 주연이 이중자아와 함께 걸어가면서 내면의 대화를 나눌 수도 있다.

그 이외에 빈 의자 기법, 거울기법, 마술 상점 등이 있다. **빈 의자 기법**(empty chair technique)은 드라마와 관련된 사람이 부재중이거나 죽은 자일 때, 마치 그 사람이 빈 의자에 앉아 있는 것처럼 가정하고 자신의 감정과 생각을 표현하는 것이다. 이것은 해결되지 않은 정서적 작업을 마무리짓는 데 도움이 된다. 이 기법은 역할반전의 확장으로 이용될 수도 있다. **거울 기법**(mirror technique)은 자기반영을 촉진하기 위하여, 다른 집단원이 상연 중에 나타난 주연의 제스처, 언어, 자세 등을 그대로 거울에 비추듯 반영해주는 것이다. 주연은 타인에 의해 연기되는 자신의 모습을 보고, 보다 객관적이고 정확하게 자기를 평가할 수 있다. **마술 상점**(magic shop)에서는 주연이 자신의 가장 절박한 소망을 들어줄 수 있는 마력을 소유하고 있는 상점원(조연)과 거래를 해야 한다. 여기에서 마술 상점이란 소원을 성취해줄 수 있는 다양한 내용물(개인적 자질)이 전시되어 있는 상상 속의 상점이다. 그런데 주연이 자신이 소망하는 어떤 자질을 사기 위해서는 그가 이미 소유하고 있는 다른 자질과 맞교환할 때만 거래가 성립된다. 이 기법은 자신의 인생목적이나 가치의 우선순위가 모호한 사람에게 유용하게 쓰일 수 있다. 이 기법은 활동단계는 물론 워밍업 기법으로도 사용되고 있지만, 한 집단에서 자주 반복해서 사용하는 것은 바람직하지 않다.

제**4**장

상담 기법

상담에서 가장 중요한 것은 상담자와 내담자 사이에 신뢰하는 관계를 형성하는 것이다. 내담자는 상담자가 비밀을 지켜주고 자신의 고민과 문제를 함께 이해해 주고 문제를 해결해 나가도록 성실하게 도와줄 것이라는 믿음이 있을 때 마음을 열고 도움을 청하게 된다. Carl Rogers(1961)는 이러한 친밀하고 신뢰하는 관계를 형성하는 데 필수조건은 **공감적 이해**(empathy), **긍정적 존중**(positive regard), **솔직성**(congruence)이라고 했다. 이 세 가지 조건은 모든 상담 장면에서 상담자와 내담자 사이에 **촉진적 관계**(rapport)를 형성하기 위한 핵심원리로 발전되어 오고 있다.

1 공감적 이해

공감적 이해란 상담자가 내담자의 입장에서 그의 주관적 세계를 이해하는 것이다. 이것은 상담자가 제3의 귀를 가지고 상대방의 가슴에 있는 '소리 없는 소리' 또는 '마음의 소리'를 듣는 것이다. Rogers(1961)에 의하면, 사람은 누구나 자신만 경험하는 사적인 경험의 세계를 가지고 있다. 동일한 상황에서도, 사람마다 그 상황을 지각하고 느끼고 해석하는 것이 다르며 거기에 따라 행동 역시 달라진다. 이는 사람마다 자신의 독특한 **내적 준거틀**에 의해 세상을 보기 때문이다. 마치 사람마다 다른 색깔의 안경을 쓰고 세상을 보는 것과 같은 이치이다.

따라서 우리가 타인을 이해하려면 그의 '내적 준거틀'로 들어가서 그가 느끼고 생각하고 경험한 것을 그의 입장에서 보아야 한다. 즉 내 색안경이 아니고 상대방의 색안경을 끼고 세상을 볼 때, 그가 경험한 감정과 생각, 행동을 이해할 수 있다는 것이다. 우리는 누군가가 나를 평가하고 비평한다기보다 나를 이해해주고 공감해줄 때 그 사람을 믿고 마음의 문을 열게 된다. 상담자가 내담자의 경험에 대해 공감하고 이해하고 있다는 사인을 보이면, 그는 자신이 이해받고 있다고 느끼게 되고 상담자를 신뢰하게 된다. 그리고 그는 자신을 더욱 깊이 드러내 보이게 된다. 이러한 과정 속에서 촉진적인 의사소통이 이루어지게 된다.

공감적 이해는 두 가지 차원에서 이루어진다. 첫째, 감수성 차원이다. 상대방을 공감하고 깊이 이해하려면 우선 그 사람이 어떤 감정을 느끼고 있으며 어떤 생각을 하고 있는지를 민감하게 알아차리는 감수성이 있어야 한다. 이를 위해 상담자는 내담자의 말, 얼굴표정, 제스처 속에 숨겨져 있는 감정과 정서, 생각, 태도 등을 민감하게 포착해야 한다. 감정이나 생각은 겉으로 표출되는 것도 있고 심층에 숨겨져 있을 수도 있는데 상담자는 가능한 한 이 모든 것을 민감하게 파악해야 한다.

둘째, 의사소통 차원이다. 상담자가 파악한 내담자의 감정이나 생각을 반영해주는 의사소통과정이 중요하다. 상담자가 아무리 정확하게 내담자의 내면세계를 포착했다 할지라도 그 내용을 내담자에게 반영해주지 않으면 내담자는 자신이 이해받고 있다고 느끼지 못할 것이다. 이러한 공감능력은 타인에게 관심을 기울이려는 마음가짐과 끊임없는 노력과 훈련에 의해서 습득될 수 있다.

정서 감정과 생각 읽기   우리가 일상생활 속에서 경험하는 정서 중에는 공포, 분노, 슬픔, 기쁨과 같은 **기본정서**도 있지만 성공감과 실패감, 수치심과 죄책감, 사랑과 증오, 시기와 질투, 혐오와 권태, 불안 등 **혼합정서**가 더 많다. 통상 기본정서보다는 혼합정서가 파악하기 더 어렵다. 또한 정서에는 강도가 있다. 유사하게 슬픈 정서일지라도 그 강도에 따라 '시름, 슬픔, 비탄'

으로 구별되며, 화난 정서는 '짜증, 분노, 격분'으로, 좋은 정서는 '즐거움, 기쁨, 환희'로, 무서운 정서는 '염려, 두려움, 공포'로 구별된다. 따라서 상담자는 정서의 종류는 물론 그 강도까지도 예리하게 포착해야 한다. 분노로 떠는 사람에게 "두려움 때문에 떨고 있군요!"하고 반응한다거나, 시름에 젖어 있는 사람에게 "비탄에 빠져 있군요!"라고 말한다면 얼마나 당황하겠는가?

내담자의 감정과 정서를 읽는 것은 그가 표출하는 메시지의 전체적 의미를 이해하는 데 도움이 되지만, 이는 메시지의 일부분일 뿐이며 동시에 사고내용도 정확히 파악할 필요가 있다. 즉 내담자가 무엇을 생각하고 말하고 있는지 메시지의 핵심내용을 포착해야 한다. 내담자가 진술하는 메시지의 내용을 정확하게 파악한다는 것은 곧 그의 문제가 무엇인지를 발견하는 첩경이기 때문이다.

사람의 정서나 생각은 말로 표현될 뿐 아니라 얼굴표정, 제스처, 공간거리를 유지하는 행동으로도 표현된다. 하지만 정서나 생각이 가장 분명하게 표출되는 곳은 얼굴표정이다. 특히 정서표현은 말보다는 얼굴표정이나 몸짓에 더 솔직하게 드러날 수 있다. 따라서 상담자는 내담자의 언어뿐 아니라 비언어적 행동도 경청하고 주목해야 한다. "마음은 보기 어려우나 익히면 볼 수 있다"는 말이 있다. 타인의 감정과 생각을 읽는 것은 결코 쉬운 일은 아니다. 그러나 삶 속에서 사람에게 관심과 사랑을 갖고 노력과 훈련을 통해 꾸준히 경험을 쌓으면, 언젠가는 사람의 마음이 보이기 시작할 것이다.

노년의 정서 나이 들수록 얼굴표정에 다양한 정서들이 혼합되어 있어서 나이 든 사람의 정서를 정확하게 파악하기란 결코 쉬운 일은 아니다. 나이가 들면 희로애락의 감정이 무뎌지기 때문일까? 기쁨도 슬픔도 무덤덤해지는가? 꼭 그렇지는 않다. 젊은이나 늙은이나 기쁨, 슬픔, 분노, 공포를 경험하는 빈도나 강도는 유사하다. 다만 이런 정서 감정의 표현이 달라질 뿐이다. 즉 나이가 들면 정서표현이 가장, 혼합, 축소되어서 얼굴표정이 덜 순수하고 복잡해진다(Dougherty, Abe, & Izard, 1996). 특히 정서조절능력이 발달한 노인들은 화가 나도 '분노'를 표출하지 않고 참아내는 경향이 있다(Costa & McCrae, 1994; 김태현 등, 1998).

그러나 지나치게 자질구레한 이야기를 수다스럽게 늘어놓는가 하면 이전에 했던 이야기를 되풀이하고, 짜증, 거침없는 말투, 자제력을 상실하고 욕설을 하는 노인들도 있다. 이는 뇌의 노화, 특히 전두엽의 퇴화에 기인한 것으로 **전두엽 증상**이라고 한다(Woodrooff-Pak, 1997). 또한 나이가 들면 자율신경계의 변화로 한번 흥분하면 원상회복에 오래 걸려 건강을 해치기 때문에, 노인들은 미연에 자극을 통제해서 정서적 편안함을 유지하려 한다. 아마도 이것은 노인이 쉽사리 분노를 표출하지 않는 이유일 수도 있다. 이처럼 노년에는 정서적 평안함이 삶에서 가장 중요해지기 때문에, 친밀하고 편안한 사람은 가까이 하고 어렵거나 자존심을 손상하는 사람은 멀리하여 스스로 정서적 안녕감을 조절한다(Carstensen, 1992).

일생에 걸친 개인의 정서 감정은 성격특성과 밀접한 관련이 있어서, 젊은 시절 외향적, 개방적이었던 사람은 노년에도 역시 밝고 즐거운 정서경험을 많이 한다(Costa & McCrae, 1996). 그럼에도 노년에는 외로움, 소외감, 무력감을 호소하는 사람이 많다. 이는 신체적 노화와 질병, 인지적 감퇴, 경제적 어려움, 사회적 상실 등이 노년의 삶의 질에 영향을 미치기 때문이다. 나이 든 사람의 얼굴표정에는 일생에 걸친 그의 삶이 반영되어 있을 뿐 아니라, 그의 성격도 반영되어 있다고 볼 수 있다.

방어기제 사람들은 내면에 심한 부정적 감정이 생기면 이것이 표출될까봐 불안해지고 이를 왜곡하여 자신을 방어하려고 한다. 이때 일시적으로 심리적 긴장이나 괴로움은 완화되지만, 문제를 합리적으로 해결하지 못하며 지나칠 경우 정신건강을 해칠 수가 있다. 이러한 현상은 무의식적으로 일어나기 때문에 상대방은 물론 자신도 왜 그런지 알지 못한다. 상담자는 내담자가 무의식적으로 사용하고 있는 방어기제가 어떤 것이며, 왜 이런 방어기제가 나타나는지를 이해할 수 있을 때 진정한 공감적 이해를 할 수 있다.

다음은 상담 장면에서 흔히 내담자가 보일 수 있는 방어기제들이다―**억압**(repression)은 의식적으로 용납할 수 없는 충동, 생각을 무의식 속에 가두어 억압하여 차단하는 것이다. 이는 감정과 생각을 의식적으로 **자제**(suppression)하는 것과는 구별된다. **부정**(denial)은 외부현실이 불쾌할 때 이를 직면하지 않으려는 것이며, **투사**(projection)는 수용할 수 없는 자신의 태도나 행동을 타인이나 환경 탓으로 돌리는 것이다. **전위**(displacement)는 위협적인 대상을 향한 분노나 충동적 행동을 덜 위협적인 대상에게 전환해서 표출하는 경우이며, **반동형성**(reaction formation)은 용납되지 않는 충동이나 생각을 그 반대의 행동으로 표출하는 것이다. **주지화**(intellectualization)는 문제를 직면하지 않고 다른 지적인 진술을 함으로써 불쾌한 감정에서 벗어나려는 것이다. **동일시**(identification)는 남의 바람직한 특성을 자기 것으로 끌어들이는 것이며, **퇴행**(regression)은 잠, 술, 울음, 먹어대기 등 원초적 행동을 통해 불안을 완화하는 행동이다.

반영하기　상담이란 입보다는 귀를 더 많이 사용하는 업무이다. 만약에 어떤 사람이 남의 말을 잘 들어 주는 자질을 갖추고 있다면 그는 일차적으로 상담자의 소질을 갖고 있다고 할 수 있다. 사람들은 자신의 감정이나 생각을 온몸으로 표현한다. 상담자는 내담자의 감정과 생각을 읽기 위해서 그의 말

뿐 아니라 온몸으로 표현되는 모든 것을 주목하고 경청해야 한다.

경청할 때는 귀로만 듣는 것이 아니라 얼굴표정, 몸짓 등 온몸으로 듣고, 이를 온몸으로 반영해 주어야 한다. 즉 상담자는 개방적인 자세로 마음의 문을 열어놓고 있음을 보여주고, 자연스럽고 편안한 자세로 내담자를 느긋하고 편안하게 해야 한다. 그리고 내담자와 계속 시선을 주고받으며 진지한 관심을 표명해 주어야 한다. 타인의 감정과 생각을 잘 듣고 이를 효율적으로 반영해 주기 위한 경청법이 다양하게 개발되어 오고 있다. 이러한 경청법은 상담 장면뿐 아니라 일상의 대인관계에서도 유용하게 활용될 수 있다.

침묵과 수동적 경청 옛날부터 '침묵은 금'이라는 격언이 전해지고 있다. 대인관계에서는 내가 침묵을 지킴으로써 상대방에게 말할 기회를 줄 뿐만 아니라, 상대방의 표출을 통해서 그의 감정과 생각에 대한 더 많은 정보를 얻을 수 있기 때문이다. 상담 장면에서도 우선 상담자가 침묵을 하고 조용히 기다림으로써 상대방이 말하도록 격려할 수 있다. 이때 입은 다물고 있되 눈빛이나 얼굴표정, 제스처는 '당신의 이야기를 듣고 싶습니다'하는 메시지를 전달해주는 진지한 경청의 자세를 취해야 한다.

수동적 경청은 일단 내담자가 말하기 시작하면 끼어들지 않고 이야기를 들어 주면서, 상대방의 이야기 끝에 "으흠", "오", "그렇군요" 등의 짧은 말(감탄사)로 반응해주는 경우이다. 이런 반응은 "나는 당신 말에 관심이 있습니다. 당신에 대해 더 알고 싶으니 계속 말씀하세요"라는 메시지를 상대방에게 전달해준다. 일상의 대인관계에서도 이런 수동적 경청만으로 상대방이 계속 말을 이어가고 흔쾌히 자신을 개방하도록 할 수 있다. 상담 장면에서는 내담자가 마음의 문을 열도록 기다리는 상담 초기에 주로 침묵이나 수동적 경청이 활용된다.

적극적 경청 상담이 더욱 진행되면서 보다 정교한 경청법이 필요하게 된다. 적극적 경청이란 상대방이 이야기할 때 대화에 끼어들지 않고, 말의 단락이 끝난 시점에 상대방이 표현한 내용을 간략하게 요약해서 반영해주는 것이다. 상담 장면에서는 내담자가 말할 때 상담자가 자신의 판단이나 충고로 중간에 끼어들지 않고, 말의 단락이 끝나는 시점에 내담자가 표현한 내용(감정, 생각)을 간략하게 요약해주는 것이다. 이런 반영 기법을 통해서 상담자는 내담자의 감정, 생각에 진지하게 반응하고 있음을 보여줄 수 있다. 이러한 경청 기법은 우선 "예, 나는 당신을 이해합니다. 그다음에 무슨 일이 일어났죠?"하고 말하는 것처럼 상대방에게 계속 말하도록 권유하는 효과가 있다. 더 나아가 내담자가 두서없이 쏟아낸 말의 내용을 쉬운 말로 요약해서 반영해줌으로써, 내담자가 자신의 생각과 감정을 정리하는 데 도움을 준다.

> 예) 내담자 : 이번 동창모임에서 환갑여행을 하와이로 간답니다. 하하하…
> 상담자 : 아주 좋으시겠네요.
> 내담자 : 그럼요, 비용만 마련된다면 더할 나위 없는 좋은 기회지요.
> 상담자 : 돈이 상당히 필요하겠지요?
> 내담자 : 아마 그럴 거예요. 비행기값, 숙박비, 식비, 이것저것 준비하려면 말입니다.
> 상담자 : 생각보다 돈이 많이 들 수 있겠네요!

반영적 경청 반영적 경청이란 상대방이 말할 때, 그 사람이 표현한 언어, 표정, 행동을 민감하게 주시한 후, 그 사람의 심정과 생각이 어떠한지를 정확하게 파악하여 이를 다시 확인해보는 기법이다. 이 과정은 3단계로 구분해서 연습해볼 수 있다. 첫째, 상대방이 표출하는 언어적, 비언어적 정보에 관심을 기울이고 민감하게 관찰한다. 둘째, 상대방이 방출하는 모든 정보를 바

내담자	표현된 말	상담자

| 딸이 치매라고 해서 무척 속이 상하고 화가 난다. 한편으론 걱정도 된다. | "내 딸이 나보고 치매라고 하더군요. 조금 있으면 아마 망령이 들었다고 할 거예요. 저희들은 늙지 않아요. 그런데 요즘 들어 왜 이렇게 돌아서면 잊어버리는지 모르겠어요." | 치매라는 말에 무척 속이 상하셨구나. 건망증이 심해서 혹시 치매 아닌가 불안하기도 하고… |

"따님의 치매라는 말에 무척 속상하고 섭섭하셨군요. 혹시 치매 아닌가 걱정되시기도 하고요."

그림 4.1 반영적 경청의 예

탕으로 상대방의 감정과 생각이 무엇인지를 파악한다. 셋째, 파악한 내용을 요약해서 다시 상대방에게 확인해본다(그림 4.1).

반영적 경청에는 함정이 있다. 만약에 상대방을 진정으로 수용하고 이해하지 않으면서 상대방의 기분이나 감정을 읽어주면 오히려 부정적 결과를 초래할 수 있다. 또한 기술적으로 잘못 사용되었을 경우 역효과가 날 수 있다. 즉 상대방의 기분이나 감정을 과장하거나 축소해 버리는 경우나 상대방이 표출한 정보를 자신이 원하는 대로 삭제하거나 자신의 생각을 덧붙이는 경우이다. 또한 상대방의 감정이나 생각을 분석하거나 넘겨짚는 경우, 혹은 상대방의 이야기를 앵무새처럼 따라하는 경우도 역효과가 날 수 있다. 반영적 경청의 시점도 중요한데, 상대방의 감정과 사고내용을 너무 성급하게, 혹은 너무 느리게 확인하는 것도 바람직하지 않다.

반영적 경청은 상담 장면에서 공감적 이해를 하는 데 주요 기법으로 사용되고 있을 뿐 아니라, 일상의 대인관계 장면에서도 아주 유용하게 쓰일 수 있다. 반영적 경청을 해주었을 경우, 사람들은 '나를 이해해주는 구나'하는 생각을 갖게 된다. 그리고 일단 자신이 이해받고 있다고 생각하게 되면 사람들은 상대방에게 보다 친근한 감정을 갖게 되며 자신을 더욱 개방하게 된다. 특히 상대방의 정서감정이 고조되었을 때는 그 정서 감정의 물꼬를 터주는 역할을 수행하기 때문에, 상대방은 정서를 안정시키고 보다 이성적인 반응을 보일 수 있으며, 합리적으로 자신의 문제에 접근할 수 있게 된다.

공감적 이해 3수준 진정한 공감적 이해란 상대방이 표현한 말을 아무런 왜곡 없이 수용하고 겉으로 표현되지 않은 상대방의 내면세계까지 이해하는 것이다. 일상의 대인관계에서 우리가 타인을 공감하고 이해하는 수준은 매우 다양한데, 이를 크게 인습적, 기본적, 심층적인 세 가지 수준으로 대별해 볼 수 있다.

인습적 수준이란 상대방이 표출하는 언어적, 비언어적 표현에 주의를 기울이지 않아 상대방이 표현한 것을 민감하게 듣지도 수용하지도 않은 의사소통 수준이다. 즉 겉으로 나타난 상대방의 표면 감정이나 생각조차 파악하지 못하고 자신의 생각대로 왜곡해서 반영해주는 경우이다. 이런 반응은 지루함이나 무관심, 상대방의 내적 준거틀을 도외시한 데서 비롯될 수 있다. 설령 상담자가 내담자가 표출한 감정과 사고를 파악했다고 할지라도, 자신의 생각대로 왜곡해서 반영해주기 때문에 상호 진정한 공감적 이해가 이루어지지 못한다. 이러한 수준에서의 의사소통은 긍정적 인간관계를 형성하는 데 방해가 되며, 문제해결 및 개인적 성장과 발달에도 전혀 도움이 되지 못한다.

기본적 수준이란 상대방이 표출하는 언어적·비언어적 표현에 주의를 기울임으로써, 겉으로 나타난 상대방의 감정과 생각을 포착하여 여기에 일치된 반응을 보이는 경우이다. 하지만 상대방 내면의 감정이나 사고는 알아채지 못하고 반응하지 않거나 정확하게 반응하지 못한다. 상대방이 표출한 표면감정에만 반응을 보이는 피상적인 의사소통이다. 이러한 수준의 공감적 이해는 어느 정도 부드러운 인간관계가 형성될 수 있는 토대가 될 수는 있으나, 피상적이고 일상적인 문제해결에 도움이 되는 데 그친다.

심층적 수준이란 상대방이 표현한 표면감정은 물론 그 감정 내면에 숨어 있는 정서와 의미도 정확하게 포착하여 반영해주는 경우이다. 즉 말로 분명히 표현하고 있지는 않지만, 그의 마음속에 숨어 있는 감정이나 생각을 민감하게 포착하여 있는 그대로 공감하고 이해해주며 이를 반영해주는 수준이다. 더 나아가서는 상대방이 겉으로 표출하지 않은 내면의 욕구나 성장 동기를 이해하여 반응해준다. 이때 상담자는 자신의 개념적 틀로 내담자의 내면세계나 경험을 해석하거나 왜곡하지 않는다. 상대방의 자기탐색을 함께 경험하고 그의 내면세계를 깊이 이해하고 포용할 때 가능한 의사소통 수준이다. 이러한 심층적 수준에서 상대방을 공감적으로 이해한다면, 신뢰하는 인간관계가 촉진될 뿐 아니라 일상적인 문제해결은 물론 마음의 세계를 심화시키는 데도 도움이 된다.

예) 내담자 : "이번 재취업에서 제가 누락된 이유가 무엇일까요? 저는 도대체가 못마땅하고 억울합니다."

인습적 수준 : 어머, 이번에도 재취업이 안 되셨어요? 운이 안 좋으시군요.

기본적 수준 : 이번에도 재취업이 안 되어서 몹시 억울하신가 봐요.

심층적 수준 : 이번만은 재취업이 되었으면 하고 바라셨을 텐데 안 되어서 정말 실망이 크시겠어요. 선생님께선 충분히 자격을 갖추고 계시고 취업만 된다면 젊은이 못지않게 열심히 뛸 수 있을 텐데 말입니다.

[연습문제 4.1] 정서 감정과 생각 읽기

1. 눈을 감고 편안한 자세로 몸을 이완시켜보라. 떠오르는 생각이 있는가? 어떤 감정이 느껴지는가?(3분간 실시) 이제 눈을 뜨고, 방금 경험한 생각과 감정을 써보라. 그리고 동료들과 그것에 대해 이야기를 나누어보라.

2. 다음 대화에서 내담자의 정서 감정은 무엇인가? 보기에서 일치한 것을 골라 체크해보라.

   1) "앞으로 어떻게 살아가야 할지 막막하기만 하다. 무언가를 해야 되겠지만 이제 그럴 기력도 없다."
      보기 : 무기력한, 좌절, 절망적인, 울적한, 분한, 억울한, 불행한, 포기

   2) "요즈음 일이 손에 잡히지 않는다. 무언가 좋지 않은 일이 일어날 것 같다."
      보기 : 긴장, 불안, 걱정, 혼란, 충격적인, 예감이 좋지 않은, 두려운

   3) "눈을 뜨면 매일 그날이 그날 같고 세월만 낚고 있지요."
      보기 : 지루함, 권태, 원망, 느긋함, 평온함, 무료함

3. 다음 대화를 읽고 내담자의 정서 감정과 사고내용이 무엇인지 말해보라.

   1) "품안에 자식이라더니… 쯧쯧쯧… 자식한테 이런 마음을 이야기해도 괜찮을지 모르겠어요. 괜히 말했다가 안 한 것만 못한 게 아닐까요?"

   정서 감정 :

사고내용 :

2) "제가 며느리한테 심부름을 보냈는데 이런 사고가 났어요. 마치 제가 그 애 팔
   을 부러뜨린 것 같은 생각이 든단 말이에요. 이 일을 어떻게 하면 좋지요?"(머
   리를 감싸 안는다)

   정서 감정 :

   사고내용 :

3) "제가 복지관에 어떻게 또 나가겠어요? 제가 저지른 실수 때문에 모두 저를 이
   상한 사람이라고 생각할 텐데요."

   정서 감정 :

   사고내용 :

4) "이 나이에 이런 걸 배워서 잘할 수 있을지 모르겠네요. 난 전에 한 번도 이런
   교육을 받은 적이 없거든요. 다른 사람들은 잘 해낼지 모르겠지만, 난 제대로
   해낼지… 솔직히 자신이 없네요."

   정서 감정 :

   사고내용 :

5) "지난 밤 아들과 전화로 엄청 싸웠지요. 글쎄 명절에 처갓집에 내려가서 사흘을
   온통 보내고 집에는 오지도 않았지 않습니까! 원 기가 막혀서. 아무리 마누라
   가 예뻐도 그렇지, 그렇게 가고 싶으면 집에 들러서 양해를 구하고 가야지요.

며느리도 아무 철이 없어요. 내가 저를 어떻게 길렀는데 이제 와서 나한테 이런 대우를 하는지, 아들들 결혼하면 아무 소용이 없다니까요."

정서 감정 :

사고내용 :

[연습문제 4.2] 방어기제 식별하기 ···○

❖ 다음 대화에서 말한 사람의 방어기제와 참된 감정과 생각은 무엇인가?

1) "오늘 남편과 부부싸움을 하고 나서 홧김에 자식들한테 그동안 눈에 거슬리는 데 참고 있었던 말을 다 내뱉었지요. 다 저희들 잘되라고 하는 얘기지요."

방어기제 :

참된 감정과 생각 :

2) "저는 남편을 정말로 사랑합니다. 그 사람을 위해 모든 걸 다 했지요. 그런데 남편이 속을 썩이는 것을 어떻게 합니까? 이젠 어쩔 수가 없어요."

방어기제 :

참된 감정과 생각 :

3) "관절염이라고요? 아니에요. 아직 멀쩡하게 걸어다니는데요. 요즈음 김장하느라 무리를 해서 조금 아픈 걸 거예요. 그래도 어차피 병원에 온 김에 엑스레이나 CT 촬영을 한번 해보지요."

방어기제 :

참된 감정과 생각 :

[연습문제 4.3] 반영적 경청하기 ···○

1. 다음 상황에서 반영적 경청을 해보라.

    1) 사무실 창구에서 차례를 기다리다 못해 화를 내시는 어르신에게.

    2) 동창회 모임으로 12시가 넘어 밤늦게 귀가했더니, 남편이 아무 말 없이 무표정한 얼굴로 쏘아본다.

    3) "젊은이! 나 좀 다른 반으로 옮겨줄 수 없어요? 여기 있는 사람들이 자기네들끼리만 쑥덕거리는 통에… 기분이 별로네요."

    4) "그래도 남편이 출근할 때가 좋았지, 요즘은 집에 있으면 숨이 꽉 막히는 것 같아요."

    5) "아내가 하도 바가지를 긁어서 나오긴 나왔는데 어디로 가야 할지 딱히 갈 데가 없어서 여길(복지관) 찾아오긴 왔는데… 여기서 무엇을 하지요?"

[연습문제 4.4] 공감적 이해 3수준 반응하기 ----------------------------------○

1. 다음은 대화에 대한 반응이다. 공감적 이해의 3수준으로 구분해보라.

　1) "이번에 수혜자 명단에서 제가 누락된 이유가 무엇입니까? 아무리 생각해도 도
　　저히 이해할 수 없고 억울해서 못 견디겠어요."
　　(　　) "어머, 이번에 수혜자 명단에서 빠졌어요? 실망이 크시겠어요."
　　(　　) "가만 있자, 어떤 분들이 수혜자 명단에 올랐더라?"
　　(　　) "충분히 수혜를 받을 만한 여건을 갖추고 계신데, 누락되어서 많이 억울하
　　　　신가 봐요."

　2) "저희 어머님은 기분을 조절하지 못하고 온 가족을 피곤하게 만들어 버리곤 합
　　니다."
　　(　　) "노인들이 다 좀 변덕스러운 것 아니겠어요?"
　　(　　) "어머님 기분에 따라 가족 분위기가 좌지우지 되나 보죠?"
　　(　　) "어머님 때문에 상당히 힘드신가 봐요? 어머님이 기분만 좀 조절하시면
　　　　온 가족이 평안해질 것 같다는 말씀이죠?"

2. 다음 대화에 대해 공감적 이해의 3수준으로 반응해보라.

　1) "몸이 불편해서 자식들에게 매사를 도움 받다 보니 이제 귀찮아하는 것 같아요.
　　아무 쓸모없이 자식들 짐만 되니 산목숨 어떻게 할 수도 없고 혼자 있으면 괜히
　　눈물이 나와요."

　　인습적 수준 :

　　기본적 수준 :

　　심층적 수준 :

　2) "복지관에서 만난 할아버지한테서 자주 전화가 와서 몇 번 만났더니, 자식들이
　　추태라고 하더군요. 아니 나이 들면 남자친구도 사귈 수 없나요? 젊은 저희들

은 마음대로 사귀면서…"

인습적 수준 :

기본적 수준 :

심층적 수준 :

3) "평생 자식들한텐 내가 없어서는 안 되는 존재라고 생각하고 살아왔지요. 그런
데 요즈음은 자식들이 날 부르지도 않고 부담스러워하는 것 같아요. 어디다 마
음을 붙여야 할지 모르겠어요. 매사가 무의미하네요."

인습적 수준 :

기본적 수준 :

심층적 수준 :

4) "요즈음 아내가 이상해졌어요. 골프, 친목회, 동창회 모임이다 해서 밤늦게 들
어오지 않나 한 달이 멀다 하고 여행을 떠나거든요. 이제 아내가 소 뼈다귀만
사오면 겁이 난다니까요. 그동안 애들 키우고 살림하느라 고생하긴 했지만 나
도 돈 벌기 위해 고생한 것은 마찬가지예요. 이제 대우받고 살 줄 알았는데, 혼
자만 저렇게 돌아다니니 사는 게 말이 아닙니다."

인습적 수준 :

기본적 수준 :

심층적 수준 :

5) "요즈음 내가 왜 이렇게 기억력이 없지요? 아주 중요한 일을 깜박깜박 잊어버
리거든요. 여기저기 적어 놓아도 소용없어요. 달력을 자주 쳐다보지 않으니까.
또 무슨 실수를 저지를지 겁이 납니다. 혹시 치매가 아닐까요?"

인습적 수준 :

기본적 수준 :

심층적 수준 :

2 무조건적 존중

사람은 누구나 존중받고 수용받기를 원하며 자기를 평가하는 사람보다는 수
용하고 인정해주는 사람을 믿고 따르게 된다. 무조건적 존중이란 상대방을
한 인간으로 존중하며 그의 감정, 사고, 행동을 평가하거나 비판하지 않고
있는 그대로 받아들이는 것을 말한다. 이것은 상대방이 어떤 문제를 지니고
있건, 어떤 죄악과 과오를 범했건 상관없이 무조건적으로 그를 귀중한 존재
로서 소중하게 여기는 것을 의미한다. 상담 장면에서 상담자가 이러한 태도
를 갖추고 내담자를 대하고, 이를 마음과 행동으로 보여줄 때 내담자는 자신
이 존중받고 있다는 느낌을 갖게 되어 자유롭게 자신의 체험과 감정을 표현
할 수 있게 된다. 일상의 대인관계에서도 내가 상대방을 평가하지 않고 있는
그대로 받아들여주며 존중해 줄 때, 상대방은 나를 더욱 믿고 마음의 문을

활짝 열게 될 것이다.

무조건적 존중 3수준　일상의 대인관계에서 우리가 타인들을 대할 때, 대상에 따라 존중의 수준이 어떻게 달라질까? 우리는 좋아하는 사람과 싫어하는 사람, 아랫사람과 윗사람, 남자와 여자, 사회적 신분, 이해관계에 상관없이 유사한 존중의 수준을 보일 수 있을까? 아마도 개인의 성격이나 가치관, 태도에 따라 타인에 대한 존중의 수준은 다르게 나타날 것이다. 일상생활에서 우리가 타인에게 보이는 무조건적 존중의 수준을 크게 3수준으로 대별해보면 인습적, 기본적, 심층적 수준으로 구분해볼 수 있다.

인습적 수준이란 화자의 말과 행동이 상대방에 대한 존중이나 배려가 없고 상대방의 부정적인 측면만 평가적으로 전달하는 경우이다. 즉 상대방을 전적으로 무시하거나 그의 생각과 감정, 성취, 경험, 잠재력에 대해 부정적인 평가를 하는 반응이다. 통상 이러한 반응은 상대방에 대한 존중과 관심이 없이 자신의 생각이나 인습이 유일한 평가기준이 되어서 습관적이고 기계적으로 나타난다. 상대방의 감정이나 생각은 아랑곳하지 않고 무시하거나 부정적으로 평가하기 때문에 상대방은 자존심이 손상당하거나 불쾌한 감정을 느낄 수 있다. 만약에 상담 장면에서 상담자가 이런 태도를 보인다면, 아마도 내담자는 심리적으로 위축되거나 상처를 받고 더 이상 마음의 문을 열지 않고 저항할 것이다. 일상의 인간관계에서도 이러한 태도는 상호 신뢰를 무너뜨리고 친밀감을 손상시키는 결과를 초래하게 된다.

기본적 수준은 상대방의 감정과 생각, 경험, 성취, 잠재력을 있는 그대로 수용해주고 기본적인 관심과 존중을 전달해 주는 경우이다. 즉 상대방이 누구인지, 무엇을 하고 있는지 그의 대처능력과 존재감을 인정해 주며, 그가 표현한 말과 행동에 관심을 보이고 존중하고 있음을 전달해 준다. 어떤 결함이나 실수, 핸디캡을 가진 사람이든, 이처럼 기본적 수준에서 상대방을 존중해 주면 상호 촉진적 인간관계를 발전시키는 기초를 다지게 된다. 상담 장면에서는 상담자와 내담자 사이의 촉진적 관계를 형성하는 기초 수준이다. **심충적 수준**이란 상대방의 생각과 감정, 경험, 성취, 잠재력에 대하여 깊은 관심과 진정한 존중의 마음을 전달해 주는 경우이다. 즉 상대방의 생각과 감정을 존중해 줄 뿐만 아니라, 그의 경험과 성취를 인정해 주고 겉으로 드러나지 않은 가치와 가능성까지 알아주고 존중해 주는 것이다. 상대방을 자유로운 독립된 한 인간으로 존중해주고 그의 잠재된 가능성과 인간적 가치를 알아줄 때, 우리는 심충적 수준에서 그를 존중해준다고 할 수 있다. 옛 선인들은 "공손한 말과 부드러운 말씨로 남을 높이고 공경하여 원한 맺음을 버리고 악을 참는다면 미움과 원망이 저절로 사라진다"고 했다. 상담 장면이든 일상의 대인관계에서든, 심충적 수준에서 상대방을 존중해 줄 때 그 관계는 상호 신뢰하고 친밀한 촉진적 관계로 발전해 나갈 수 있다.

예) 내담자 : "할 일 없이 매일 똑같은 일을 되풀이하고 있습니다. 마치 다람쥐 쳇바퀴 돌듯 말입니다. 이제 다 끝난 것일까요?"

인습적 수준 : 인생이 원래 그런 거죠 뭐! 당신 능력이 그 정도밖에 안 되는 것을 어떻게 하겠어요!

기본적 수준 : 매일 똑같이 단순한 일을 반복한다는 것이 쉬운 일은 아니지요.

심충적 수준 : 당신 능력 정도면 더 의미 있는 일을 할 수 있을 텐데 일이 잘 풀리지가 않는군요. 조만간에 기회가 오지 않겠어요?

[연습문제 4.5] 무조건적 존중 3수준 반응하기 --------------------------------o

1. 다음 대화에 대한 반응을 무조건적 존중의 3수준으로 구분해보라.

    1) "이제 나이 들어서 밥하고 빨래하고 살림하는 것이 너무 힘이 들어! 점점 기력이
    없어져서 대충대충 하면서 살고 있지."
    (   ) 그 정도 가지고 뭘 힘들다고 그러세요! 할머니만 살림하시나요!
    (   ) 힘들다고 하시면서도 그럭저럭 잘 해내시네요!
    (   ) 그 연세에 아직도 가사 일을 하시니 정말 건강하십니다. 대충 하시는 것
    이 이 정도면 젊은 시절에는 정말 정갈하셨겠네요!

    2) "막상 취업이라고 하긴 했는데, 열심히 노력하는데도 젊은이들을 따라잡기가
    힘드네요."
    (   ) 그 연세에 그래도 그 정도면 잘하신 겁니다.
    (   ) 참 욕심이 대단하시군요. 젊은이들을 어떻게 따라잡습니까?
    (   ) 어르신 노력하신 것만으로도 젊은이의 귀감이 되지 않겠어요? 젊은 시
    절 노하우가 있는데, 머지않아 좋은 성과가 나타나겠지요.

    3) "이제 너무 늙어서 남 앞에 나서기가 쑥스러워지네. 젊은 시절에는 남자들 마음
    깨나 설레게 했는데, 요즈음 거울을 들여다보면 처량한 마음뿐이야!"
    (   ) 아직 보기 좋으신데 뭘 그러세요!
    (   ) 지금도 아직 고우십니다. 젊은 시절에는 정말 고우셨나 봐요! 아마도 꾸
    준히 몸 관리를 해 오신 결과겠지요?
    (   ) 세월을 잡을 수 있나요? 늙으면 다 추해지는 것을….

2. 다음 대화에 대해 무조건적 존중의 3수준으로 반응해보라.

    1) "이제 부모는 안중에도 없나 봅니다. 아들 며느리가 매사를 한마디 의논도 없이
    자기들 마음대로 처리해 버린다니까요."

    인습적 수준 :

    기본적 수준 :

심층적 수준 :

2) "친구들을 만나면 자꾸 돈 자랑, 자식 자랑들 하는 통에 괜히 마음이 위축되는
   군요. 인생에서 크게 해 놓은 것도 없이 나이만 들어버린 것 같아서 말입니다."

   인습적 수준 :

   기본적 수준 :

   심층적 수준 :

3) "요즈음 성공한 친구들을 보면 내가 아주 초라해 보여요. 이제 자식들 다 키우
   고 내 생활을 찾기 위해 뭐라도 해보고 싶지만 할 수 있는 게 아무것도 없는 것
   같아요."

   인습적 수준 :

   기본적 수준 :

   심층적 수준 :

4) "요즈음 일터에서 동료들 눈에 완전히 벗어나 버렸어요. 어찌된 일인지 실수만
   자꾸 하고 그러다가 두 번이나 사고가 났었죠. 이게 다 나이 탓인가 봐요. 이제
   물러나야 할지, 어찌해야 할지 모르겠습니다."

   인습적 수준 :

기본적 수준 :

심층적 수준 :

5) "구청에서 컴퓨터 자원강사를 모집한다기에 지원했더니, 글쎄 강사로는 젊은이
를 채용하고 55세 이상인 사람은 보조강사만 할 수 있다는군요. 이래 봬도 평생
컴퓨터 분야에 종사했고 또 재취업을 위한 교육과정도 수료했는데 말입니다."

인습적 수준 :

기본적 수준 :

심층적 수준 :

3 솔직성

어떤 의사소통과정이든지, 자신이 경험한 감정과 생각을 왜곡하지 않은 채
진솔하게 표현하고, 섭섭함, 분노, 좌절, 억울함, 의심 등 부정적 감정의 이
면에 깔려 있는 긍정적 동기를 솔직하게 표현할 때 상대방에게 자신의 진심
이 전달되며 진정하고 순수한 의사소통을 할 수 있다. 이것이 의사소통과정
에서의 솔직성이다. 상담 장면에서 솔직성이란 상담자가 내담자와의 관계
속에서 자신이 경험한 감정, 사고, 태도 등을 솔직하고 정확하게 인식하여
이를 표현해 주는 것을 말한다. 즉 상담자가 내담자에 대해서 느낀 감정이나
생각을 있는 그대로 순수하게 표현해 주는 것이다.

여기서 솔직성이란 자신의 감정을 모두 표현하라는 것이라기보다 '진실하고 일관성 있게' 반응하라는 것이다. 이를 위해 상담자는 먼저 자신의 감정과 생각이 무엇인지를 자각하고, 왜 이런 감정과 생각이 들게 되었는지를 파악한 후 이를 반응해 줄 필요가 있다. 즉 자신이 상대방에 대해 느낀 감정과 생각, 그리고 그런 감정과 생각을 갖게 된 긍정적 동기를 솔직히 표현해줄 필요가 있다. 상대방을 배려하는 마음에서 감정표현을 회피하거나 거짓말을 할 경우가 있는데, 긍정적이든 부정적이든 자신이 느낀 감정과 사고를 솔직하게 표현해 주는 것이 좋다. 상담자는 내담자가 표현하는 부정적 감정과 생각도 받아들일 수 있을 때 솔직한 의사소통과 감정의 교류가 가능해진다.

솔직성 3수준 인간관계에서 상호간에 경험하는 감정, 사고, 태도는 긍정적일 수도 있고 부정적일 수도 있다. 우리는 긍정적인 경험은 표현하기가 쉽지만 부정적인 경험은 말하기가 꺼려진다. 혹시 상대방에게 상처를 주거나 자존심을 상하게 하지는 않을까, 상대방이 나를 좋지 않게 보지 않을까 하는 우려가 있기 때문이다. 상담 장면에서도 마찬가지이다. 가끔 상담 초심자는 내담자에 대해 느낀 부정적 감정이나 생각을 솔직하게 말해주면 오히려 촉진적 관계를 해치지 않을까 두려워하기도 한다. 상담 장면이든 다른 인간관계에서든 솔직성을 보이는 것은 쉬운 일이 아니다. 하지만 솔직성이 궁극적으로 촉진적 관계를 형성하는 데 기여한다는 믿음이 있을 때 자신감이 생길 수 있다. 우리가 인간관계에서 드러내는 솔직성의 수준을 크게 대별해보면, 인습적, 기본적, 심층적인 3수준으로 구분해볼 수 있다.

인습적 수준이란 자신이 실제로 경험한 감정, 생각과는 달리 어긋난 표현을 하거나, 상대방에 대해 부정적이거나 의례적인 말을 하는 경우이다. 즉 자신의 내적 경험과 표현된 말 사이에 상당한 모순이 있거나, 부정적인 반응만 파괴적으로 하는 경우이다. 이는 상담자가 지금-여기에서 느끼고 경험한 바를 표현하기보다, '반응해야 한다'는 의무감에서 반복연습에 의해 숙달된 기법으로만 반응하기 때문이다. 이러한 표현은 진실하지 못하고 방어적이어서 진솔한 인간관계를 촉진하는 데 도움이 전혀 안 된다.

기본적 수준은 표면적인 자신의 감정과 생각은 표현하고 있으나 자신의 내면에 있는 진심이 아직 표현되지 않는 경우이다. 불성실하게 보이지는 않지만 정말 진지하게 관심과 몰입을 보이고 있다는 단서가 없는 그저 적당한 반응이다. 그저 말을 듣고 따라주는 정도이다. 이런 수준의 솔직성은 촉진적 관계를 형성하는 데 기초를 닦는 정도의 기능을 한다.

심층적 수준이란 자신이 경험한 감정과 사고를 솔직하게 표현하며, 자신 내면에 있는 긍정적, 부정적인 동기도 표현하는 경우이다. 아주 자유롭고 자발적인 상호작용 속에서 긍정적이든 부정적이든 자신의 모든 경험을 진지하게 수용하고 이를 표현해 준다. 설령 그것이 상대방에게 상처를 주는 반응일지라도, 상대방이 자신을 깊게 탐색하고 개방적이 되도록 자신의 경험을 건설적으로 제시한다.

> 예) 내담자 : "우리 시설은 한 방에 너무 사람이 많아요. 좁은 방에서 북적대다 보니 답답해 죽겠어요. 당장 다른 곳으로 옮기고 싶지만 참고 있는 거예요."(현재로선 어쩔 도리가 없어 참아주었으면 한다.)
>
> 인습적 수준 : 옮기시는 것은 개의치 않습니다. 아마 다른 시설도 마찬가지일 걸요.
>
> 기본적 수준 : 자꾸 방이 좁다고 불평하시니, 걱정이네요.
>
> 심층적 수준 : 방이 좁아서 불편해하시니, 당장에 시설을 확장할 형편은 못 되고 난감하군요.

[연습문제 4.6] 솔직성 3수준 반응하기 --------------------------------○

1. 다음 대화를 읽고 솔직성의 3수준으로 구분해보라.

1) "많이 기다리셨지요. 자꾸 늦어서 죄송합니다. 집안에 자꾸 일이 생겨서요."
   (상담에 지장을 느끼고, 상담 중단에 대한 의혹도 있다.)
   (   ) 자꾸 늦으시니 다음 상담에 지장이 있군요. 혹시 더 이상 상담을 계속
           하고 싶지 않으신지 궁금하기도 하고요.
   (   ) 자주 늦으시니 기다리게 되고 상당히 곤란하군요.
   (   ) 그럴 수도 있지요. 뭐, 괜찮습니다.

2) "여기서 담배를 좀 피워도 괜찮겠지요?"(담배연기를 마시면 숨이 막힌다.)
   (   ) 창문을 좀 열어 놓으시면 괜찮을 겁니다.
   (   ) 그럼요, 피우세요. 괜찮습니다.
   (   ) 담배연기를 마시면 숨이 막힐 것 같은데 어떻게 하죠?

3) "어머님! 이번 휴가에는 유럽으로 저희 부부만 여행을 떠나려고 하니 아이들 좀
   봐 주세요."(몸이 아파서 아이들 보기가 너무 힘들다.)
   (   ) 다녀오렴. 아이들 걱정은 말고.
   (   ) 몸이 아파서 아이들 돌보기는 어려울 것 같은데, 어떻게 하니?
   (   ) 아이들을 맡기려면 미리 의논을 했어야지, 기분이 언짢구나!

4) "요즈음 왜 이렇게 반찬이 없어? 도대체 먹을 것이 없잖아!"(추궁당하는 것 같
   아 기분이 나쁘다.)
   (   ) 반찬이 없긴요. 먹을 만한데….
   (   ) 그럴 때도 있지요. 내일 시장에 나가보죠.
   (   ) 바쁠 때는 이렇게 먹을 수도 있는데, 마치 추궁당하는 것 같군요.

5) "실은 지난 주에는 선생님께서 제가 한 말을 이해하지 못하신 것 같아서 화도
   나고 답답했어요."(자신의 태도에 뭔가 문제가 있었던 것 같다.)
   (   ) 상담자도 가끔은 이해할 수 없을 때도 있거든요.
   (   ) 이해받지 못했다고 느끼셨다니, 제 태도에 문제가 있었던 것 같습니다.
   (   ) 이해를 못하긴요. 다 알고 있었어요.

2. 다음 대화에 대해 솔직성의 3수준으로 반응해보라.

1) "둘째 아이가 '어머니는 형님한테만 관심 있고 저한테는 전혀 관심이 없잖아요' 하고 불평하면서 발길을 끊는군요. 아니 열 손가락 깨물어 안 아픈 것 있습니까? 아무래도 장남이라서 어려서부터 이것저것 좀 더 해주고 왕래가 잦은 걸 가지고 그러는 거예요. 부모 마음은 똑같은데 말입니다."(사랑을 표현하는 방법에 차이가 있었던 것처럼 느껴진다.)

인습적 수준 :

기본적 수준 :

심층적 수준 :

2) "저는 남편에게 최선을 다했습니다. 여러 가지로 속상한 적도 많았지만 드러내 놓고 표현한 적은 한 번도 없어요. 정말이에요. 그냥 속으로 삭혔죠. 그런데 남편은 저보고 뭐라는 줄 아십니까? '여우하고는 살아도 곰하고는 못 산다'는 거예요."(평소 얼굴표정, 제스처 등에 불만이 표출되었으리란 생각이 든다.)

인습적 수준 :

기본적 수준 :

심층적 수준 :

3) "사실 이제 다 늙어가는데 손도 좀 잡고 함께 즐기면 어떻습니까? 우리 나이가 내외할 나이입니까? 그 할머니 때문에 속이 타서 죽겠어요. 뭐 자식들 보기에 창피하니 그냥 친구로 지내자고 하잖아요. 그게 무슨 재미입니까? 좋으면 좋은 거지 내숭은…."(할머니는 우정관계를 유지하려고 하는데, 할아버지가 너무 성

급하게 성적인 접근을 시도하는 것 같다는 생각이 든다.)

인습적 수준 :

기본적 수준 :

심층적 수준 :

4 그 이외의 상담 기법

명료화 공감적 이해, 무조건적 존중, 솔직성이 있는 의사소통을 통하여 상담자와 내담자 사이에 촉진적 관계가 형성되면, 내담자는 마음 놓고 자신을 드러내 놓을 수 있게 된다. 이때 상담자는 내담자가 말하는 내용을 보다 구체적으로 진술하게 함으로써 자신의 느낌과 경험을 더 깊이 탐색하고 문제를 **명료화**(clarification)하도록 할 수 있다.

대체로 사람들은 고통스러운 주제는 주변 이야기로 말머리를 돌리거나 피상적으로 이야기하려는 경향이 있다. 이때 상담자는 이런 의도를 파악하여 내담자가 문제 상황에 대해 보다 구체적으로 이야기하도록 할 필요가 있다. 혹은 상담자가 내담자가 진술하는 내용을 이해하지 못할 경우도 있다. 이때 "방금 말씀하신 부분을 예를 들어 말씀해주실 수 있어요?"하고 좀 더 구체적으로 이야기하도록 유도하여 문제내용을 명료화할 수 있다. 하지만 이런 요구는 내담자에게 위협감을 줄 수도 있기 때문에 가능한 한 부드럽고 온건하게 반응해야 한다.

예1) 내담자 : "사람들이 날 변덕스럽다고 합니다.

상담자 : "주로 어떨 때 그런 말을 듣게 됩니까?"

내담자 : "내가 놀러간다는 약속을 어기거나, 갑자기 토라지거나 할 때지요."

예2) 내담자 : "세상에 믿을 사람이 아무도 없어요. 남에게 말하면 나만 어리석은 사람이 될 것이고, 창피스러워서 덮어 두어야지요."

상담자 : "덮어 두는 것은 문제해결에 도움이 되질 않지요. 아까 '아무도 믿을 수 없다'고 그러셨는데, 그 일에 관해 구체적으로 듣고 싶군요."

[연습문제 4.7] 명료화하기

❖ 다음 상황에서 내담자에게 좀 더 구체적으로 반응하도록 해보라.

1) 내담자 : "저는 사람들 앞에 서기가 두려워요. 그래서 될 수 있는 대로 나서지 않고 입을 다물고 삽니다."

명료화 :

2) 내담자 : "이제 살 만큼 산 것 같습니다. 더 이상 애쓴다고 무슨 소용이 있겠습니까? 지금까지 실낱처럼 나를 지탱해 준 것이 있었는데, 그것마저도 사라진 것 같아요."

명료화 :

3) 내담자 : "자식들 결혼만 끝나면, 각자 고향에 내려가서 여생을 자유롭게 살고 싶습니다."

명료화 :

직면 내담자가 분명히 말하지 않거나 의식하지 못하고 있는 생각, 욕망, 원망 등의 감정을 상담자가 솔직히 지적해서 **직면**(confrontation)하도록 해주는 것이다. 내담자가 인정하기를 거부하지만 은연중에 비춰진 내담자의 감정이나 생각에 주의를 집중시키는 기법이다. 주로 내담자의 이야기 중 상반된 감정이나 잘못 알고 있는 측면, 또는 솔직하지 못한 생각이나 표현을 지적한다. 그러나 너무 직선적으로 직면시키는 발언은 상대방에게 위협적으로 다가오므로 상담자에 대한 신뢰가 이루어진 다음에 하는 것이 바람직하다. 즉 상담자는 내담자가 자신의 문제를 직면하는 데서 오는 긴장이나 불편함을 수용할 수 있을 만큼 상담자에 대한 믿음이 있는지, 그리고 그 시기가 적절한지를 고려해야 한다. 자기를 계속 비하하거나 문제해결을 위한 노력은 하지 않고 습관적으로 불평만 하는 내담자에게는 이 직면 기법이 효과적일 수 있다.

예) 내담자 : 전 정말 미칠 것 같아요. 모든 것이 잘못 돌아가고 있어요. 내가 최선을 다했는데도 원하는 대로 일이 안 되니 이제 별볼일 없는 거 아닙니까?

  직면 : 당신의 심정은 이해가 가요. 그러나 모든 것이 뜻대로 되지 않으면 '난 형편없다'는 생각을 하고 계신 것 같군요. 그런 생각이 자신을 더 괴롭히는 것 아닐까요? 모든 것이 원하는 대로 완전하게 될 수는 없잖아요.

[연습문제 4.8] 직면시키기 --○

❖ 다음 상황에서 내담자를 진실에 직면시켜 보라.

  1) 내담자 : "나이가 드니까 정말 외롭고 친구가 필요해지더군요. 그래서인지 요

즈음 동창회다 친목회다 해서 모임이 많습니다. 친구들이 전화로 불러대고요. 그런데 통 어울리기가 싫어요. 그저 혼자서 TV 보거나 산에 오르는 것이 편합니다."

직면 :

2) 내담자 : "이제 약이라면 진저리가 납니다. 안 먹어본 약이 없고 온갖 약을 다 가지고 있지요. 모두 쓰레기통에 던져버리고 싶어요. 그런데도 좋다는 약이 있으면, 혹시 자식들이 안 사주나 하고 섭섭한 마음이 드네요."

직면 :

3) 내담자 : "우리 부부는 요즈음 아주 심각한 상태예요. 하지만 전 개의치 않아요. 그저 담담할 뿐입니다."

직면 :

해석 내담자가 자신의 문제를 새로운 각도에서 이해하도록 그의 경험이나 행동의 의미를 설명해주는 것이다. **해석**(interpretation)은 내담자가 미처 깨닫지 못하고 있는 무의식 속에 있는 동기, 욕구, 충동, 방어기제 등을 추론해서 설명해줌으로써 이를 의식화하는 과정이다. 해석은 내담자가 표현한 내용의 초점을 요약하면서, 여기에 상담자의 추론내용을 덧붙이는 것이다.

이 과정에는 언제나 잘못된 해석이 존재할 가능성이 있다. 따라서 해석의 오류를 줄이기 위해서는 내담자의 진술, 감정표현, 제스처 속에 해석을 정당화할 만한 충분한 단서와 정보가 발견된 후에 해석이 이루어져야 한다. 또한 내담자가 이러한 해석을 수용할 수 있을 정도로 상호 간 신뢰감이 형성되어 있는 적절한 시기에 행해져야 하며, 해석의 정확성을 때때로 점검할 필요가 있다.

예) 내담자 : "요즈음 부쩍 건망증이 심해지고 기억력이 나빠지고 있어요. 지하철에 들어가면 도무지 어느 쪽으로 나가야 할지 방향감각을 잃고 헤매곤 한다니까요! 이것이 무엇을 의미하겠어요? 제 나이가 이제 70이니… 두렵습니다."

해석 : "건망증이 심해지고 기억력이 나빠지는 것이 치매의 징조가 아닌가 두려워하고 계시는군요."

[연습문제 4.9] 해석하기

❖ 다음 진술내용을 읽고, 내담자의 감정과 생각을 추론해서 해석해보라.

1) 내담자 : "요즈음 딸 유학비용 때문에 정말 허리가 휘는 것 같아요. 30이 넘은 딸이 결혼도 하지 않고 회사를 그만두고 원하는 공부를 하겠다고 유학을 떠나 버렸거든요. 제 노후자금 마련해 둔 걸 모조리 쓰고 있는 거예요. 노후를 생각하면 이래서는 안 된다는 생각이 들지만, 그 애 어린 시절을 생각하면 뭐 해준게 없어요. 남들처럼 과외를 시킨 것도 아니고 그렇게 좋아하던 미술도 돈 없다고 못하게 했거든요."

해석 :

2) 내담자 : "양로원이요? 저는 죽어도 실버타운이나 양로원에는 가지 않을 거예요. 늙은이들만 우르르 모여 사는 것이 뭐가 좋습니까? 꼭 구름이 잔뜩 낀 잿빛 하늘을 보는 것 같아요. 가능하면 젊은이들과 어울려서 살아야 기(氣)를 받지요."

해석 :

3) 내담자 : "사실 주부대학이나 문화교실에 가면 괜히 긴장이 되고 주눅이 들곤 하거든요. 말하는 것을 들어보면 대부분이 대학 출신들이고 꽤나 생활수준이

높더군요. 그래서 말 한마디 할 때도 신경이 쓰이고 혹시 실수하지나 않을까 망설여져요."

해석 :

자아개방 자아개방이란 내담자를 도울 목적으로 상담자 자신이 삶 속에서 겪은 경험을 공개하는 것을 말한다. 상담자의 자아개방은 솔직하게 말하기를 꺼리는 내담자에게 모델링 효과가 있을 뿐 아니라, 내담자로 하여금 자신의 문제에 대한 새로운 시각과 조망을 갖게 한다. 예컨대 상담자가 자신의 경험을 노출하면, 내담자는 '상담자도 이런 실수와 문제를 가지고 있었구나'하고 생각하면서 자신감을 가지고 자기를 노출하게 된다. 그리고 상담자의 경험을 통해서 자신의 문제를 해결하기 위해 목표를 현실적으로 설정할 수 있게 된다.

그러나 잘못된 자아개방은 내담자를 놀라게 할 수도 있고 이상한 사람이라는 인상을 줄 수도 있다. 따라서 자아개방 기법을 효율적으로 사용하기 위해서는 첫째, 노출내용은 내담자의 문제 상황에 초점이 맞추어져서 내담자가 자신의 문제를 탐색하고 이해하는 데 도움이 되어야 한다. 둘째, 적절한 때에 적절한 내용을 노출해 주어야지, 너무 빨리 너무 많은 내용을 노출하면 내담자가 당황해하고 부담을 느낀다. 셋째, 너무 자주 노출하면 관심이 상담자에게 쏠리고 무슨 다른 목적이 있는지 의심을 하게 된다. 자아개방은 상담자와 내담자 사이에 솔직한 관계가 형성되었을 때 유용하게 활용될 수 있다.

예) 내담자 : 저는 왜 하는 일마다 이 모양인지 모르겠어요. 열심히 노력했는데, 결국 이 모양입니다.

상담자 : 당신을 이해할 것 같아요. 나도 처음에는 그랬었지요. 한두

번이 아니에요.

내담자 : 정말 선생님도 그랬어요?

상담자 : 그럼요. 그럴 때는 누군가와 그런 감정을 이야기해보고 싶었지요.

[연습문제 4.10] 자아개방하기 ----------------------------------○

❖ 다음 내담자의 진술에 대해 자아개방을 해보라.

1) 내담자 : "요즈음 남편과 집에 함께 있다 보면, 어디론가 훌쩍 혼자서 여행을 떠나 버리고 싶은 충동이 불쑥불쑥 일어납니다. 선생님은 이런 경험 없으세요?"

　자아개방 :

2) 내담자 : "누가 이 심정을 이해하겠어요? 아마 선생님도 이해 못하실 거예요. 친구들은 모두 아들, 딸 출가시키고 자유롭게 사는데, 아직 나는 자식들이 출가할 생각도 안 하니 이 답답한 심정을 말입니다."

　자아개방 :

질문　명료화, 직면, 해석과 함께 질문 역시 상담에서 유용하게 쓰일 수 있다. 질문은 내담자로 하여금 주제에 집중하게 하고 문제에 대한 새로운 조망을 갖게 하는 데 활용할 수 있다. 하지만 질문을 어떻게 사용하느냐가 중요하다. 우선 질문이 오용되는 몇 가지 경우를 살펴보자. 상담이 질의응답 식으로 진행되면, 상담자-내담자의 관계는 위계적이 되어서 내담자는 마음의 문을 열기보다 닫아 버리게 되며 자신의 문제를 상담자가 해결해 주기를 기대하게 된다. 또한 너무 많은 질문을 하거나 답변하기 어려운 질문을 할 경우 내담자를 심리적으로 위축시키고 혼란스럽게 한다. 꼬치꼬치 캐묻고 도움을 주지 못한다면 상담자의 호기심을 충족시키는 데 그칠 것이다.

질문의 유용성을 살펴보면, 진술형식에 비해 질문은 답변을 하거나 최소한도의 이야기를 하게 함으로써, 내담자가 진술한 주제에 주의를 집중시키고 더 논의하고 탐색하도록 길을 열어 줄 수 있다. 예컨대 "당신 남편에 대해 여러 가지로 원망이 많군요(진술)"라는 반응과 "당신 남편에 대해 주로 어떤 점들이 그렇게 원망스러운가요?(질문)"라는 반응의 효과는 어떻게 달라지겠는가?

그러나 질문을 어떻게 하는지, 질문방식에 따라 그 효율성은 달라질 수 있다. 우선 자제해야 될 질문방식이 있다. 동시에 두 가지 질문을 하는 것은 바람직하지 않다. 이중질문을 던지는 경우, 내담자가 무엇에 답변해야 할지 혼란을 느끼고 답변이 제멋대로 나올 수 있기 때문이다. 또한 '왜'라는 질문은 자제하는 것이 좋다. '왜'라는 질문은 행동이나 사건의 원인을 탐색하기 위해 쓰일 수도 있지만, 비난이나 힐책의 의미로도 해석될 수 있기 때문이다. 예를 들면 "자제분과 다툰 후에 왜 또 거길 찾아가셨어요?"하고 물었을 때, 내담자가 이를 비난이나 힐책으로 받아들이게 되면 자신을 솔직히 드러낸다기보다 방어하고 변명할 수 있기 때문이다. 그러면 어떻게 효율적으로 질문할 수 있을까?

첫째, 질문에는 **개방적 질문**과 **폐쇄적 질문**이 있다. 폐쇄적 질문은 한 가지 응답만을 요구하는 데 반해, 개방적 질문은 여러 가지 응답을 가능하게 한다. 따라서 내담자의 관점, 감정과 생각까지도 이끌어낼 수 있어서 효율적이다.

예) "자녀와 다툰 후 기분이 몹시 상하셨죠?"(폐쇄적)
　　"자녀와 다툰 후 기분이 어떠셨어요?"(개방적)

둘째, **직접질문**과 **간접질문**이 있다. 직접질문은 직선적인 데 비해, 간접질문은 넌지시 물어보는 것이다. 간접질문은 서술형이지만 뭔가를 묻고 있고 답변을 요구하고 있어서 관심을 보여주면서도 덜 위협적인 효과가 있다.

> 예) "그 후 가족 간에 무슨 일이 일어났습니까?"(직접)
> "그 후 가족 간에 무슨 일이 일어났는지 궁금하군요."(간접)

셋째, 일반적인 내용보다 구체적인 내용을 묻자.

> 예) "남편이 죽은 후 죄책감을 느꼈나요?"(일반적)
> "남편이 죽은 후, 어떤 점 때문에 죄책감을 느꼈나요?"(구체적)

넷째, **우회적 질문**을 활용하자. 우회적인 질문은 내담자의 자존심을 손상시키지 않은 채 고통스러운 주제를 조심스럽게 탐색해 나갈 수 있는 이점이 있다.

> 예) "이 문제를 가족들과 상의해본 적이 있습니까?"(직선적)
> "가족들은 이 문제를 어떻게 생각하고 있나요?"(우회적)

[연습문제 4.11] 질문하기

1) 다음 질문을 개방적 질문으로 바꾸어보라.
"복지관에 나오시니 기분이 좋으시죠? 안 그러세요?"

개방적 질문 :

2) 다음 질문을 간접질문으로 바꾸어보라.
"며느님과 무슨 일로 다투셨어요?"

개방적 질문 :

3) 다음 질문을 우회적 질문으로 바꾸어보라.

　"아드님과 함께 사시는 문제를 며느님과 상의해보셨어요?"

　우회적 질문 :

즉시성　즉시성이란 상담이 진행되고 있는 상황에서 발생하는 현재의 느낌, 생각, 경험을 즉시 표현해 주는 것이다. 이처럼 면담상황에서 상담자와 내담자 사이의 대화, 태도, 감정의 상호작용을 즉시 다루어주는 것도 행동 변화를 일으키는 데 큰 도움이 된다. 즉 어떤 이유로 면담이 정체 상태에 빠져 있을 때, 현재 내담자가 상담자를 대하는 태도, 말, 몸짓, 감정, 생각, 면담분위기 등에 대해 즉시 언급해 줌으로써 상황의 물꼬를 틀 수 있다. 즉시성은 다음과 같은 상황에서 유용하게 쓰일 수 있다.

　예)　상황 : 대화의 방향이 없고 전혀 진전이 없어 보일 때

　　　"늪에 빠진 것 같습니다. 잠시 시간을 두고 뭐가 잘못되었는지를 알아보아야 할 것 같아요."

　　　상황 : 서로 간의 신뢰가 문제시되는 것 같은 때

　　　"당신이 말하기를 주저하는 것이 혹시 저에 대한 신뢰 때문이 아닌가 궁금합니다. 아직은 저를 믿는 게 어려우시겠지요?

　　　상황 : 상호 간에 긴장감이 감돌 때

　　　"우리 너무 신경이 곤두서 있는 것 같군요. 잠시 멈추고 기분전환을 해보는 것이 좋을 것 같습니다."

[연습문제 4.12] 즉시성

❖ 다음 상황에서 즉시성으로 응대해보라.

1) 상황 : 연령이나 신분의 차이 때문에 거리감이 있을 때

2) 상황 : 서로를 지나치게 의식할 때

제5장

장·노년기 특수문제 상담

장 · 노년기에는 신체적 노화, 자녀 출가, 은퇴 등의 심리 · 사회적 변화 속에서 다양한 문제가 상담주제로 등장할 수 있다. 즉 중년기 위기 감, 우울증과 알코올 중독, 부부 갈등, 부모자녀 갈등, 혼외관계, 치매와 간 병, 죽음 등의 문제가 상담 장면의 주제가 될 수 있다. 이러한 장 · 노년기 특 수문제를 다루기 위해 상담자는 상담기술뿐 아니라 그 분야에 대한 전문적 지식과 올바른 식견 및 가치를 갖추고 있어야 한다. 상담자는 장 · 노년기의 각 시기별 발달적 특징에 대한 폭넓은 지식과 이해는 물론, 삶에 대한 통찰 력도 어느 정도 갖추고 있어야 한다.

이 장에서는 장 · 노년기에 보편적으로 등장하는 11가지 특수주제에 대해 고찰해보고 그 사례를 중심으로 상담실습을 해보고자 한다. 우선 심리학적 이론에 근거하여 각 주제에 대한 심리적 · 발달적 측면을 설명하고자 한다. 이러한 정보는 내담자의 문제를 이해하고 상담목표를 세우는 데 큰 도움이 될 것이다. 그리고 각 특수주제와 관련된 사례를 제시하고, 앞에서 배운 상 담 기법을 활용하여 공감하고 구체적 상담목표를 설정하여 상담을 진행해 나가는 과정을 실습해볼 것이다.

1 중년기 위기 상담

중년기 위기란? 흔히 우리는 '흔들리는 중년'을 사춘기에 빗대어 사추기(思 秋期)라고 한다. 인생의 중턱을 넘어서면, 사람들은 지금까지 정신없이 살 아온 자신의 삶을 되돌아보면서 이런 물음들을 던지곤 한다. '이것이 내가 진정으로 원하는 삶인가?', '나는 무엇을 위해 살아왔는가?', '내 젊은 시절 의 꿈은 얼마나 성취되었는가?' 마치 판도라 상자를 열면 해악(害惡)이 쏟아져 나오듯이, 수년 동안 자신의 내면 깊숙이 잠자고 있던 목소리들이 아우성친다. 잃어버린 사랑, 포기한 꿈에 대한 아쉬움, 상처받은 아픔, 상처를 준 죄책감 등 현재의 삶을 위해 제쳐두었던 가능성들이 한꺼번에 소리를 치는 것이다.

이런 내면의 목소리를 들으며 자신의 삶을 재조명해볼 때, 누구나 결코 평온하고 냉정할 수만은 없을 것이다. 그 이유는 현재의 삶이 뿌리내리고 있는 가치와 환상들이 재평가받고 도전받기 때문이다. 그래서 흔히 여기에는 방황과 혼란, 회한, 침체감, 울적함, 피해의식, 덫에 걸린 느낌 등 다양한 정서 감정이 함께 찾아온다. 이처럼 중년기에 심각한 정체의 혼란과 함께 정서적 고통을 겪는 현상을 소위 **중년기 위기**라고 한다. 그 핵심에는 실존의 공허함이 자리 잡고 있다.

왜 인생의 중반에 이처럼 실존의 의미를 묻는 정체의 위기가 찾아올까? 그 이유는 다양하게 추론되고 있다. 즉 성취의 절정에서 한계를 느끼는 모순, 젊음의 상실감, 청소년 자녀와의 갈등, 죽음의 필연성에 대한 인식 등이 그 촉매작용을 할 수 있다. 그렇다면 언제, 그리고 누구나 이런 위기경험을 겪는가? 대체로 40대 초반이나 50대 초반의 전환기에 이런 위기가 찾아온다고 하나, 실제로는 중년기 20년 동안 언제라도 겪을 수는 있다. 어떤 사람은 아주 미미하게, 혹은 전혀 기미가 없는가 하면, 아주 혹독하게 위기를 겪는 사람도 있다.

그러면 심각한 위기경험은 병리적인 것인가? 그렇지는 않다. 이것은 오히려 정신적 성숙의 동인이 될 수 있다. 즉 이런 위기의 와중에서 솔직하게 자신을 들여다보고 억압된 욕구들이 무엇인지, 갈등의 원천은 무엇인지, 그리고 삶 속의 결함들은 무엇인지를 발견해서 진정한 자신의 참모습을 찾아갈 때 우리는 더욱 성숙해질 수 있다. 진정으로 자기 자신이 되어가는 것이다.

따라서 위기감이 미미한지 심각한지가 문제가 아니라, 자기 내면의 목소리를 얼마나 솔직하게 수용하느냐가 중요하다. 처절한 자아인식 속에서 우리는 삶 속의 결함을 수정하여 다음 계절을 위한 새로운 생애설계를 할 수 있다. 아마도 중년의 정신적 성숙은 이런 위기의 와중에서 지나온 삶에 대한 처절한 재평가와 고통스러운 자아성찰을 통해서만 얻을 수 있을 것이다(김애순, 2012).

사례 요즈음 난 왜 사는지 모르겠어요. 눈만 뜨면 밥하고, 빨래하고, 청소하고, 아이들 뒤치다꺼리 하고… 이렇게 정신없이 20년을 살아왔어요. 그런데 아무도 내 노고를 알아주는 사람이 없어요. 물, 공기처럼 으레 그렇게 해야 되는 것처럼 말이죠. 남편은 내가 푸념이라도 하면 '등 따시니까 하는 소리'라고 묵살해 버리지요. 아이들은 이제 엄마에 대해선 관심도 없고 저희들 일에 바빠서 돌아다니고요.

얼마 전 동창회에 나갔더니 성공한 친구들도 많고 골프, 여행, 등산 등을 즐기며 여유롭게 살고 있더군요. 그래서 그런지 다들 젊어 보이는데, 나만 폭삭 늙어버린 것 같더라고요. 왜 이렇게 살았는지 모르겠어요. 그저 자식과 남편, 가정, 살림밖에 몰랐죠. 노래방에 갔는데 아는 노래가 하나도 없어요. 학창시절엔 나도 꿈이 있었죠. 디자이너가 되고 싶었습니다. 의상 디자이너 말이에요. 그리고 기타연주도 해보고 싶었어요. 그런데 결혼하는 바람에 모든 것을 묻어두게 되었지요.

요즈음은 외출했다가 집에 들어가기가 싫습니다. 텅 빈 거실에 홀로 앉아 있자면 모든 것이 잿빛으로 보이고 마음이 울적해지거든요. 이렇게 해서 인생이 가는구나 하는 생각이 들지요. 가슴속이 텅 빈 것 같아요. 이제 뭔가를 해보기에는 너무 늦었고, 또 무얼 어떻게 해야 할지도 모르겠어요.

상담실습 2명씩 짝을 지어 한 사람은 내담자, 다른 사람은 상담자 역할을 한 후, 역할을 바꿔서 다시 실습해본다. 내담자의 감정과 생각에 동참하여 반응하고, 문제를 구체적으로 정의하여, 상담목표와 실천행동을 설정하고 그 긍정적, 부정적 효과를 점검해본다.

1. 현재 이 사람의 감정과 생각은 어떤 것인가?

2. 어떻게 공감적 이해를 해 주겠는가?

3. 문제를 구체적으로 정의해보라.

4. 상담목표

5. 실천행동

　　대안 1) _____

　　대안 2) _____

	긍정적 효과	부정적 효과
대안 1		
대안 2		

2 우울증

우울증과 자살 우울증은 '심리적 감기'라고 불릴 만큼 흔한 질환으로 나이에 따라 그 증상이 다양하다. 20대부터 발병하는 **주요우울**(major depression)은 매사에 흥미가 없고 울적한 기분, 염세적인 태도, 낮은 에너지 수준, 불면증, 체중감소 등이 주증상이다. 이런 증상 중 4개 이상이 2주 정도 나타나면 우울증이라고 진단되며, 아주 경미하게 몇 년 동안 계속될 경우 **기분부전장애**(dysthymic disorder)라고 한다.

그러나 40대 후반(여성)~50대 후반(남성)에 촉발되는 우울증은 대체로 **갱년기 우울**이다. 이는 실현되지 못한 욕망, 사업실패, 승진이나 성공 뒤의 막중한 책임감에서 오는 생활 스트레스가 주로 발병의 계기가 된다. 여기에 갱년기 호르몬 변화, 강박적인 성격도 한몫을 한다. 주증상은 극심한 후회, 죄책감, 절망감, 우유부단, 안절부절못하고 초조해하며 병에 걸렸다는 신체망상과 건강염려증, 의심증, 편집증이 함께 나타난다. 이 갱년기 우울증은 자살률이 매우 높으나 치료하면 90% 이상 완치되며 재발이 드물다.

노년에는 기능 감퇴와 질병, 사별, 은퇴, 가족갈등에서 오는 외로움과 고립, 무력감, 자존심 손상 등이 우울증의 주원인이 된다. 한국 노인들은 60% 이상이 경미한 우울증상을 보이는데, 이는 주로 만성적 질병에 부수되어 나타난다. 노인성 우울은 주증상이 주요우울과 흡사하지만 기억상실, 통증, 의심, 비난 등 인지적·신체적 증상으로 가장되어 표출되는 점이 특징이다. 흔히 가족들은 이런 증상을 노화 때문이라고 무시해 버리기 쉽다. 그러나 우울증은 방치하면 자살로 이어질 수 있다. 젊은이의 자살이 의도성 자살이 많다면, 노인 자살은 더 이상 삶의 의미를 못 느낄 때 시도하는 순수자살이 많다. 흔히 노인 자살자는 자살신호를 보이는데, 소지품을 남에게 주거나 생기와 활력이 떨어지면서 죽겠다는 말을 자주 한다.

최근 인지행동치료에서는 증상이 심한 경우, 먼저 자조과제로 증상을 완화시킨 다음 역기능적 사고의 전환을 시도한다. 즉 '절망감을 느끼게 된 상황은? → 그때의 정서는? → 자동적 사고는? → 합리적 반응은?'의 질문과정을 통해 역기능적 사고가 무엇인지를 확인하고 이를 수정함으로써 우울감에서 벗어나도록 하고 있다. 하지만 역기능적 사고가 사라져도 무력감, 동기부족, 낮은 자존심은 남아 있기 때문에, 무엇보다 우울증 환자에게는 진지하게 도움을 줄 사람과 지지적 환경이 필요하다. 그러나 우울증상이 심각한 경우 상담자는 임상 전문가나 정신치료기관에 내담자를 의뢰하는 것이 바람직하다(김애순, 2012).

사례 내 나이도 내년이면 환갑이군요. 요즈음은 밤이 오는 것이 두렵습니다. 겨우 잠이 들었는가 하면 두세 시간도 못 자고 깨어서 뜬 눈으로 날을 새거든요. 이렇게 불면증에 시달린 지도 1년이 넘었어요. 남편과 사별한 후부터지요. 머릿속은 온갖 상념으로 혼란스럽습니다. 남편이 은퇴한 후 우리는 엄청 싸웠어요. 이렇게 빨리 가려고 그랬던지, 글쎄 자식들 아무 소용없으니 다 쓰고 죽자며 골프, 낚시, 여행으로 정신없이 1년을 보내더군요. 하와이, 뉴질랜드, 유럽까지 가보았지요. 그런데 저는 왜 그렇게 돈이 아까운 생각이 들었던지… 노후를 대비해야 된다고 골프도 여행도 극구 말리며 싸웠습니다. 그러자 남편은 모든 것을 포기하고 잠옷 바람으로 집에만 틀어박혀 있더군요. 그리고 우울 증세를 보이더니 갑자기 암으로 1년 만에 세상을 떠버린 거예요. 아마도 내가 함께 즐겁게 놀러 다녔으면 안 죽었을지도 모르지요.

그동안 딸이 직장생활을 해서 외손녀 돌보는 낙으로 살았습니다. 그런데 이제 딸이 직장을 그만두고 아이를 직접 돌보겠대요. 이제 할머니가 쓸모가 없어진 거죠. 아들도 이번에 결혼했는데 저희들끼리 잘 살아요. 이제 자식들한테는 이 어머니가 아무 필요가 없는 거예요. 외로워서 옆에 삽니다마는 짐만 되는 것 같아요. 그래도 남편이 살아있으면 이렇게 쓸모없지는 않을 텐데… 밤이면 남편 생각이 자꾸 납니다. 이제 돈이 별 소용이 없는데 그때는 왜 그렇게 돈 쓴다고 싸웠는지…

밥도 먹기 싫고, 사람도 만나기 싫고, 하루 종일 집에 누워 있으면 온몸이 안 아픈 데가 없어요. 세상이 나를 다 싫어하는 것 같아요. 어서 죽어야 할 텐데…

상담실습

1. 현재 이 사람의 감정과 생각은 어떤 것인가?

2. 어떻게 공감적 이해를 해 주겠는가?

3. 문제를 구체적으로 정의해보라.

4. 상담목표

5. 실천행동

  대안 1) _____

  대안 2) _____

	긍정적 효과	부정적 효과
대안 1		
대안 2		

3 알코올 중독

알코올 중독과 치료　술이란 풍류를 즐기고 스트레스를 해소하는 수단이지만 지나치면 심신에 해가 되는 필요악이다. 날이 갈수록 술이 해원(解怨)의 방편이 되면서 남녀를 불문하고 문제성 음주가 증가하고 있다. 그러면 문제성 음주란 어떤 것인가? DSM-V에서는 **알코올 남용**과 **알코올 의존**으로 구분하고 있다. 알코올 남용이란 음주로 인해 가정폭력, 결근, 업무태만, 음주운전 등의 문제행동이 반복되는 경우이다. 알코올 의존이란 여기에 강박적 음주, 내성, 금단현상이 첨가된 경우이다.

　누가 알코올 중독의 길로 가는가? 알코올 중독의 길에는 유전적 취약성과 심리, 사회적 요인이 상호작용한다. 즉 체질적으로 알코올 분해효소(ALDH)가 충분해서 술을 먹어도 취기가 빨리 오지 않고 먹을수록 편안해지며 술이 잘 받는 사람은 자연히 술을 '자주 많이' 들게 된다. 이들이 실연, 가정불화, 직장에서의 경쟁과 갈등, 실직에서 오는 소외감, 분노와 적개심을 술로 달래려 할 경우 알코올 중독의 위험은 높아진다. 그래서 성인기에는 흔히 알코올 중독과 우울증이 함께 병발한다. 중년기까지 아직 삶이 불안정할 경우, 음주는 계속 증가할 수 있고 이것이 노년까지 이어진다. 특히 노년에는 역할상실, 사별, 가족갈등에서 오는 상실감과 무료함이 음주를 부추기고 알코올 중독의 길로 유인하기 쉽다.

　알코올 중독자의 삶이란 술을 마시기 위해서 사는 것과 같다. 이들은 단주와 음주를 반복하면서 스스로 술 마시는 것을 통제할 수가 없다. 결국 심신이 황폐화되어 기억상실, 불신과 의심, 자기혐오, 피해의식 등의 병리적 심리상태를 보인다. 폭언과 폭행, 음주운전, 업무태만으로 직장에서 소외되고 가족은 와해된다. 알코올 중독자 가족은 음주 시는 폭행과 추태로 괴롭힘을 당하지만, 금주 시는 마치 살얼음판을 걸어가듯 긴장감 속에서 살아간다. 무엇보다 문제는 이를 자녀들이 모델링할 수 있다는 것이다.

알코올 중독의 치료는 자연치유가 약 20% 정도 되는데, 술은 다양한 환경적인 요인과 악순환의 고리를 형성하고 있어서 재발 가능성이 매우 높다. 즉 친구, 동료들이 환자를 다시 술자리로 유인하는 악순환의 고리이다. 단주 후 경련, 발한, 섬망 등의 금단현상은 의사의 도움으로 치료할 수 있지만, 해독 후의 우울, 불안, 불면증을 치료하기 위해서는 심리적 도움이 필요하다. 알코올 중독자의 주된 심리는 음주로 인한 문제행동에 대한 '부정(denial)'이다. 따라서 치료의 관건은 본인이 자신의 음주문제를 얼마나 심각하게 수용하는가에 달려 있다. 흔히 알코올 중독자들은 음주문제로 남의 도움을 받는 것 자체를 자존심 상해 하기 때문에 설교나 강요보다는 신뢰하는 관계 속에서 지지요법을 사용하는 것이 효과적이다. 치료 후에는 새로운 삶에 흥미를 붙이도록 돕는 가족의 역할이 매우 중요하다. 국제단체인 **익명의 알코올 중독자 모임**(Alcoholic Anonymous, A. A.)에서는 집단치료 과정을 통해 사회적 지지, 안정감, 자신감을 줌으로써 회복과 재발 방지를 도와주고 있다(김애순, 2012).

사례 저희 아버지 때문에 선생님과 상담을 좀 하고 싶습니다. 저희 아버지는 모 회사의 통근버스 운전기사로 일하고 계세요. 그런데 비번 날만 되면 하루 종일 술을 마시고 가족들을 괴롭힙니다. 한 달에 두세 번은 만취하셔서 결근을 하지요. 아버지는 어린 시절 조실부모하고 불우한 환경 속에서 초등학교도 못 나오셨답니다. 그런데 어머니는 고등학교까지 마치셨어요. 그래서 어머니에 대한 열등감이 많다고 해요. 그래서인지 술만 마시면 어머니한테 폭언과 폭행을 일삼습니다.

며칠 전 외할아버지께서 서울에 오셔서 아버지에게 주의를 주셨는데, 그 일로 인해 집안이 온통 아수라장이 되었습니다. 할아버지는 그냥 내려가시고 어머니는 병원으로 실려 갔지요. 어머니는 공장에 다니시면서 생계의 반을 책임지시는데, 이제 몸과 마음이 만신창이가 된 것 같습니다. 그동안 너무 많이 맞아서 몸이 성한 데가 없고요, 아버지가 술병만 들고 들어오면 어머니는 가슴이 벌렁벌렁 뛰면서 불안과 공포로 정신이 혼미해지신다고 합니다.

머지않아 군대에 입대해야 되는데요, 제가 없는 사이에 집에서 무슨 사고가 일어날지 몰라 발이 안 떨어집니다. 그래도 아버지가 제일 두려워하고 조심하는 사람은 저거든요. 제가 크면서 어머니를 보호해 드렸지요. 어떻게든 살아야 되겠다는 일념으로 죽도록 공부해서 대학에 들어왔습니다만, 지난 학기는 아버지에 대한 원망과 분노로 수업도 전혀 들어가지 않고 방황했습니다.

상담실습

1. 현재 이 사람의 감정과 생각은 어떤 것인가?

2. 어떻게 공감적 이해를 해 주겠는가?

3. 문제를 구체적으로 정의해보라.

4. 상담목표

5. 실천행동

대안 1) _____

대안 2) _____

	긍정적 효과	부정적 효과
대안 1		
대안 2		

4 부부 갈등

황혼의 이혼과 재혼 날이 갈수록 40~50대 중년뿐 아니라 60대 황혼의 이혼율도 증가하고 있다. 그리고 노년으로 갈수록 이혼을 제기하는 쪽은 여자이다. 이것은 현재 결혼관계의 불만보다 수년 동안 묵은 불만이 휴전상태에 있다가 터진 것이라고 볼 수 있다.

중·노년의 부부는 왜 헤어지는가? 부부관계의 역동을 보면, 40대 이후에는 낭만적 감정이나 성적 만족감보다는 신뢰감, 편안함, 친밀감, 동등성이 부부관계에서 더욱 중요해지며, 이러한 동반자적 관계를 발전시켜 나갈 때 노년까지 성공적인 결혼생활을 영위할 수 있다. 그러나 신혼 이후 친밀감을 발전시키지 못해 상호간에 정신적 공동이 생겼을 경우, 중년의 결혼생활은 침체상태에 빠지게 된다. 애정이 메마른 공허한 관계 속에서 사회적 체면이나 자식 때문에 법적으로 매여 있다가 자녀들의 출가로 이제 더 이상 공유할 것이 없게 되면, 과연 남은 인생을 함께 해야 할지를 스스로에게 묻게 된다.

노년에는 역할상실, 건강악화, 경제적 어려움 등 많은 요인이 결혼생활을 위협한다. 대부분의 노인들(특히 남자)은 결혼생활을 그대로 유지하려 하나, 일생 부부관계가 안 좋았던 사람은 이혼에 매우 취약하다. 이런 와중에서 가끔 남편은 경제권을 쥐고 아내를 통제하려 하고, 아내는 가사 거부, 가출 등으로 맞서면서 갈등이 첨예화되는 것을 볼 수 있다.

이혼이란 인생의 어느 시기든 자신뿐 아니라 가족들에게 상처를 주는 사건이지만, 특히 노년에는 경제적 타격, 외로움, 절망감을 몰고 온다. 황혼의 이혼이 평생 불행한 결혼생활을 버텨온 인고의 고통에서 벗어나려는 몸부림일 경우, 물론 마지막 여생은 평안과 행복을 누릴 수 있어야 할 것이다. 하지만 먼저 과거를 용서하고 서로를 수용하기 위한 노력이 우선되어야 할 것이다. 만약에 재혼을 한다고 해도 꼭 행복한 것은 아니다. 가족이 지지하고 건강과 경제력이 좋고 이전 결혼생활이 원만했을수록 재혼 성공률은 높아진다. 따라서 재혼 시에는 서로 얼마나 잘 아는지, 가족, 친구들의 인정을 받는지, 그리고 수입, 재산분배, 주거지 등을 신중하게 검토해보아야 할 것이다(김애순, 2012).

사례 1 요즈음은 사는 게 숨이 막힙니다. 이 지겨운 생활을 언제까지 지속해 나가야 할지 모르겠어요. 남편이 직장에 다닐 때는 그런대로 견딜만했는

데 은퇴 후에는 꼼짝도 않고 방에만 박혀 있어요. 우린 처음부터 많이 싸웠습니다. 이 사람이 워낙 가정에는 전혀 관심이 없고 밖으로만 돌아다녔거든요. 그저 술에 만취한 상태에서 새벽 1~2시에 들어오고… 그런데 이젠 반대로 집에서 꼼짝도 안 해요. 그렇다고 집안일을 돕는 것도 아니고 뒤치다꺼리를 하다 보면 너무 힘이 듭니다.

젊었을 때는 그저 아이들 대학 갈 때까지만… 결혼할 때까지만… 하고 참고 살아왔지요. 아이들 출가 후엔 모든 것을 정리하고 어디론가 훌훌 떠나고 싶었어요. 그런데 막상 아이들이 출가하고 나니, 어떻게 해야 할지 모르겠어요. 이제 자신감도 없어지고… 내가 떠날 수 있을지 모르겠어요. 실은 한 번도 혼자 살아본 적이 없어서 어떤 어려움이 있을지 모르겠거든요. 친구들 말을 들으면 외로워서 못 산다고도 해요. 무엇보다 늙은 남편이 혼자서 잘 살아갈 수 있을지 걱정도 되고요. 잘못하면 버렸다는 비난을 받을 수도 있을 것 같고 말입니다. 자녀들과 같이 살 생각은 없더군요. 고향에 내려가서 형제들과 어울려 여생을 보내고 싶다고 입버릇처럼 말하지요. 전 거기 내려갈 생각은 없습니다. 어떻게 해야 할지 모르겠어요.

상담실습

1. 현재 이 사람의 감정과 생각은 어떤 것인가?

2. 어떻게 공감적 이해를 해 주겠는가?

3. 문제를 구체적으로 정의해보라.

4. 상담목표

5. 실천행동

   대안 1) _____

   대안 2) _____

	긍정적 효과	부정적 효과
대안 1		
대안 2		

사례 2 나는 70대 할머니로, 할아버지의 외도로 인해 고민하다가 전화 드렸습니다. 나는 할아버지와 ○○노인복지센터에서 무료로 컴퓨터 교육을 받았었는데, 조금 하다가 나는 포기하고 할아버지는 1년 정도 다녔어요. 할아버지는 함께 컴퓨터를 배우는 총무 할머니와 친해져서 둘만 외식을 하는 식으로 10개월 정도 교제를 했습니다. 이 사실은 지난해 9월에 우연히 알게 되

었지요. 어느 날 무심코 할아버지의 수첩을 보았는데 외식한 날짜와 이름약자를 써놓은 게 있어서 따져 보았어요. 그때 남편과 심하게 다투다가 남편이 나를 때려서 갈비뼈가 부러지고 크게 다쳐서 병원에 입원했습니다. 이혼하려고 했으나 남편이 잘못했다고 하며 절대로 그러지 않겠다고 약속하고 현재 5개월 정도 지났습니다.

그동안 나는 컴퓨터만 나오면 노이로제가 걸릴 정도로 힘들었고, 할아버지도 그 이후 그 여자를 만나는 것 같지 않았는데 최근 들어서 다시 의심이 갑니다. 확실한 증거는 없지만 함께 컴퓨터를 배우던 부회장 할아버지와 통화하면서 총무와 함께 식사나 하자고 이야기하는 것을 들었어요. 이 말을 들은 후부터 나는 가슴이 떨리고 잠이 안 오며 불안합니다. 나는 평생을 남편만 바라보고 헌신하며 살아왔는데, 남편이 다른 여자에게 그렇게 인심을 쓰며 다녔다는 사실이 너무 분하고 자존심이 상합니다. 자녀들도 아버지가 어떻게 그럴 수 있냐며 내 입장을 모두 이해하고 있어요.

상담실습

1. 현재 이 사람의 감정과 생각은 어떤 것인가?

2. 어떻게 공감적 이해를 해 주겠는가?

3. 문제를 구체적으로 정의해보라.

4. 상담목표

5. 실천행동

대안 1) _____

대안 2) _____

	긍정적 효과	부정적 효과
대안 1		
대안 2		

5 혼외정사

중·노년의 사랑과 성　중년의 혼외정사는 왜 일어날까? 우선 습관화된 성 관계의 따분함에서 비롯될 수 있다. 흔히 부부관계는 매일 먹는 밥과 같지만 혼외정사는 거기에 짜릿한 양념을 치는 것과 같다는 말이 있다. 그래서인지 가끔 별 문제가 없었던 정상적인 결혼생활에서도 외도가 일어나는 경우가 있 다. 그러나 대부분의 외도는 부부간에 친밀감이 없는 무미건조한 결혼생활 속에서 일어난다. 특히 중년의 전환기에는 실존의 공허함 속에서 사라져 가는 젊음을 부여잡으려는 객기가 있다. 이때 배우자의 무관심으로 실추된 자존심과 외로움, 무료함에서 탈피하려는 시도에서 외도가 일어날 수 있다.

혼외 성관계는 성적 우월성과 서로를 비난하고 불평할 틈이 없다는 점에서는 결혼관계와 경쟁이 안 된다. 하지만 시간적인 제약과 이목 때문에 서두름, 죄책감, 불안감 등 엄청난 스트레스를 받게 된다. 이런 관계를 장기간 끈다는 것은 쉽지 않으며 흔히 혼외든 결혼이든 어느 한쪽을 정리하게 된다. 이때 대부분은 기존의 결혼관계를 유지하려 하는데, 이는 이혼이란 자신의 사회적 안정을 위협할 뿐 아니라, 뒤늦게 새로운 삶을 일구기가 쉽지 않기 때문이다. 간혹 불행한 결혼생활에서 탈출을 시도하는 경우가 있는데, 서로가 실존의 의미를 부여해 줄 정도로 친밀한 관계로 발전한 때이다. 하지만 단순한 성 파트너였을 경우 큰 상처를 안고 가정으로 돌아올 수 있다. 중년의 연인들은 매우 자아도취적이어서 남자는 인정받고, 여자는 관심과 배려를 받고 싶은데 서로의 욕구가 상충될 경우 한 줄기 바람으로 끝나 버릴 가능성이 있기 때문이다. 이때 중요한 것은 배우자의 용서와 관용, 그리고 수용일 것이다.

물론 성행동이란 여러 가지 동기에서 유발될 수 있다. 하지만 인간에게 진정으로 충만감을 주고 외로움에서 벗어날 수 있게 하는 것은 사랑에서 비롯된 성행동이다. 성호르몬과 성기능이 감퇴하는 노년에도 성적 흥미와 욕구를 보이는 것은 외로움과 무료함에서 벗어나려는 몸짓일 수 있다. 아마도 이들이 진정으로 추구하는 것은 성적인 쾌감보다는 친밀함일 것이다. 이런 의미에서, 진정한 성적 행복감을 누리기 위해서는 비아그라, 포르노물을 찾기보다는 사랑하는 방법을 배워야 할 것이다. 만약에 배우자의 외도로 친밀감을 발달시키지 못한 결혼생활을 되돌아볼 계기가 된다면, 아마도 금이 간 물동이를 수선할 방도가 보일지도 모른다(김애순, 2012).

사례 우리 부부는 중매결혼을 해서 애틋한 정은 없었지만 지난 20여 년 동안 자식 낳아 키우고 부모님 모시면서 성실하게 살아왔습니다. 그런데 남편이 바람을 피운 거예요. 어지간하면 자식들 때문에 참고 살아보려고 하지만 도저히 분해서 견딜 수가 없어요. 어떻게 이렇게 사람을 배신할 수가 있습니까?

언젠가부터 남편과 잠자리가 뜸해졌지요. 점점 나를 피하더니, 3년 전부터는 거의 성생활을 하지 않고 있습니다. 좀 이상하긴 했지만 뭐 나이가 들어서 그런가보다 했지요. 그런데 무슨 회식이니 동창회니 해서 밤늦게 들어오는 날이 많고 토요일, 일요일도 없어요. 뭐가 그렇게 바쁜지… 회사일 때문에 그런가보다 했어요. 그런데 어느 날 휴대전화를 놔두고 나간 바람에 들통이 난 거예요.

뭐 학창시절 첫사랑이라나요. 피차 가정을 갖고 있기 때문에 어떻게 할 수는 없지만, 솔직히 남은 인생을 같이 살고 싶대요. 내가 원 기가 막혀서… 분해서 당장이라도 이혼을 하고 싶지만 그동안 살아온 세월이 너무 억울하고 내 자신이 비참해서 견딜 수가 없어요. 사실 자식들 혼사문제도 있고요. 집에 가만히 있으면 속에서 천불이 나서 이것저것 사러 돌아다니고, 노래방도 가고 술도 마셔 봅니다마는… 내 자신이 처량하기만 합니다. 어떻게 해야 할지 마음 둘 곳이 없어요. 크게 금이 가버린 물동이를 안고 어찌 살아가겠습니까?

상담실습

1. 현재 이 사람의 감정과 생각은 어떤 것인가?

2. 어떻게 공감적 이해를 해 주겠는가?

3. 문제를 구체적으로 정의해보라.

4. 상담목표

5. 실천행동

대안 1) _____

대안 2) _____

	긍정적 효과	부정적 효과
대안 1		
대안 2		

6 친구 갈등

노년의 이성친구관계 요즈음은 동창회, 친목회, 혹은 복지관이나 노인대학 모임을 통해서 중·노년층 남녀가 함께 어울리면서 교제하는 것을 흔히 볼 수 있다. 이런 과정에서 자연스럽게 친밀감이 생기고 특별히 가까이 접촉하는 이성친구가 생길 수 있다. 그러나 이성 간에 친밀하게 지낼 경우, 흔히 사람들은 성적인 의미를 부여하고 에로틱한 관계로 보려는 경향이 있다. 그래서 이성친구관계는 드물 뿐 아니라 장기간 유지되기도 힘들다. 하지만 이성친구관계를 유지하는 데 더 큰 장애물은 순수한 우정관계를 발달시킬 능력이 없을 뿐 아니라 우정과 애정을 혼동하는 것이다.

물론 우정과 애정에는 공통점이 있다. 즉 서로 친밀하고, 믿고 이해하며, 어려울 때 서로 돕는 점은 유사하다. 이러한 친밀감은 모든 사랑의 근원이다. 애정관계는 여기에 독점욕, 열정, 보호욕구가 더 강하다. 흔히 노년의 이성친구관계에서 갈등이 생기는 원인은 여자들의 탁월한 보살핌 욕구 때문이다. 즉 남자들은 여자들의 따뜻한 보살핌을 애정으로 오인하고 성적인 접근을 하는 경우가 있다. 특히 홀로 된 남자들은 이런 보살핌이 더욱 절실하기 때문에 자칫 애정으로 오해할 소지가 있다. 또 어린 시절부터 이성친구들과의 교제가 활발하지 않았던 사람들은 이성이 성적인 대상으로밖에 보이지 않을 수도 있다.

남성에게 노년의 이성친구는 삶의 질을 높이는 데 큰 역할을 한다. 여자들은 주로 동성친구에게 마음을 터놓지만, 남자들은 동성친구들과 활동은 함께 하지만 마음을 터놓지는 않는다. 이들이 마음을 터놓는 대상은 주로 아내나 연인, 이성친구이다. 노년에 마음을 터놓을 수 있는 대상이 있다면, 그가 친구이든, 연인이든, 배우자이든, 노화에서 오는 고통과 외로움은 반분되고 삶의 질이 한층 올라갈 것이다. 이성 간의 우정은 어설픈 애정보다 훨씬 더 지지적이고 우리를 외로움에서 벗어날 수 있게 한다. 그리고 순수한 우정은 애정보다 더욱 오래 지속된다. 중요한 것은 얼마나 순수하게 우정관계를 이끌어갈 수 있는지의 문제일 것이다(김애순, 2012).

사례 몇 년 전부터 복지관에 다니면서 친구들을 사귀게 되었어요. 그중에는 여자친구들이 많고 남자 분들 중에도 가까이 알고 지내는 사람들이 있지요. 그런데 어떤 남자 분이 항상 혼자 외톨이처럼 앉아 있어서 안쓰러운 마음에 가까이하게 되었어요. 밥도 같이 먹고, 가끔 함께 공원에도 가고, 아파서 복지관에 안 나오는 날이면 문병을 가서 밥도 지어주고 빨래도 해 준 적이 있습니다. 서로 외로운 처지에 위안이 많이 되었지요.

그런데 이 분 행동이 점점 이상해져요. 손 잡는 정도는 그래도 괜찮지만… 좀 쑥스러운 짓을 하려고 하거든요. 그리고 함께 살자고 해요. 내 자식들은 자주 만나는 것만으로도 주책이라고 핀잔을 주는데 말이 안 되는 소리지요. 한참 연락을 끊고 안 만나 주었더니 복지관에도 안 나오고 앓아 누워 있다고 하더라고요. 그런 말을 들으니 마음이 편하지 않고 괜히 서글퍼지는군요. 걱정도 되고요. 어떻게 처신을 해야 할지 망설여지네요….

상담실습

1. 현재 이 사람의 감정과 생각은 어떤 것인가?

2. 어떻게 공감적 이해를 해 주겠는가?

3. 문제를 구체적으로 정의해보라.

4. 상담목표

5. 실천행동
　 대안 1) _____

　 대안 2) _____

	긍정적 효과	부정적 효과
대안 1		
대안 2		

은퇴는 위기인가?　은퇴는 막중한 사회적 역할과 책임에서 벗어나 새로운 삶을 시작할 합법적 기회일 수 있다. 하지만 수입의 감소, 사회적 지위와 유대관계 상실, 역할 상실로 인한 정체의 혼란은 은퇴자의 사기를 저하시키고 위기감을 몰고 올 수도 있다. 퇴직 후의 적응양상은 개인에 따라 매우 다양하다. 퇴직 직후에는 은퇴 시기나 은퇴 이유에 따라 삶의 만족감이 달라지지만, 시간이 지날수록 개인의 성격, 건강과 경제적 자원, 가족과 친구들의 사회적 지지가 적응양상에 중요하게 작용한다.

　흔히 은퇴 후 적응과정은 신혼기, 침체기, 안정기의 3단계를 거쳐 진행된다. 즉 첫 1년은 등산, 낚시, 친목회 등을 찾아다니며 자유로운 삶을 만끽하나, 침체기에 접어들면 활동수준이 뚝 떨어지고 에너지가 고갈된 듯 정서적 슬럼프에 빠져든다. 이때 남은 인생을 어떻게 보낼지 신중하게 생각해볼 필요가 있다. 그 후 이내 현실을 수용하고 서서히 은퇴생활에 안주해가는 안정기로 접어들게 된다.

　은퇴생활을 어떻게 성공적으로 할 수 있을까? 우선 '은퇴'라는 현실을 긍정적으로 수용하고 적극적으로 대처할 마음의 자세가 필요하다. 여행준비는 항상 미리 하듯이 은퇴 후 어디에서 누구와 어떤 생활규모로 살 것인지는 미리 생각해보았어야 한다. 이런 계획은 개인의 건강수준, 경제적 자원, 취향에 따라 조절될 수 있다. 그런 후 무엇을 하면서 살 것인지를 생각해보아야 한다. 은퇴 후에는 무엇보다 새로운 활동을 찾아서 역할을 재구성하는 것이 중요하기 때문이다.

　은퇴 후 삶의 설계는 **일, 여가, 자기관리**의 세 영역이 균형을 이루도록 시간과 에너지를 배분하는 것이 현명하다. 여기서 일이란 보수를 받는 일일 수도 있고 자원봉사, 취미활동일 수도 있다. 이처럼 노년에는 일과 여가의 구분이 모호해진다. 최소한의 경제적 자원이 있다면, 노년에는 보수, 지위, 명예를 초월해서 적절한 활동수준과 건강을 유지해 주는 데 그 의미를 부여할 때 비로소 일을 찾을 수 있다. 가족과 함께하기, 우정활동, 여행, 교육 프로그램 참여를 통해 여가와 자기관리를 동시에 할 수도 있을 것이다. 아마도 부부가 함께 생활 스케줄을 짠다면 더욱 풍요로운 노후가 될 것이다(김애순, 2012).

사례 저는 대학을 졸업하자마자 27세에 ○○은행에 취업해서 25년이 넘도록 한결같은 은행원 생활을 해왔어요. 마지막 무렵에는 △△지점의 지점장으로 있었는데 고객 확보 때문에 스트레스가 엄청 심했습니다. 그런데 마침 IMF 이후 명예퇴직 바람이 불면서 미끼가 던져지자 퇴직의 유혹이 오더군요. 그래서 그 미끼를 덥석 물었지요. 4억쯤이면 여가를 즐기면서 아주 여유롭게 살 것 같더라고요. 골프, 낚시, 등산, 여행… 은퇴 후의 삶을 생각하니 정말 환상적이었습니다.

처음 한 1년은 그랬어요. 친구들과 골프를 하고 낚시, 등산을 즐기며, 하와이, 유럽 등 패키지여행도 다녔지요. 그런데 문제는 제 아내였습니다. 아내는 벌지는 않고 놀러 다니면서 돈 쓴다고 무척 스트레스를 주더군요. 나는 "다 쓰고 죽자"라면, 내 아내는 "한 푼이라도 아껴서 애들에게 물려주자"였습니다. 이렇게 안 맞는지는 예전에 미처 몰랐지요. 차츰 골프, 낚시 다니는 것이 눈치가 보이더라고요. 요즈음은 아무것도 하고 싶지가 않습니다. 한 1년 집에만 있었어요. 소화도 안 되고… 기력도 없고 사는 게 재미가 없어요. 내과에 가봤더니 정신과에 가라고 그러더라고요. 기가 막혀서… 요즈음은 매일 술을 먹지 않으면 견딜 수가 없어요. 인생이 허망하고 너무 길어요…

상담실습

1. 현재 이 사람의 감정과 생각은 어떤 것인가?

2. 어떻게 공감적 이해를 해 주겠는가?

3. 문제를 구체적으로 정의해보라.

4. 상담목표

5. 실천행동

　　대안 1) _____

　　대안 2) _____

	긍정적 효과	부정적 효과
대안 1		
대안 2		

8 부양부담과 가족갈등

노부모는 누가 부양할 것인가?　옛말에 "부모는 열 자식을 키워도 자식은 한 부모를 모시기 어렵다"는 말이 있다. 아마도 이 말은 요즈음 세대에 더욱 어울리는 말일 것이다. 어린 시절 부모가 자식을 돌볼 때는 절대적인 보호의식이 있지만, 부모가 늙어서 자식에게 부양받을 처지가 되면, 그 봉양의 정도는 자식의 성숙성과 효(孝) 의식에 달려있기 때문이다.

전통적으로 한국 사회에서는 장남이 노부모를 모시는 것이 당연시되어 왔으며, 차남이나 딸이 부모를 모시는 상황이 되면 여러 가지 형태로 가족 간에 갈등이 일어나곤 한다. 이러한 갈등은 '내가 모셔야 한다'는 생각과 '왜 내가 모셔야 해?'하는 책임의식의 차이에서 비롯될 수 있다. 통상 장남은 부모부양에 대한 책임의식이 높은 반면에, 차남이나 딸은 책임의식이 더 낮아서 부모부양 시 심리적 부담감을 더 받는 경향이 있다(이정화, 한경혜, 2000). 하지만 부모부양에 대한 책임은 모든 아들과 딸이 동일하게 공유하고 서로 협조해야 한다. 이를 통해 가족 화목이 증진될 수도 있다.

그러나 노부모가 자식과 동거한다고 해서 꼭 안녕감이 증진되는 것은 아니다. 홀로 사는 노인들의 외로움을 조금 덜어줄 뿐, 가족 갈등에 휘말리면 더욱 고통스럽다. 노인의 삶의 질은 동거의 동기가 얼마나 자발적인가에 달려 있다(김경혜, 1998). 즉 따로 살고 싶지만 경제적 자원이 없어서 어쩔 수 없이 자식에게 얹혀 살거나, 따로 살고 싶지만 몸이 불편해서 그럴 수 없는 경우 노인의 삶의 질은 떨어진다. 아예 자식이 없어서 국가의 생활보호를 받는 노인들에 비해, 자식이 있어도 전혀 도움을 받지 못하는 노인들은 복지의 사각지대에 있는 셈이다. 이들이 최소한도의 생계를 유지할 수 있도록 가족과 사회가 함께 대안을 마련해야 할 것이다.

사례 어디 일할 만한 데 있나 해서요. 저는 처음에 큰아들네에서 손주들 키워주면서 한 20년 함께 살았는데, 손주들 대학 들어가고 나니 며느리가 돈만 원 주면서 작은아들네에 좀 가 있으라고 합니다. 작은아들네도 처음부터 같이 살았으면 모를까 지금 들어가서 살려고 하니 서로 불편해서 못 살겠어요. 며느리가 말은 안 해도 살기 싫은 눈치였어요. 큰아들네에서 여태 살았는데 지금 와서 작은아들네와 함께 살기는 너무 불편하더군요. 셋째 아들네에서는 더더욱 못 있었어요. 며느리가 큰아들네는 애들 다 키워주고, 작은아들도 있는데 왜 하필 우리 집이냐고 노골적으로 불평을 하는 거예요. 그래도 아들 중에는 셋째가 제일 잘 했었는데… 용돈도 가끔 주고 데리고 다니며 맛있는 것도 사주고….

서른다섯에 애 셋 데리고 홀로 되어 그렇게 훌륭하게 잘 키워 놓았는데… 며느리들 얻으면 가족도 많아지고 해서 더 행복할 줄만 알았어요. 더 외로워질 줄 몰랐어요(서러움이 복받쳐 운다). 이젠 욕심 없어요. 한 2년 남의 집에서 일해서 거처할 작은 전세 하나만 얻고 싶어요. 그렇게만 되면 좋겠어요.

일자리 있으면 좀 소개해 주세요.

상담실습

1. 현재 이 사람의 감정과 생각은 어떤 것인가?

2. 어떻게 공감적 이해를 해 주겠는가?

3. 문제를 구체적으로 정의해보라.

4. 상담목표

5. 실천행동

　대안 1) ＿＿＿＿＿＿＿＿＿＿＿＿＿＿＿＿＿＿＿＿＿

　대안 2) ＿＿＿＿＿＿＿＿＿＿＿＿＿＿＿＿＿＿＿＿＿

	긍정적 효과	부정적 효과
대안 1		
대안 2		

9 치매와 문제행동

건망증과 치매　나이가 들면 기억력이 감퇴하고 건망증이 심해지는 것은 정상노화에서도 생기는 아주 자연스러운 현상이다. 물론 이런 건망증이 실수로 이어져 인간관계에서 오해를 불러일으키고 일상에 크고 작은 문제를 발생시키지만, 건망증과 치매는 구별된다. 정상노화에서 오는 건망증은 실수 이후에 자신이 망각했다는 것을 깨닫지만, 만약에 자신이 망각한 사실을 전혀 깨닫지 못한다면 치매를 의심해볼 필요는 있을 것이다.

치매란 뇌의 기질적 손상으로 심각한 인지장애가 오는 경우이다. 가장 심각한 알츠하이머(AD)의 경우, 초기에는 건망증과 구분하기 매우 어려우나, 차츰 인지적 손상이 진행되면서 망각이 더욱 심해지고 시간과 장소에 대한 지남력이 상실되며 돈 계산, 쇼핑 등 일상생활이 어렵게 된다. 말기에는 인지능력은 물론 언어능력, 배변능력까지 모든 기능이 처절하게 파괴된다. 이에 비해 중풍이라 불리는 혈관성 치매(CVD)는 뇌출혈이나 뇌경색으로 뇌의 어느 부위가 경색되는지에 따라 기능장애가 달라지는데, 주로 기억력과 판단력이 저하되고 언어장애와 운동장애가 나타난다. 또한 우울증으로 인해 치매와 유사한 행동이 나타날 수 있는데, 이런 **가성치매**는 우울증이 치료되면 치매 증상도 사라진다. 노인들이 치매와 유사한 행동을 보일 때는 기억검사는 물론 우울증상도 탐색해볼 필요가 있다.

치매환자를 모시는 가족은 "환자는 천국, 가족은 지옥"이라고 말한다. 그만큼 치매환자의 문제행동으로 가족이 고통을 당한다는 뜻이다. 즉 밤중의 배회, 가출, 짜증과 공격행동, 대소변 실금 등 다양한 문제행동으로 가족을 놀라게 한다. 이런 문제행동은 환자가 정서적으로 불안하거나 혼란할 때 더욱 많이 발생한다. 따라서 이를 줄이기 위해서는 집 안을 밝게 하고 시간과 장소를 자주 알려주어 현실감을 갖도록 하는 것이 중요하다. 그리고 음악이나 가벼운 활동을 통해 적절한 자극을 줄 필요가 있다.

또한 "누군가 내 물건을 훔쳐갔다"는 등의 환각과 망상을 보이거나, "밥 안 주니?" 등의 반복질문과 반복행동을 보일 경우 부정하고 다툴 필요는 없다. 이외에도 과식과 거식, 아무거나 먹는 이식행위, 성행위, 수집행위 등 부적절한 행위가 나타날 수 있다. 이런 행위들은 뇌의 기질적 병변에 기인한 것으로 고의가 아니다. 따라서 화를 내고 당황하지 말고 환자에 대한 연민으로 이를 포용하고 부드럽게 심리적으로 안심을 시키는 것이 훨씬 더 효과적이다.

사례 실은 저희 어머니 때문에 뭔가 도움을 받을 수 있지 않을까 해서 찾아와봤습니다. 저희 어머니의 행동이 아무래도 이상하거든요. 새벽 2시나 3시쯤에 덜그럭거리는 소리가 나서 나가 보면 아침을 짓는다고 요리를 하고 있고, 잠자는 시간도 제멋대로예요. 한밤중에 저녁을 드시기도 하고요. 더 골치 아픈 것은 음식 맛이 예전 같지 않고 너무 짜거나 싱거워서 먹을 수가 없어요. 그런데 우리가 불평을 하면 못들은 척하거나 도리어 화를 내면서 아니라고 고집을 피우시거든요. 무엇보다 우리를 불안하게 하는 것은 가스 불을 켜놓고 나가 버린다든가 물건 둔 곳을 잊어버리고 찾는다고 온통 소동을 피우는 것입니다. 또 자기 물건들을 이것저것 보따리에 싸서 마치 이사 갈 것처럼 여기저기 쌓아 두기도 하세요.

제가 맏딸인데요. 직장에 다니느라고 어머니가 살림을 도와주시고 계셨어요. 저희 어머니는 예전에는 매우 책임감이 강하고 명랑한 분이셨습니다. 실은 집안 경제를 떠맡고 4남매를 키우신 분이거든요. 평생 동안 남들처럼 놀러 다니면서 자신을 즐길 여유가 없었던 분이죠. 일이 삶의 전부였어요. 그런데 요즈음은 입을 꼭 다물고 말을 잘 안 하시고 좀처럼 웃지도 않으세요. 왜 이러실까요? 혹시 치매는 아닌가요?

상담실습

1. 현재 이 사람의 감정과 생각은 어떤 것인가?

2. 어떻게 공감적 이해를 해 주겠는가?

3. 문제를 구체적으로 정의해보라.

4. 상담목표

5. 실천행동
    대안 1) _____

    대안 2) _____

	긍정적 효과	부정적 효과
대안 1		
대안 2		

10 간병 부담

와병노인의 간병   노년기에 일어나는 만성적 질환은 회복이나 완치가 어렵기 때문에 현 상태를 유지하고 신체적·정신적으로 편안하게 해드리는 데 치료의 목표를 두는 것이 바람직하다. 흔히 환자들은 문제행동을 보일 수 있는데, 이런 문제행동은 간병인의 대처방법에 따라 달라질 수 있다. 간병인이 환자의 문제행동을 고의로 간주할 경우, 환자와의 상호작용이 나빠져서 문제행동이 더욱 증가할 수 있다. 환자의 문제행동을 기능이 파괴되어 가는 과정에서 불가피하게 생기는 현상으로 이해할 때 환자에 대한 연민이 생길 수 있다. 환자를 대하는 간병인의 태도가 부드럽고 따뜻해지면 자연히 문제행동도 줄어들게 된다.

통상 와병노인이 있는 가정은 경제적 부담도 크지만 심리적으로 가족분위기 전체가 침체될 수 있다. 주수발자인 배우자나 며느리는 심신이 피곤하지만 자신을 관리하고 여가를 즐길 여유가 없어서 차츰 지쳐가게 된다. 따라서 간병은 배우자와 자녀들이 경제적·육체적 수발 부담을 나누어 질 필요가 있다. 이 와중에 서로 부담을 미루고 갈등이 일어날 수 있는데, 중요한 것은 부양에 대한 책임의식이다. 형제자매가 부모 부양에 대한 책임의식을 갖고 간병 부담을 공유할 경우, 보람도 느끼고 상호 우애도 깊어질 수 있다.

자칫 주간병인은 자신의 신체, 정신건강을 소홀히 할 수 있는데, 심신이 지칠 때는 다른 가족에게 고충을 솔직히 털어놓고 도움을 청해서 기분전환할 여유를 가질 필요가 있다. 요즈음은 와병노인의 간병 부담을 정부나 사회가 공유하기 위해 각종 정책과 프로그램들이 시행되고 있다. 각 복지관의 간병인 교육프로그램, 단기 및 장기 요양보호프로그램, 무료 및 실비 요양원 시설 등의 서비스를 적극 활용해보는 것도 도움이 될 것이다. 시설의 요양보호프로그램, 비용, 이용자격 등에 대한 정보는 상담원이나 인터넷 홈페이지를 통해서 얻을 수 있지만, 직접 방문하여 미리 실태를 점검해볼 필요가 있다.

사례 저희 바깥양반이 중풍으로 쓰러진 지도 벌써 10년이 넘었네요. 그동안 이것저것 좋다는 것을 다 해 보았지만 별 차도가 없어요. 벌지는 못하면서 약 사고 치료하느라고 이제 저축해 둔 돈도 바닥이 나서 앞으로 살아갈 일이 막막해요. 저도 관절염에다 당뇨가 있어서 제 몸 가누기도 힘들 지경입니다. 1년 전부터 대소변을 받아내기 시작하면서 정말 힘들어지더군요. 이젠 지쳤어요. 하루에도 열두 번 어디론가 도망가 버리고 싶지만 그럴 수도 없네요. 무정하게 들릴지 모르지만 어서 돌아가셔야 할 텐데… 제가 죄가 되겠지요?

젊은 시절에 자식들 키우고 가족 부양하느라고 저 양반 입지도 쓰지도 못하고 고생하신 것을 생각하면 참 안쓰러워집니다. 그렇게 고생하면서도 나나 자식들한테는 아주 잘해 주었지요. 그래서 돌아가실 때까지는 내 손으로 돌봐야 한다는 생각이 들어요. 자식들이요? 자식들은 셋이나 되는데, 모두 맞벌이하기 때문에 저희들 벌어먹고 살기가 바빠서 명절이나 제사 때를 빼면 1년에 두세 번 들를까 말까 해요. 뭐 물려준 것도 없이 먹고사느라고 바쁘게 돌아가는 애들을 어찌겠어요? 내가 버틸 수 있는 데까지는 버텨야지…! 하지만 점점 너무 힘들어져요.

상담실습

1. 현재 이 사람의 감정과 생각은 어떤 것인가?

2. 어떻게 공감적 이해를 해 주겠는가?

3. 문제를 구체적으로 정의해보라.

4. 상담목표

5. 실천행동

  대안 1) _____

  대안 2) _____

	긍정적 효과	부정적 효과
대안 1		
대안 2		

11 슬픔 상담

죽음불안과 애도 과정 죽음이란 누구에게나 찾아오고 피할 수 없는 것이다. 또 누군가 대신해 줄 수도 없는 것이다. 그러나 대부분의 사람들이 죽음을 싫어하고 생각하기조차 꺼린다. 그것은 '개똥밭에 굴러도 이승이 낫다'는 말처럼, 죽음은 안 좋은 것이라고 생각하기 때문이다. 그래서 사람이 죽으면 슬퍼하기도 하지만 무서워하기도 한다. 죽음에 대한 불안은 죽음이 임박한 사람들에게서 많이 나타나지만, 심리적으로 건강하고 성숙한 사람은 죽음을 비교적 두려워하지 않는다. 또한 젊은이나 중년보다는 오히려 죽음 가까이에 있는 노인들이 죽음에 대한 불안이 적다고 한다. 특히 성공적으로 노화하시는 분, 내세에 대한 믿음이 있는 분들은 죽음을 그다지 두려워하지 않는다. 하지만 애도 과정을 원만하게 치르지 못하였을 경우, 죽음에 대한 불안이 병적으로 나타날 수 있다.

그래서 잘 사는 것도 중요하지만, 잘 죽는 것도, 그리고 살아남은 자가 고인을 잘 보내는 것도 매우 중요하다. 대체로 사람들은 누가, 언제, 어떻게 죽었느냐에 따라 슬픔의 정도가 달라진다. 우리는 자신의 욕구를 가장 많이 충족시켜주는 사람이 갑자기 죽었을 때 가장 슬퍼한다. 우리가 어머니를 일찍 여의었을 때 가장 슬퍼하는 것은 이런 이유 때문이다. 또 자식을 잃으면 가슴에 묻는다고도 한다. 그만큼 슬픔이 크다는 것이다. 그러나 누가 죽었든지, 특히 배우자가 죽었을 때는 양면감정이 있을 수 있다. 일생을 살아오면서 좋은 일도, 궂은일도 있었기 때문이다. 그래서 배우자가 죽으면 슬픔으로 가슴이 저린 사람이 있는 반면에, 병풍 뒤에 가서 웃는다는 말도 있다.

그러나 문제는 죄책감이나 회한으로 괴로워하거나 장기간 슬픔의 충격에서 벗어나지 못하고 죽은 자에 집착하는 경우이다. **애도 과정**이란 상실을 딛고 회복되어 가는 일종의 재적응 과정이다. 즉 충분히 울고 슬픔을 표출함으로써 고인이 없는 현실을 수용하고, 마음으로부터 고인을 떠나보내고 새로운 삶 속으로 돌아와야 한다. 이 과정이 순조롭지 못할 경우, 상실감이나 죄책감에 빠져서 새로운 삶에 적응하는 데 어려움을 겪는다. 따라서 슬픔상담은 애도 과정을 정상적으로 해결하도록 돕는 데 그 목적이 있다.

슬픔상담에는 몇 가지 원칙이 있다(Worden, 1991). 우선 애도자의 표현되거나 잠재된 정서를 다루고, 이를 충분히 표현하고 슬퍼할 시간을 준다. 그리고 고인이 없는 현실을 받아들이고, 고인의 빈자리를 새로운 일이나 인간관계로 대치시키는 정서적 재배치를 촉진시킨다. 또한 재적응을 방해하는 장애물, 즉 무력감이나 우울증상을 극복하고 새로운 삶 속으로 활기차게 돌아오도록 지속적인 지지가 필요하다. 이 과정에서 상실로 인한 특별한 방어기제가 고조될 수 있으며, 개인에 따라 다양한 애도양상이 나타날 수 있는데 이런 개인차는 수용해야 한다. 그러나 병적이고 복잡한 슬픔반응을 보일 경우 임상 전문가에게 의뢰할 필요가 있다.

사례 6개월 전에 우리 바깥양반이 갑자기 저세상으로 가버렸어요. 좋게 저녁 먹고 TV 연속극도 보고 잠자리에 들었는데, 아침식사를 차려 놓고 그래도 안 일어나기에 흔들어 깨웠더니 죽어 있더라고요. 어떻게 장례를 치렀는지… 그저 멍한 상태에서 눈물 한 방울도 나지 않더라고요. 장례가 끝나자 친척들, 자식들은 모두 쏜살같이 사라져 버렸어요. 텅 빈 집에 우두커니 앉아 있으니 온갖 생각이 다 났습니다.

남편과 나는 그렇게 잘 맞는 사이는 아니었어요. 젊었을 때는 "늙으면 보자"하고 살았으니까요. 남편이 일찍 퇴직해서 집으로 들어오자 난 답답해져서 친구들이랑 동남아로 설악산으로 실컷 여행 다니면서 밥도 제대로 못해 주었지요. 그런 와중에 자식들도 출가해서 떠나고 둘만 남았는데 양로원 같더라고요. 우린 취미와 성격이 달라서 서로 따로 놀았습니다. 바깥양반은 주로 집에 있고 나는 돌아다니고… 방도 따로 썼지요. 그러다가 어느 날 갑자기 죽어버린 거예요. 그러니까 정확히 몇 시에 죽은 줄도 모르죠.

그 사람이 죽은 뒤로 난 사람들 만나기가 싫습니다. 자식들도 보기가 두려워요. 말은 하지 않지만 아마 자식들도 내가 저희 아버지한테 늘그막에 너무했다고 생각하고 있을 거예요. 요즈음은 친구도 만나기가 싫고, 먹기도 싫고, 밖에 나가기도 싫고 매사가 귀찮습니다. 밤에 잠을 자면 꿈에 자꾸 그

양반이 나타나요. 손짓을 하는 것이 나하고 어디를 같이 가자고 하는 것 같아요. 안 가려고 버둥거리다 깨어나면 온몸이 식은땀으로 젖어 있지요. 아마도 나를 데리고 가려고 그러나 봐요. 어두워지는 것이 무섭습니다.

상담실습

1. 현재 이 사람의 감정과 생각은 어떤 것인가?

2. 어떻게 공감적 이해를 해 주겠는가?

3. 문제를 구체적으로 정의해보라.

4. 상담목표

5. 실천행동

　　대안 1) _____

　　대안 2) _____

	긍정적 효과	부정적 효과
대안 1		
대안 2		

제6장

집단상담

1) 집단상담과 개인상담

저명한 사회학자 Margaret Mead는 "사람은 타인들과의 일정한 관계 속에서만 존재할 수 있다"고 했다. 우리는 좋든 싫든 다른 사람들과 더불어 기쁨도 슬픔도 고통도 함께 나누면서 살아간다. 가정, 학교, 직장, 사회단체, 국가라는 집단에 소속되어 타인들과 상호작용하는 가운데, 우리는 타인에게 영향을 받기도 하지만 남에게 영향을 주기도 한다. 이런 바탕에서 집단활동이나 집단상담은 개인의 태도와 행동을 이해하고 개선하는 데 매우 효율적인 장(場)으로 활용되어 오고 있다.

그러면 개인상담과 집단상담은 어떻게 다를까? 개인상담에서는 문제의 탐색과 해결이 상담자와 내담자 두 사람의 노력에 의해 수행된다. 하지만 집단상담에서는 이것이 집단에 참여한 멤버들의 역동적 상호교류에 의해 이루어진다. 여기서 '역동적 상호교류'란 집단상담에 참여한 멤버들이 상호 피드백을 주고받으면서 서로를 자극하고 영향을 주는 움직임과 흐름이다. 집단상담에서는 참여자의 대인관계양식, 감정표현, 사고방식, 태도와 행동패턴이 탐색되고 수정되는 과정이 주로 집단지도자의 안내 아래 참여자들에 의해 수행된다. 말하자면 참여자들 각자가 내담자인 동시에 상담자의 기능도 수행한다. 따라서 집단상담에서는 비교적 '정상적' 범위에 있는 개인을 대상으로 하며, 심한 개인적인 문제가 있거나 집단의 응집력을 파괴할 위험이 있는 사람은 적절치가 않다.

집단상담의 목적은 주로 개인이 자신의 문제, 감정, 사고, 태도와 행동에 대한 통찰력을 개발하고 바람직한 자기관리능력과 대인관계능력을 획득하도록 도와주는 데 있다. 대체로 집단상담에 참여한 사람들은 나뿐 아니라 다른 사람들도 유사한 문제를 가지고 있으며 자신도 남을 이해하고 도와줄 수 있다는 것을 경험하게 된다. 또 감정과 생각을 솔직하게 주고받음으로써 자신과 타인을 이해할 수 있고, 자기의 결함에도 불구하고 타인들에게 배척당하지 않을 수 있다는 사실을 깨닫게 된다. 또한 집단상담을 통해서 멤버들 간에 정서적 유대감을 느낄 수 있으며 상호 이해심과 협동심을 배양하는 기회가 될 수도 있다.

개인상담에 비해 집단상담의 장단점은 다음과 같다. 먼저 집단상담에서는 동시에 여러 내담자를 상담할 수 있기 때문에 시간, 에너지, 경제적인 면에서 효과적이다. 또한 내담자들은 개인상담보다 집단상담을 더욱 쉽게 받아들이기 때문에 본격적인 개인상담이 필요하나 아직 마음의 준비가 안 된 내담자에게 일차적으로 집단상담을 권할 수 있다. 또한 남녀노소 할 것 없이, 실생활에 매우 근접한 사회적 장면이 반영되기 때문에 개인의 습관, 태도, 행동을 평가하는 데 매우 사실적이고 현실적이다. 참여자들이 상호간에 깊은 사회적 교류 경험을 가질 수 있다.

2) 집단지도자 자질

집단지도자는 개인상담자가 갖추어야 할 고도의 인간 이해와 의사소통능력은 물론, 집단역동에 대한 이해력을 갖추고 집단을 책임 있게 이끌어갈 수 있는 전문적으로 훈련된 상담자라야 한다. 집단에서 지도자의 자질은 그 자체가 하나의 통합된 치료 도구이기 때문이다. 즉 지도자의 성격, 가치, 신념, 동기, 욕구, 생활철학, 인생경험은 이론적 토대와 함께 통합된 치료양식으로 집단상담 과정에 반영된다.

그의 기지, 재치, 유머는 집단의 상호작용에 영향을 미치고, 그의 인간적 모습은 바로 집단의 윤리와 직결된다. 특히 지도자의 모델링, 즉 솔직하고 민감한 반응, 상대방을 배려하는 직면, 적절한 자기노출은 지도자의 성격이 기법 사용에 반영되는 좋은 예이다. 따라서 지도자는 자신의 성격, 가치, 욕구, 동기를 인식하고 있어야 하며, 이런 것들이 어떻게 집단 과정에 영향을 미치는지에 민감해야 한다. 이를 위해 집단지도자는 항상 자신에게 주의를 기울이고 집단 내에서 자신의 경험, 즉 영향력과 방향성, 열정과 의지, 반응성을 습관적으로 민감하게 검색해서 자신을 조율할 수 있어야 한다. 무엇보다 중요한 역할은 내담자의 경험을 그의 입장에서 이해하고 배려하여 치료적 풍토를 조성하는 것이다.

따라서 집단지도자는 집단이 어떻게 기능하는지를 알아야 하고, 실제 집단을 운용하는 데 필요한 기술과 기법들을 습득해야 한다. 이 기법들을 자신의 독특한 개인적 스타일을 반영하고 발전시키는 방식으로 사용해야 한다는 점이 중요하다. 즉 기법을 사용하는 데 창의성과 다양성이 있어야 한다. 집단지도자는 항상 실험적 태도를 가지고 기법들을 여러 방식으로 작업해보고 자신의 독특성과 창의성을 개발해 나갈 필요가 있다.

지도자의 상담 기법이나 능력은 집단상담에 대한 전문서적을 읽거나 몇 번의 강좌를 수강해서 얻어지는 것은 아니다. 집단상담의 능력은 다년간 전문적인 워크숍 참여, 유능한 지도자로부터의 슈퍼비전 경험을 통해서만 향상될 수 있다. 즉 자신이 직접 집단원으로 참여해보는 훈련이 지도자로서의 능력을 연마하는 가장 좋은 방법이다.

3) 집단상담의 윤리적 문제

집단상담 과정에서는 몇 가지 윤리적 문제가 등장할 수 있다. 첫째, 기법의 오용 문제이다. 집단 과정에서 기법을 활용할 때, 물론 탄탄한 이론적 토대

위에서 사용되어야 하지만, 어떤 기법 사용에 확신감이 없을 때에도 자신의 예감을 믿고 시도해볼 수는 있다. 하지만 만약 이러한 개입이 효과를 거두지 못했을 경우, 실수를 인정하고 회복방안을 모색하는 용기가 있어야 한다. 집단원의 직면을 회피하기 위해서, 혹은 지도자 자신의 두려움을 감추기 위해서 기법이 사용되어서는 안 된다. 이런 점에서 집단지도자의 실제 집단경험은 기본적 윤리문제와 직결된다. 따라서 집단을 시작할 때 지도자의 집단경험과 경력에 대해서 미리 집단원들에게 알릴 필요가 있다.

둘째, 비밀보장의 문제이다. 흔히 집단원에게 적절한 피드백을 주기 위해 집단활동 장면을 녹화하는 경우가 있다. 이때 집단원의 동의 없이는 절대로 녹음이나 녹화를 해서는 안 되며, 집단원은 녹음이나 녹화 이유, 사용처를 알 권리가 있다. 집단원의 비밀을 보장하기 위해서 녹화된 자료는 지도자와 집단원만이 함께 사용할 수 있으며, 홀로 집에 가져간다든가 하는 행위는 비밀누출의 우려가 있다. 그리고 녹화된 자료가 더 이상 교육적으로 사용할 필요가 없을 때는 삭제되어야 한다.

셋째, 집단 진행과정에서 집단원에게 부당한 압력이 있어서는 안 된다. 모든 집단원이 집단활동에 적극적으로 참여하도록 촉진될 필요는 있지만, 그렇다고 모든 집단원이 반드시 집단활동에 참여해야 한다고 압박감을 주어서는 안 된다. 적절한 때마다 참여에는 선택의 여지가 있음을 말해줄 필요가 있다. 가끔 어떤 참여자는 위험한 노출을 한 뒤에 더 이상 작업을 원하지 않는 경우가 있는데, 이때 작업을 계속하도록 강요하기보다 작업을 하고 싶지 않은 이유를 물어보는 것이 낫다. 때론 다른 집단원이 한 사람에게 압력을 가하는 경우가 있는데, 이럴 경우 지도자는 압력을 가하는 집단원에게 "왜 그 사람의 이야기를 듣고 싶나요?"라고 물어보면서 중재할 수 있다.

또한 집단원이 원하지 않을 때는 신체적 접촉을 강요해서도 안 되며, 부적절하게 카타르시스를 유도해도 안 된다. 가끔 집단원 중에는 심각한 정서적 노출 후에 평정을 되찾지 못하고 통제력을 상실해 버리는 경우가 있다. 따라서 카타르시스를 사용할 경우, 지도자는 그 결과와 영향에 대해 분명히 인식하고 있어야 하며 이를 다룰 수 있어야 한다. 집단원이 결석을 하거나, 아주 집단을 떠나려 할 경우에는 이를 허락해 주어야 한다. 다만 집단 전체에 떠나려는 이유를 말하게 하고, 그것이 집단 전체에 어떤 영향을 미치는지 설명해 주어야 한다.

2 집단상담 진행 기법

Gerald Corey는 오랜 집단지도 경험을 통해서 집단상담의 진행과정을 집단형성 단계, 초기 단계, 과도기 단계, 작업 단계, 종결 단계의 5단계로 나누어 설명하고 있다(Corey, Corey, Callanan, & Russell, 2004). 그의 이론을 바탕으로 집단 진행의 5단계 특성과 과제, 그리고 각 단계를 효율적으로 진행하기 위해 개입하는 기법들을 살펴보자.[12] 여기서 기법이란 내담자의 자기탐색, 통찰, 자기이해, 행동변화를 촉진하기 위한 지도자의 개입이다. 즉 문제에 초점 두기, 정서 과장 및 확장하기, 갈등 탐색하기, 행동 연습하기 등의 절차에서 보이는 지도자의 적절한 질문과 개입이다. 여기에는 다양한 이론적 접근에서 파생한 역할극, 문장 완성하기, 요약하기, 해석 등이 활용된다.

---

12. *Group techniques*(3rd ed.)(Corey et al., 2004), 집단상담의 실제(이은경, 이지연 역, 2006) 참조.

1) 집단 형성 단계

집단원을 모집하여 심사를 통해 선발하고 집단활동을 위한 준비를 시키는 과정이다.

집단원 모집과 선발 집단원은 안내지를 통해서, 혹은 개인적 접촉이나 내담자를 의뢰할 수 있는 사람(동료, 교사, 목회자, 의사)을 통해서 모집할 수 있다. 이때 집단의 주요목표, 어디에서, 얼마 동안 지속되는지, 어떤 주제가 탐색되는지, 어떤 종류의 집단이 될 것인지, 집단지도자의 자격과 배경 등이 명시된 제안서가 제시되어야 한다. 어떤 집단에서든 모집 과정에서 집단원은 집단의 목표, 기본 절차, 참여가치, 위험사항, 집단 참여에서 기대할 수 있는 점 등을 알 권리가 있기 때문이다. 특히 정신건강센터, 진료소, 병원에서 집단 구성을 하려면 집단참여자가 프로그램의 목표와 가치에 대해 확신을 갖도록 할 필요가 있다.

일단 집단원이 모집되면 그중에서 누구를 참여시키고 누구를 배제할지는 집단의 목적 및 목표와 직접적 상관이 있다. 즉 집단의 목적에 따라 치료집단, 심리교육집단, 과제활동집단 등 다양한 유형의 집단이 구성될 수 있다. 집단유형에 따라서는 적절하지 않은 사람이 참여할 경우, 오히려 그의 성장에 해가 될 수도 있다. 따라서 집단지도자가 참여희망자를 개별적으로 면담하는 것이 바람직하며, 이런 개인적 접촉은 상호 신뢰감 확립은 물론, 집단 참여에 대한 두려움을 감소시켜 집단 진행에 도움이 된다. 하지만 시간제약을 받을 경우 집단면담을 할 수도 있다. 만약에 한 집단원이 참여하고 싶어 하나 적절치 않을 경우, 그 이유를 분명히 설명하고 적절하게 의뢰할 필요가 있다. 다음은 집단원 선발 시 유용한 질문들이다.

- 집단에 참여하기를 원하는 이유는 무엇입니까?
- 이전에 집단치료나 개인치료를 받은 경험이 있습니까?
- 이 집단의 목표와 성격을 이해합니까?
- 이 집단에 참여하는 것에 대해 두려움이 있습니까?
- 당신이 직면한 문제를 이야기할 준비가 되어 있습니까?
- 당신의 생활을 비판적으로 볼 수 있습니까?
- 당신에 대해 무엇을 가장 알고 싶습니까?
- 이 집단 활동을 통해 얻고 싶은 것은 무엇입니까?

집단원 오리엔테이션　집단을 시작하기 전, 선발된 집단원과 예비만남을 갖는 것이 바람직하다. 이 모임의 목적은 집단활동에 대한 보다 상세한 정보를 제공해 줌으로써 앞으로 참여할 집단이 자신에게 적절한지 판단하고 준비하도록 오리엔테이션하는 데 있다. 이런 만남을 통해서 집단원은 서로 친밀해지고 집단의 목표, 절차, 규칙, 기능을 더 명료하게 알게 되며, 참여 과정에서의 위험, 두려움, 비밀보장의 문제를 탐색하고 논의할 수 있다. 시간제약 때문에 예비모임이 어려울 경우 초기 집단모임이 오리엔테이션 회기가 될 수 있다. 하지만 집단원이 효율적으로 집단활동에 참여할 수 있는 준비는 몇 번의 만남을 통해서 차츰 발전되어 나간다.

　오리엔테이션에서 집단참여자에게 필요한 정보를 주는 효율적 방법은 집단지침과 제안점을 담은 자료를 나누어 주는 것이다. 다음은 성장 집단을 위한 전형적인 집단지침과 제안점이다. 집단 유형과 특성에 따라 융통성 있게 선택하거나 수정 보완하여 사용할 수 있다.

① 목표를 명료하게 해서 거기에 초점을 두어라 : 집단에 참여하는 목적은 자기 자신에게서 무언가를 발견하려는 것이다. 집단에서 나누고 싶은 문제

가 무엇인지, 원하는 변화가 무엇인지를 검토하고 적어봄으로써 거기에 초점을 두고 이야기를 나눌 수 있다.

② 자발성과 열의를 가지고 적극적으로 참여하라 : 집단은 일상생활보다 자신을 표현하기에 더욱 안전하고 자유로운 장소이다. 평상시보다 적극적으로 표현하고 행동하라. 말할 차례가 될 때까지 한없이 기다리지 말고 하고 싶은 말이 있으면 간단하게 표현하라. 이는 시간을 독점하라는 것은 결코 아니며, 미처 말을 꺼내지 못하는 사람을 배려하는 민감성도 보여라.

③ 자신을 개방적으로 표현하되 감정을 표현하라 : '지금-여기'에서 경험한 생각과 감정을 표현한다. "내 생각은… 합니다"가 생각을 표현한다면, "왠지 좀 부끄럽습니다"는 감정을 표현한 것이다. 자신 안에서 부정해 온 감정을 표현함으로써, 그 감정이 자신에게 어떤 영향을 미쳤는지 탐색할 수 있다. 집단은 이런 어려운 감정에 초점을 둠으로써, 분노와 같은 다양한 감정을 효율적으로 표출하는 방법을 터득할 수 있게 한다. 또 "지금 좀 지루하게 느껴지는군요"처럼, 현재 경험한 집단 진행에 대한 감정을 즉시 표현할 수도 있다.

④ 스토리텔링하지 말고, 자기노출 수위를 조절하라 : 자신에 관한 이야기를 너절하게 나열하면 다른 사람의 주의를 산만하게 할 뿐이다. 해결하고자 하는 문제에 초점을 맞추어 관련된 것만 말하는 것이 좋다. 집단에서는 평소보다 많이 노출하는 모험을 하지만 그 내용이 노출하기 어려운 것일 경우, 솔직히 그 어려움을 알릴 필요가 있다. 노출은 자신을 위한 것이기 때문이다. 자신을 '고집쟁이', '왕따', '외로운 사람' 등으로 미리 규정해 버리지 말라. 이런 낙인은 집단활동이 지속되는 동안 당신을 그렇게 보게 하는 효과가 있다.

⑤ 피드백을 제공하되 조언, 해석, 질문은 삼가라 : 집단원의 반응에 대해

자신이 느낀 감정과 생각을 피드백할 때, 배려하고 존중하는 자세로 하라. 문제의 해결책보다 관심과 공감적 이해를 전달하려고 노력하라. 선의의 조언에도 사람들은 위축될 수 있으며 해석이나 질문공세는 상대방을 방어적으로 만들 우려가 있다. 꼭 질문을 하고 싶으면 그 이유를 설명하고, 단순한 호기심보다 진정한 관심에서 비롯된 것임을 보여주어라. 특히 제삼자의 입장에서 어떤 사람에 대해 이야기하지 말라.

⑥ 피드백에 대해 마음을 열어라 : 집단원이 피드백을 줄 때, 이를 모조리 수용하거나 변명이나 반박하기보다, 마음을 열고 그들이 무엇을 말하고자 하는지 이해하려고 노력하라. 집단 안에서는 새롭게 이해받을 기회가 더 많지만, 모든 집단원이 당신을 완벽하게 이해하기는 어렵다. 당신이 자신의 갈등이나 정서적 취약성을 이야기할 때, 집단은 당신의 다양한 측면을 보게 되지만, 그렇다고 당신의 모든 것을 표현한 것은 아니지 않은가? 마찬가지로 다른 집단원도 자신의 일부만을 표현하기 때문에 당신이 그를 완전히 이해하기란 어려울 것이다.

⑦ 집단 내에서 시도해본 것을 삶 속에서 실험해보라 : 집단 안에서 시도했던 자기표현, 행동 등 모든 것을 그대로 행하려는 부담감을 가질 필요는 없다. 스스로 적절한 행동을 계획할 수도 있다. 또 즉시 변화가 일어날 것이라고 기대하지 말라. 설령 퇴보한다고 해도 좌절하거나 중단하지 말라. 변화는 시간이 걸리며 스트레스 상황에서는 예전의 익숙한 방식으로 되돌아갈 수도 있다. 중요한 것은 당신이 변화할 수 있다는 믿음이다.

⑧ 비밀보장의 규칙을 지켜라 : 집단 안에서 일어난 경험이나 주고받은 내용은 비밀을 보장하는 것이 관례이다. 만약 타인에게 꼭 집단활동에 대해 말하고 싶다면 현재 집단 안에서 배운 것과 자신의 경험을 말하라. 또한 집단활동 중에 비밀보장에 대한 의심이 간다면 언제든지 문제를 제기하

라. 이러한 불신은 적극적인 집단참여에 방해가 되기 때문이다.

⑨ 출석에 대한 요구 : 개방집단인지 폐쇄집단인지에 따라 그 지침이 다르다. 폐쇄집단인 경우, 처음 집단을 기획할 때 집단원에게 출·결석에 대한 지침을 주지시킨다. 이는 집단원이 들쑥날쑥하면 집단의 응집력과 신뢰도가 떨어지기 때문이다. 16주 프로그램의 전형적 사례를 보면 반드시 출석해야 하며 16회기 중 3회 이상 결석 시 집단활동을 그만두도록 요청한다.

집단 형성 유형　집단 형성은 집단의 목표, 구성원의 욕구와 특성에 따라 다양한 유형으로 조직될 수 있다. 우선 폐쇄형과 개방형이 있다. **폐쇄형 집단**은 처음 참여했던 사람들로 끝까지 진행하는 경우이다. 이런 집단은 응집력이 강하고 안정되어 있으나, 도중에 탈락한 사람이 많을 경우 집단의 크기가 너무 작아질 우려가 있다. 반면에 **개방형 집단**은 진행 중간에 새로운 사람을 유입시키는 경우이다. 이런 집단은 집단원 간의 의사소통이나 수용, 지지가 부족하고 집단의 흐름을 방해할 수도 있으나, 오히려 집단 진행에 활기를 불어넣는 경우도 있다. 집단지도자는 이를 잘 활용하여야 한다.

　또한 구조화 집단과 비구조화 집단이 있다. **구조화 집단**은 상담자가 집단의 목표와 과정을 정해 놓고 집단을 주도적으로 이끌어가는 경우이다. 이럴 경우 추구하는 공통의 목표를 달성하는 데 시간과 경비가 절약되고 소극적인 집단원의 참여를 촉진하는 장점이 있지만, 깊은 수준의 경험을 하기는 어렵다. 스트레스 관리, 대인관계 훈련, 부모역할 훈련, 잠재력 개발 훈련 등 특정 과제 달성이나 교육을 목표로 한 심리교육집단에서는 주로 구조화된 방법을 많이 사용한다. 반면에 **비구조화 집단**은 집단의 목표, 활동방법, 과제를 집단 진행 과정에서 집단원의 욕구에 따라 정해 가기 때문에 집단원의 자발성과 상호 역동이 더욱 중요시된다. 흔히 이런 비구조적 상황에서는 저항과 불안이 있을 수 있기 때문에, 집단 초기에 집단의 규범, 집단원의 역할, 진행절차에 대해 설명을 듣거나 DVD를 보면서 구조적 절차를 거친 후에 비구조적 과정으로 들어갈 수도 있다.

또한 기간에 따라 단기, 장기, 거주 집단으로 나누어볼 수 있다. 개인적인 혹은 대인관계 문제를 가진 사람에게 적극적인 태도와 대안행동을 실습시키기 위해 집단을 기획할 때, 대체로 10~16주 단기 프로그램을 기획하는 경우가 많다. 이런 경우 보통 한 집단이 8명으로 구성되고 주 1회 두 시간 동안 진행되는데, 어느 시점에 도달하면 6시간의 집중적 회기를 기획할 수도 있다. 집단 활동이 진행됨에 따라 그 회기의 의제는 집단원이 결정하게 된다. 장기집단은 주로 치료를 목적으로 여러 해 동안 지속되는 정신분석 집단이 좋은 예이며, 거주 집단은 산이나 전원의 조용한 환경 속에서 일주일 정도의 워크숍을 통해 창의적이고 생산적인 적응을 도모하는 기획이다.

집단지도자의 준비 집단회기를 시작하기 전 잠시 긴장을 푸는 시간적 여유를 갖는다. 집단원이 많을 경우 공동지도자를 활용할 수도 있다. 만약 공동지도자가 있다면 집단진행과정 기록을 검토하면서 함께 호흡을 맞추어볼 필요가 있다. Corey는 집단지도자들에게 일기쓰기를 권하고 있다. 즉 집단을 이끌 때 무엇이 가장 좋았고, 가장 두드러진 것은 무엇이었으며, 집단을 이끄는 데 방해가 되는 요인은 무엇이었는지, 그리고 나 자신은 집단으로부터 어떤 영향을 받고 있으며 집단 진행에 얼마나 열중하고 있는지 자신의 생각과 느낌을 적어본다.

2) 초기 단계

집단상담의 초기 단계에서는 서로 친해지기, 신뢰감 쌓기, 집단의 규준과 기능, 효율적 참여방법 익히기, 개인적 성장목표 구체화하기 등이 주요한 과제이다. 처음 집단에 참여하면 집단지도자든 집단원이든 약간의 불안을 느끼는 것이 보통이다. 지도자는 과연 내가 이 집단을 효과적으로 이끌어 나갈 수 있을지, 신뢰를 형성할 수 있을지 불안할 것이다. 집단원은 나름대로 내 자신을 어떻게 드러낼지, 드러낸 후 어떤 결과가 올지, 과연 집단참여의 효과가 얼마나 있을지 불안하고 궁금할 것이다.

초기 회기에서 가장 중요한 것은 집단원이 서로 알아가면서 친밀해지고, 자신의 문제를 이야기해도 될 만한 안전한 곳인지 집단의 분위기를 파악하고 신뢰감을 쌓아 가는 것이다. 집단 내 신뢰감 형성은 집단원의 참여활동은 물론 집단지도자의 역량에 달려있다. 즉 집단원이 '지금-여기'에서 경험하는 느낌과 생각을 얼마나 민감하게 자각하여 솔직하게 표현하는지, 그리고 이러한 반응을 집단지도자가 얼마나 효율적으로 다루어 나가는지에 따라 신뢰감 형성이 달라진다.

따라서 집단지도자는 처음부터 개인적 문제를 탐색하기보다, 집단원이 서로 친밀해져서 안전감을 느끼도록 신뢰하는 분위기를 형성하는 데 초점을 두어야 한다. 집단지도자는 집단원이 '지금-여기'에서 경험하는 감정과 생각을 개방적으로 표현하도록 고무시킴으로써, 집단참여에서 오는 두려움과 기대를 탐색할 수 있다. 이를 원만히 다루어 나감으로써 안전감과 신뢰감을 쌓아나갈 수 있다. 집단원은 이러한 과정을 통해 집단 활동에 생산적으로 참여하는 방법을 익혀 나가게 된다. 또한 집단지도자와 집단원은 함께 집단의 구체적 규준을 만들어 나가며, 개개인이 집단에 참여하게 된 동기를 분명히 하고 개인적 성장목표를 찾아 구체화하는 작업을 할 필요가 된다.

집단상담을 하기에 가장 적절한 장소는 주위가 산만하지 않은 아늑한 곳이다. 시끄럽고 통풍이 안 되고 너무 춥거나 더우면, 집단원이 개인적 문제를 탐색하는 데 주의를 집중할 수가 없다. 너무 편안하고 비형식적인 분위기역시 부주의와 산만함을 초래할 수 있다. 또한 사적인 자유가 보장되는 곳이어야 하며 자주 장소를 옮기는 것보다는 연속성이 있는 것이 좋다. 좌석배치역시 중요한데, 너무 멀리 떨어져 있거나 서로 시선을 접촉할 수 없으면 심리적으로 가까워질 수가 없고, 너무 가까이 밀집되어 있으면 억지로 친밀감을 형성하도록 부담을 주게 된다. 적절한 물리적 거리에서 서로 얼굴을 마주보고 시선을 접촉할 수 있어야 다른 사람들의 반응을 민감하게 지각할 수 있고 친밀감을 형성하는 데 도움이 된다.

친밀해지기 집단원 간에 친밀감을 형성하기 위해 가장 많이 사용되는 기법은 '자기소개하기'이다. 자기소개하기 방법으로는 이름 알기, 다른 사람 소개하기, 소집단 활용하기 등이 활용되고 있다.

이름 알기 집단원들이 자발적으로 자신의 이름과 간략한 자기소개를 하는 데, 다음 사람은 이전에 소개한 사람들의 이름을 기억해서 반복하도록 하는 방법이 있다. 이런 방법은 서로 이름을 빨리 기억할 수 있고, 기억해야 할 이름목록이 길어지기 전에 솔선해서 나설 가능성이 있어 신속한 진행에 도움이 된다. 이때 기계적으로 돌아가면서 자기소개를 하거나, 소개하는 동안 질문하거나 반응하는 것은 바람직하지 않다. 소개방식을 약간 변형시켜서, 집단지도자가 특정 내용의 자기소개를 요구할 수도 있다. 예를 들면, "여기에 어떻게 오게 되었으며, 이 집단 활동에서 무엇을 기대하나요?", "이 집단에 들어와서 느낀 점, 감정과 생각은 어떤 것인가요?" 등을 물어볼 수 있다. 이때 3~5분의 시간제한을 할 수 있는데, 지도자는 집단원이 할당된 시간을 어떻게 활용하는지 주시할 필요가 있다.

다른 사람 소개하기 두 사람씩 짝을 지어 서로 번갈아 가면서 자신의 이야기를 나눈 후, 상대방을 전체 집단에 소개하는 방법이다. 이 방법은 자신을 표현하는 연습을 하는 효과가 있다. 이때 한쪽이 상대방에게 질문공세를 가해서는 안 되며, 전체 집단에서 노출하고 싶지 않은 내용은 사전에 파트너에게 이야기하도록 한다. 이 활동은 보통 한쪽이 10분씩 말하도록 하여 20분간 지속되는데, 지도자의 역할은 두 사람이 공평하게 말하고 듣도록 화자가 청자로 바뀔 시간을 알려주는 것이다. 전체 집단에서 소개할 때, 소개내용을 변형시키도록 요구할 수 있다. 즉 상대방이 말한 내용을 구체적으로 소개하지 않고, 들을 때 자신의 감정과 생각이 어떠했는지 자신이 받은 영향을 말하도록 할 수도 있다.

소집단 활용하기 집단원이 두 사람 혹은 세 사람씩 짝을 지어서 이야기를 나눈 후, 새로운 짝으로 바꾸어가면서 대화를 나누는 방법이다. 그런 후 두 사람, 세 사람씩 짝진 그룹을 합쳐서 좀 더 큰 소집단을 만들어 활동하게 하는 방법이다. 이때 지도자가 특별한 대화주제(집단참여 동기, 현재 느낌)를 제시해 줄 수도 있다. 허용된 대화시간은 소집단의 크기에 따라 2~10분까지 조절할 수 있다. 마지막에 지도자는 전체 집단에서 각 소집단에서 나눈 내용과 경험을 간략하게 나누도록 한다. 이러한 방법은 모든 집단원을 적극적으로 집단 활동에 개입하게 하는 이점이 있는데, 주로 특별한 주제를 중심으로 활동하는 심리교육집단에서 유용하게 쓰인다.

이상과 같이 다양한 자기소개 방법을 활용해서 친밀감을 증진시키는 과정에서, 집단지도자는 도입 부분부터 적극적으로 개입할 수 있다. 즉 집단을 시작하는 자신의 감정, 집단에 기대하는 것과 희망사항, 집단지도 시의 경험이나 개인적인 내용을 노출할 수도 있다. 진행 과정에서는 모든 사람이 공평하게 이야기를 나누도록 하는 것이 중요한데, 이를 위해서는 말없는 집단원을 독려할 수도 있고, 이 사람 저 사람에게 초점을 옮기기 위해서 앞서 제시된 질문들을 활용해서 이야기 주제를 계속 유지하도록 할 수도 있다.

목표 설정하기 집단 초기의 주요과제는 집단의 방향을 설정하기 위해, 집단원이 여기서 무엇을 얻고자 하는지 구체적 목표를 설정해서 거기에 초점을 두도록 돕는 것이다. 가끔 집단원 중에는 자신이 여기서 무엇을 얻고자 하는지 그 목표가 매우 모호하고 일반적인 경우가 있다. 지도자는 이를 보다 구체화하도록 도울 필요가 있다. 예컨대 한 집단원이 "나는 효율적으로 의사소통하는 방법을 배우고 싶어요"라고 했을 때, 이것은 매우 일반적인 목표이다. 이때 지도자는 "당신이 대인관계에서 가장 어려움을 느끼는 점은 무엇입니까?"하고 물음으로써 보다 구체적인 목표를 탐색해 나가도록 촉진할 수 있다.

집단에서 다룰 목표를 구체화하도록 촉진하는 데는 다양한 기법이 활용되고 있다—기록하기(편지, 일기, 질문지 작성), 독서, 인생선 그리기, 자서전 쓰기 등. 먼저 기록하기를 보면, 첫 회기에서 집단원에게 이 집단에서 가장 말하고 싶은 것, 얻고 싶은 것, 변화하고 싶은 것을 자신에게 편지하는 방식으로 쓰도록 한다. 이것을 집에서 작성하여 두 번째 회기에서 이를 자료로 토론할 수도 있고, 혹은 마지막 회기에 개봉할 수도 있다. 이때 주지사항은 간결하고 구체적 용어로 기술하며 달성가능한 현실적인 목표를 세우고, 이것을 집단의 일반적 목표와 관련지을 필요가 있다. 이때 직접 편지를 쓰는 대신에 문장 완성하기와 같은 구조화된 질문지를 활용할 수도 있다. "내가 이 만남에서 가장 말하고 싶은 것은 _____이다", "나 자신에게서 가장 바꾸고 싶은 것은 _____이다"(부록 1.1).

그리고 집단에서 경험한 자신의 감정, 생각, 행동을 일기로 써서 다음 회기에서 다룰 자료를 추출할 수도 있고, 인생의 특정 시기를 회상해서 기술함으로써 집단에서 다룰 문제를 구체화하고 그때의 감정에 초점을 둘 수도 있다. 이 외에도 집단에서 다룰 주제와 관련된 독서과제물을 제시함으로써, 자신이 집단에서 나누고 싶은 삶 속의 문제에 대한 사전 지식을 얻게 하고 목표를 구체화하여 초점을 두게 할 수 있다. 이때 독서과제는 지도자가 선정해 줄 수도 있고 집단원이 스스로 선택할 수도 있다.

한편 장·노년층을 대상으로 삶의 적응에 대한 문제를 다루는 집단에서는 인생선 그리기, 자서전 쓰기 기법이 도움이 될 것이다. 인생선 그리기에서는 나의 인생의 전환점, 위기의 순간들, 성취의 절정, 발전 혹은 퇴보의 시기 등을 지도로 그리게 하거나, 혹은 자신의 인생을 과거-현재-미래로 나누어 상징적으로 그리게 한다. 그런 다음 두 사람씩 짝을 짓거나 소집단 혹은 전체 집단에서 그 내용을 함께 나누게 함으로써 상징적인 주제에 초점을 두게 한다.

자서전 쓰기에서는 전 생애를 돌아보면서 젊은 시절의 꿈, 중요한 인물들과의 관계, 의미 있는 사건들과 강렬한 정서경험 등을 회상해서 쓰도록 한다. 이때 주의할 점은 단순한 스토리를 나열한 것이 아니라 특정한 사건, 인물, 상황이 자신에게 어떤 개인적 의미가 있었는지에 초점을 두도록 하며, 이것을 현재의 삶과 연관 짓도록 한다. 이 과정에서 집단에서 다루고자 하는 문제의 실마리를 찾을 수가 있을 것이다.

지금-여기에서 반응하기 첫 회기에는 집단원이 자신의 감정이나 행동에 주의를 기울이고 '지금-여기'에서 느끼는 감정과 생각을 명확하게 인식해서 표현하도록 도와주는 것이 중요한 일이다. 이를 위해서 "지금 집단 안에 있는 기분이 어떠한가요?", "무슨 생각이 가장 많이 떠오르나요?", "어떤 기대를 갖고 있나요?" 등을 자주 물어보기도 한다. 혹은 집단원을 조용히 둘러보고 개개인에 대해 자신이 받은 느낌을 말해보라고 한다. 이때 집단지도자는 집단원의 말하는 내용보다 말하는 양식에, 즉 '무엇을 말하는지'보다 '어떻게 말하는지'에 주의를 기울일 필요가 있다.

두 번째 회기에서는 "지난 주 집단활동을 마치고 돌아갈 때 무슨 생각이 들었습니까?", "오늘 여기에 오면서 무슨 생각이 들었습니까?", "지난 주 집단경험에서 가장 인상적이었던 것은 무엇입니까?" 등을 물을 수 있다. 이러한 질문의 목적은 집단 안에서 자신이 받은 영향에 주의를 기울이고, 자신의 느낌과 생각을 마음속에 담아두지 말고 표현하는 것이 중요하다는 것을 인식시키는 데 있다.

집단에 참여하게 된 동기가 된 삶 속의 문제에 대해 이야기할 때도, 다른 사람보다는 자신에 대해서 더 많이 구체적으로 이야기하도록 도와줄 필요가 있다. 설령 타인에 대한 이야기를 한다고 해도 그로 인해 자신이 어떤 영향을 받았는지에 초점을 두도록 한다. 이를 위해 다음과 같은 질문을 할 수 있다. "당신의 현재 삶에 만족합니까?", "생활 속에서 걱정의 근원은 무엇입니까?", "당신이 하고자 하는 일을 방해하는 것은 무엇입니까?", "달리 어떤 구체적인 대안이라도 있습니까?"

그러나 집단이 처음 시작될 때는 **초기 저항**이 나타날 수 있다. 즉 서로를 알기 전에는 어색하기도 하고, 낯선 사람들에게 자신의 문제를 털어놓고 싶지 않을 수 있다. 이러한 초기 저항은 아주 자연스러운 현상이다. 이때 억지로 입을 열게 하는 것보다는, 현재 자신이 말하고 싶지 않은 심정, 마음이 내키지 않는 이유를 표현하도록 고무시키고, 실제 모델링을 해 주는 것이 효과적인 방법이다. 다음과 같은 질문을 활용할 수 있다. "말씀들이 없으시군요. 말을 꺼내기가 어려우신 이유는 무엇입니까? 현재 느끼고 계신 감정이나 생각을 자유롭게 말해주셨으면 합니다."

만약에 집단원이 아직 마음의 준비가 되어 있지 않은데 자기노출을 부추기거나, 초기의 불안과 두려움을 너무 빨리 극복하도록 밀어붙인다면 저항은 더욱 심해질 것이다. 특히 한 집단원이 정서적으로 깊이 개입된 문제를 너무

일찍 노출했을 경우 집단원들의 불안과 저항은 더욱 커진다. 따라서 집단지도자는 이러한 저항의 징후를 민감하게 알아차려서, 그것을 숨기지 않고 표출하도록 격려하고, 한 집단원이 자기노출을 할 때 집단과 보조를 맞춰 조절하도록 도와주어야 한다.

신뢰감 형성하기 집단 안에서 신뢰감이 형성되는 데는 지도자의 능력이 결정적인 영향을 미친다. 집단지도자는 집단원의 요구에 주의를 기울이고 존중하는 마음으로 반응해야 한다. 자신의 기대와 경험에 대한 솔직한 표현과 적절한 자기노출을 통해 집단원과 좋은 관계를 유지하는 것이 중요하다. 또한 집단원이 '지금-여기'에서 느끼는 감정과 생각을 자각해서 직접 표현할 수 있도록 유도한다. 그들이 느끼는 불신과 두려움을 민감하게 알아차리고 이를 효율적으로 다룰 때 신뢰감이 형성될 수 있다.

집단이 진행되는 과정에서 신뢰감은 증가하기도 감소하기도 하며, 이러한 현상은 여러 가지 형태로 나타난다. 특히 한 개인이 노출하기 매우 어려운 자신의 문제를 이야기하려 할 때 신뢰감의 문제가 부상하게 되는데, 이때가 신뢰감을 형성하는 좋은 기회이기도 하다. 중요한 문제는 집단 내의 신뢰감이 감소하고 있다는 사실보다는, 이 사실을 집단원들이 얼마나 솔직하게 인정하고 표현해 주는지다. 따라서 집단 진행 과정에서 신뢰감 형성에 가장 방해가 되는 것은 집단원들 마음속에 불신감이 잠재해 있는데 그것이 표출되지 않은 경우이다. 그래서 우선 집단지도자는 숨겨진 불신감을 확인하고 이를 다루어야 한다. 만약에 불신감이 잠재되어 있는 채로 집단 진행을 밀고 나간다면, 불신은 점점 더 커지고 어색한 침묵이 흐르면서 집단은 서서히 멈추게 될 것이다.

대체로 집단 내에 신뢰감이 형성된 경우 그 기미가 보인다. 예컨대 집단원들이 자신에게 초점을 두고 현재 느끼고 있는 감정과 생각을 자유롭게 표현하고 있다. 그리고 다른 사람의 비난이나 평가에 대한 두려움이 없이 자신의 문제를 이야기하고 다른 사람들의 피드백에 주의를 기울인다. 또한 다른 사람의 노출과 반응에 관심을 가지고 솔직하게 피드백을 주고받으며, 때론 지지하기도 하면서, 집단원들이 적극적으로 활동하는 분위기이다.

반면에 신뢰감이 부족한 경우, 우선 집단원들이 지극히 말을 아끼면서 길게 침묵이 흐른다. 집단원은 자기를 표현해도 간접적으로 표현하며 단지 몇 명하고만 느낌과 생각을 공유하고 있다. 그리고 갈등을 탐색해서 다루려고 한다기보다는 갈등이 있다는 사실조차 부인하며, 때로는 긴 이야기 끝에 화제가 빗나가기도 하고 감정을 숨기고 이지적으로 말한다. 또한 자신의 관심사보다는 타인에게 초점을 두고 조언이나 도움을 주는 데 주력한다. 이처럼 집단원들이 자신의 반응을 억제하기 시작하면 집단은 서서히 활기를 잃어 간다.

그러면 집단지도자는 어떻게 집단 내 신뢰감과 안정감을 촉진할 수 있을까? 우선 집단원이 자신과 다른 사람들, 집단 지도자에 대해 갖고 있는 불안과 두려움을 탐색해서 확인하고, 그것을 효율적으로 다루어 나가야 한다. 집단원은 '내가 과연 여기서 나 자신을 제대로 표현할 수 있을까', '상대방에게 상처를 주지 않을까', '남들이 나를 어떻게 평가할까'하는 불안감을 가질 수도 있고, 집단지도자를 친밀하기보다는 권위주의적인 인물로 볼 수도 있다. 다음은 집단지도자가 집단원이 두려움을 탐색해서 확인하도록 도와주고 다루어 나가는 사례이다.

> 지도자 : "말씀들이 없으시군요. 무언가 마음속에 두려움이나 불안감을 감추고 계신 것은 아닌가요? '섣불리 말을 꺼냈다가 혹시 실수라도 하지 않을까'하는 그런 걱정 말입니다. 실은 문제가 되는 것은 그러한 두려움

보다 그 두려움을 감추고 표현하지 않은 것이거든요. 부담 없이 현재의 심정을 이야기해보세요."

집단원 A : "나는 이 집단에서 내가 무슨 봉변을 당할지 두렵습니다."

지도자 : "눈을 감고 당신이 최악이라고 생각되는 상황을 한번 상상해보세요."(눈을 감는 것은 외적자극을 차단하고 내면에 초점을 두게 한다.)

집단원 A : "다른 사람들이 나를 우습게 여기는 것 같아요."

지도자 : "좀 더 자세히 말해보세요."

집단원 A : "다른 사람들이 날 비난할까 두렵습니다. 어떻게 반응해야 할지 모르겠어요. 울음이 터져버릴 것 같아요. 바보처럼 보이겠지요?"

지도자 : "A씨, 이제 눈을 뜨고 주위를 둘러보세요. 여기서 누가 당신이 생각하는 것처럼 반응할 것 같습니까?"

집단원 A : "B씨예요."

지도자 : "당신의 두려움에 대해 더욱 자세히 말해보시겠어요?"(그의 노출에 대해 B씨를 비롯한 다른 집단원에게서 피드백을 받도록 격려한다.)

일단 두려움이 확인되면, 그것을 다루는 데는 몇 가지 방법이 있다. 우선 지도자는 A씨가 집단을 돌면서 각 집단원이 자신에게 반응할 것 같은 내용을 소리 내어 말하도록 함으로써 두려움을 약간 과장해서 직면시키는 방법이 있다. 또한 모든 집단원이 A씨와 유사한 두려움이 있는지, 그것을 어떻게 다루는지를 이야기하도록 격려할 수 있다. 또 하나의 방법은 집단원들에게 "어떤 상황이면 자신의 문제를 거리낌없이 노출할 수 있겠습니까?"하고 묻는 것이다. 대답은 다양할 것이다. 어떤 사람은 '다른 사람들도 똑같은 심정이라는 것을 안다면'이라고, 혹자는 '타인들이 비난이나 평가를 하지 않고 지지해 준다면'이라고 말할 수 있다.

또 다른 방법은 두 사람씩 짝을 지어 어떨 때 불신감이 생기고 어떨 때 신뢰감이 생기는지 서로 이야기를 나누도록 하고 그 내용을 전체 집단에서 말하도록 한다. 또한 집단이 두 회기 정도 지나고 서로 어느 정도 낯이 익으면, '이 집단에서 누구에게 가장 친밀감을 느끼고, 누구에게 가장 거리감을 느끼는지'를 집단원 스스로 생각해보게 한 후, 그 내용을 말할 의향이 있는지 물어볼 수 있다. 이 방법은 집단원 상호 간에 어떤 영향을 주고받는지에 대한 토론을 촉진할 수 있으며, 집단원 간에 의심, 의혹이 있다면 이를 다룰 필요가 있다.

이러한 다양한 기법들은 집단원에게 자신의 내면의 감정과 생각을 솔직하게 표현하게 하고, 문제가 되는 것은 그러한 감정과 생각이 아니라, 그것을 표현하지 않는 행동이라는 사실을 깨닫게 한다. 사실상 신뢰감은 불안과 두려움, 저항에 대한 탐색과 확인, 그리고 그것을 다루는 과정에서 차츰 쌓이게 된다.

회기의 시작과 종결 각 회기를 시작할 때는 집단원이 출석했음을 알리는 정도의 간단한 말을 돌아가면서 하도록 한다. 처음부터 한 사람에게 초점을 맞추어 버리면 공동의 주제로 연결하는 데 지장이 생긴다. 그리고 회기와 회기 사이를 연결하는 것이 좋은데, 특히 이전 회기에서 남아 있는 것이 있을 경우 더욱 그러하다. 예컨대 "지난 회기에 미처 나누지 못한 이야기가 있습니까?", "지난 주 동안 어떻게 보내셨습니까?", "오늘 여기에 오시면서 무슨 생각을 하셨나요?", "오늘 회기에서 가장 나누고 싶은 것은 무엇입니까?" 등의 질문을 사용하여 활동에 초점을 두게 할 수 있다.

종결 과정 역시 중요하다. 처음 몇 회기를 종결할 때는 회기가 끝나기 전 약 10분 동안 이번 회기에서 가장 중요했던 사항에 대해 모든 집단원이 몇

마디씩 하도록 질문하는 것이 좋다. "이번 회기가 당신에게 어떤 의미가 있었습니까?", "오늘 당신이 얻고 싶었던 것을 얻었나요?" 지도자들은 제한된 시간을 참여자들이 효율적으로 활용하도록 민감하게 시간조절을 해야 한다. "이제 시간이 30분 정도 남았군요. 새로운 문제보다는 오늘 논의했던 이야기들을 정리하는 시간을 가졌으면 합니다."

회기가 끝날 무렵에 새로운 문제를 꺼냈다가 중단되면 무시당한 느낌이 들수도 있다. 만약에 시간이 없거나, 혹은 한 집단원의 활동이 방해를 받아서 미결로 남아 있을 경우, 지도자는 그에게 다음 회기에서 나누고 싶은 것을 말하도록 할 수 있다. "갈등이 해결될 실마리가 보이지 않는다고 하셨는데, 다음 주에 이 이야기를 계속하고 싶으신가요?" 그리고 다음 회기에는 "지난 번 이야기를 계속해 줄 수 있나요?"하고 물어볼 수도 있다. 회기와 회기를 연결하는 또 하나의 방법은 집단원에게 그 회기의 작업과 관련된 과제를 내주고 다음 회기에서 그 결과를 발표하도록 하는 것이다. 무엇보다 각 집단원이 특정 회기에서 다루고 싶었던 관심사를 모두 다루기는 어렵다는 것을 알 필요가 있다.

또한 회기의 마지막에 집단원이 언어 혹은 문서로, 자신의 집단 참여활동을 스스로 평가하도록 하는 시간(5분 정도)을 가져도 좋다(부록 1.2). 지도자 역시 집단 진행에 대한 논평과 자기평가를 해볼 필요가 있다(부록 1.4).

집단체험 2

친밀해지기/목표 구체화하기

◆ 두 사람씩 짝을 지어 5분씩 대화(자기소개) 후, 서로 상대방을 전체 집단에 소개한다.

◆ 목표설정 질문지(부록 1.1)를 활용하여 집단에서 말하고 싶은 것, 얻고 싶은

것, 변화하고 싶은 것에 대해 이야기를 나눈다. 지금-여기에서 느낀 감정과 생각을 솔직하게 표출한다. 지도자는 초기 저항을 다루어 나간다.

◆ 관심주제에 따라 인간관계집단과 생애설계집단으로 나누어 과제를 부과한다. 인간관계집단(부록 2.1/2.2), 생애설계집단(부록 3.1)
◆ 집단원 자기평가하기(부록 1.2)/지도자 자기평가하기(부록 1.4)

3) 과도기 단계

집단 진행 과정에서 각 단계를 구분하는 명확한 구분은 없으며 각 단계는 체인처럼 서로 맞물려 있다. 집단의 초기 단계는 직접적 노출을 꺼리면서도 삶속의 중요한 문제를 이야기하는 일종의 '허니문 단계'이다. 이어서 보다 심도 깊게 노출하고 몰입하는 작업 단계로 들어가기 전에, 그 준비를 하는 과도기를 거치게 된다. 이 과도기 단계는 불안, 방어, 저항, 갈등, 통제력을 위한 투쟁으로 특징지어진다. 즉 집단원은 자신을 더욱 깊이 노출하는 위험을 감수하면서 불안수준도 점점 더 높아진다. 이들은 다른 사람들이 나를 수용할지 거절할지, 더 노출해도 안전할지를 시험해보면서, 그냥 피상적으로 남아있을지 아니면 집단 활동에 더욱 몰입해야 할지를 갈등한다. 또한 지도자가 말과 행동이 일치하는 신뢰할 수 있는 사람인지를 탐색하며, 통제력을 얻기 위해 다른 집단원은 물론 지도자와도 갈등을 일으킨다.

이 시기에 집단원은 자신의 느낌과 생각을 보다 명확하게 인식하여 표현하고, 다른 사람의 피드백을 열린 마음으로 수용하는 방법을 배워야 한다. 다른 사람의 반응을 존중하고 배려하는 차원에서 직면하는 방법도 배울 필요가 있다. 갈등이 나타나면 이를 회피한다기보다는 민감하게 인식해서 다루어야 한다. 과도기 단계에서 집단지도자의 중요한 과제는 집단의 신뢰감과 응집력을 높이는 것이다. 이를 위해 지도자가 당면한 가장 어려운 도전은 얼마나 민감하게 적절한 시기에 적절한 기법으로 개입하는지다. 지도자는 어려운 경험을 하고 있는, 혹은 희생양이 된 집단원을 격려하고 보호해야 하며, 말과 행동이 일치함을 보여주고 원숙한 직면의 모델링이 될 필요가 있다. 지도자가 불안, 방어, 저항, 갈등 상황에서 어떻게 효율적으로 개입해 가는지 세부적으로 살펴보자.

방어행동 다루기　과도기 단계에서 집단원은 혹시나 거절당하지 않을까, 통제력을 잃어버리지 않을까, 혹은 부적절하게, 바보처럼 보이지나 않을까 하는 두려움에서 방어행동을 보이는 경우가 있다. 이러한 두려움은 이해되고 수용될 필요가 있다. 방어행동이 묵인되거나 무시되어서는 안 되며 지도자는 방어행동을 민감하게 확인해서 개입할 필요가 있다. 집단지도자는 집단원이 타인에 초점을 둔다기보다 자신에 초점을 두도록 독려해야 한다. 즉 다른 사람을 판단하고 평가하기보다는(타인 초점), 그들의 반응에서 자신이 어떤 영향을 받고 있는지(자신 초점)를 솔직하게 표현하도록 훈련시켜야 한다.

　이 시기에 주로 나타나는 방어행동은 투사, 주지화, 회피 등이다. 투사는 자신이 집단에 몰입하지 못하는 이유를 집단 밖의 다른 일이나 집단 안의 다른 사람 탓으로 돌리는 경우이다. 또한 자신에게 초점이 맞추어지는 것을 피하기 위해서 일반적 호칭(예 : 사람들은, 아무도, 모두가, 그들이)을 사용해서 말거나, 다른 사람에게 초점을 두기도 한다. 즉 다른 사람에게 끊임없이 질문을 하거나 조언을 하는 사람, 자신에게는 별 문제가 없다고 주장하는 사람이 있다. 이럴 경우 집단의 흐름이 방해받을 수도 있으며, 자신의 문제를 개방하는 다른 집단원에게는 지지적 환경을 마련해 주지 못한다. 이럴 때 집단지도자들이 어떻게 효율적으로 개입하는지 살펴보자.

투사 주지화 회피

투사

집단원 A : ○○양이 너무 공격적이라서 말을 꺼내기가 싫습니다.

지도자 : ○○양이 공격적일 때 어떤 느낌입니까?

집단원 A : 무서워요. 날 사정없이 비난할 것 같아서… 마치 우리 누나한테
야단맞는 것처럼 말입니다.

지도자 : 누나와의 관계를 좀 더 자세히 이야기해 줄 수 있나요? 야단맞았
던 경험이 있는 것처럼 들리는군요.

이처럼 지도자는 집단원이 투사한 대상으로부터 구체적으로 어떤 영향을
받고 있는지를 직접 말하게 함으로써 자기 자신에게 초점을 맞추게 하고 편
안한 마음으로 자신을 표현하게 한다. 이때 지도자나 다른 집단원은 그의 느
낌과 생각을 비판하거나 평가해서는 안 된다.

주지화

집단원 B : 누구나 다른 사람들 앞에서 사적인 이야기를 꺼내는 것은 싫어

하지요. 사람들은 남을 이해하려 한다기보다 뒤로 돌아가서 입방아 찧는 것을 더 좋아하거든요.

지도자 : 지금 말씀하신 것을 다시 한 번 듣고 싶은데요. 아까 '누구나' '사람들은'이라는 말을 하셨는데, 그 말을 '나'로 바꿔서 한번 해보시겠습니까?

집단원 B : 나는 다른 사람들 앞에서 사적인 이야기를 꺼내는 것은 싫어하지요. 나는 남을 이해하려 한다기보다 뒤로 돌아가서 입방아 찧는 것을 더 좋아하거든요.

지도자 : 그렇게 말하니 어떤 느낌이 드십니까?

이처럼 일반적인 호칭을 1인칭인 '나'로 바꿔서 말하게 함으로써 나 자신에게 초점을 맞추게 할 수 있다. 또는 일반적 호칭을 집단 안의 다른 집단원으로 대치해서 말할 수 있는지를 물어보는 방법도 있다.

회피

집단원 C : 부부관계는 좋은가요? 바깥양반은 뭐하시는 분이세요? 자녀들은 몇이나 되세요? 다들 출가했나요? 잘들 살아요? 원래 고향은 어디세요?

지도자 : 특별히 많은 것을 물어보시는 이유가 있으신가요? 혹시 질문을 통해서 얻고자 하신 것이 있으신가요?

집단원 C : 특별한 이유는 없고요. 왜들 여기 참여했는지 궁금해서요.

지도자 : 많은 질문을 받고 보니 기분이 어떠십니까?(질문받은 사람에게)

이처럼 질문하는 이유, 질문을 통해서 얻고자 하는 것을 물어봄으로써 그 자신에게 초점을 돌리게 할 수 있으며 질문 뒤에 숨겨진 자신의 근심거리를 말하도록 격려할 수도 있다. 집단 진행 중에 나타나는 질문의 종류는 다양한 데, 모든 질문이 저항이나 회피가 아니라, 호기심을 충족시키고 엿보기 위한, 종결 지향적인, 질문을 유도하는, 탐색을 방해하는 질문 등은 집단의 에너지를 앗아가기 때문에 이를 다루어 중지시키는 것이 바람직하다.

침묵·독점 다루기 집단 활동에 적극적으로 참여하지 않고 시종일관 침묵을 지키는 경우, 이 모두가 방어나 저항은 아니다. 가끔은 말수가 적은 것이 개인의 습관이나 수줍고 내성적인 성격 때문일 수도 있으며 이를 변화시키고자 하는 욕구가 내면에 있을 수도 있다. 따라서 지도자는 왜 이 사람이 침묵하는지 그 이유를 파악할 필요가 있다. 침묵하는 집단원에게 지나치게 초점을 두고 본인은 미처 준비가 안 되었는데 강제로 입을 열도록 압력을 가할 경우, 더욱 입을 닫고 철회할 가능성이 있다. 다음은 침묵하는 사람을 다루는 사례이다.

> 지도자 : 모든 분들이 지금-여기에서 느끼는 감정과 생각을 활발하게 나누어 주시면 제가 집단을 진행하는 데 도움이 됩니다. 침묵을 지키시면 제가 집단을 잘못 이끌어가고 있는 게 아닌가 하는 생각도 들고요. 그동안 집단에 참여해 오신 느낌이 어떠했는지 말씀을 해보시겠습니까?
>
> 집단원 A : 시종일관 침묵을 지키시는 분들 앞에서 내 자신을 드러내자니, 나만 벌거벗은 느낌이 들더군요. 그리고 내 노출에 별 반응이 없으니 도대체 저 분들은 날 어떻게 생각하는지 몰라 불안하기도 하고요.(능동적인 집단원)
>
> 집단원 B : 저는 말하는 것보다 듣는 것이 더 편해요. 다른 분들이 여기서 말하는 것을 들으면서 더 많은 것을 얻고 있어요.(침묵하는 집단원)
>
> 지도자 : 구체적으로 어떤 것을 얻고 계신가요? 여기서 더 얻기를 원하시는 것이 있나요?(혹은 "일상생활 속에서도 주로 듣기만 하나요? 듣기만 할

때 느낌이 어떠신지요?", "혹시 본인의 느낌이나 생각을 표현하지 않는 이유라도 있나요?")

집단원 B: 실은 집단에 처음 참여해보기 때문에, 말을 하고 싶지만 무슨 말을 해야 할지 잘 모르겠어요. 모두가 잘 돌아가고 있는데 잘못하면 실수를 할 것도 같고요.

지도자 : 다른 집단원의 반응을 유도할 수도 있고, 다음과 같은 작업을 할 수도 있다.

(집단원 B에게 다른 집단원을 한 사람씩 쳐다보며, "당신을 보니, 당신은 내가 _____ 하기를 바라고 있군요"라는 문장을 완성하게 한다).

집단원 B: 제가 말수가 적은 것이 문제가 되고 있군요. 하지만 꼭 남이 바라는 대로 세상을 살아야만 하나요?

지도자 : 당신은 말하고 싶은데 표현하지 못할 때는 어떤 느낌이 듭니까? 만약에 당신이 그것을 표현한다면 집단이 어떻게 달라질 것 같습니까?

가볍게 지금 집단에 참여한 경험이 어떠한지를 돌아가면서 말하도록 하면서, 능동적인 참여자가 침묵하는 사람에게 피드백을 주도록 격려하면서 상호 역동을 이끌어내고 있다. 침묵을 지키던 집단원은 차츰 자신에 초점을 맞추고, 다른 사람의 피드백에 반응하고 있다.

반면에 집단을 독점하는 사람은 능동적으로 집단 활동에 참여하고 있는 것처럼 보이기 때문에 흔히 그대로 놓아두는 경우가 많다. 그러나 집단원 모두가 능동적으로 참여하기를 바란다면 개입을 할 필요가 있다. 이때 말을 독점하는 사람을 배려하면서 제지하고 다른 사람의 반응을 이끌어내는 것이 바람직하다. 예를 들면 이렇게 개입한다. "P씨! 적극적인 참여가 집단에 활력을 불어넣어 주는 것 같군요. 하지만 한 분만 계속 말씀하시니 다른 분들이 말할 기회가 줄어드는군요. 다른 분들은 여기에 대해 어떻게 느끼십니까?" 집단원의 균등한 참여를 끌어내기 위해 한 집단원의 활동시간을 제한할 필요가 있을 때, 고도로 구조화된 기법으로 스톱워치나 모래시계를 사용하기도 한다.

두려움 · 저항 탐색하기 어떤 집단원은 자신의 생각과 감정을 솔직하게 표현하면 평가받지 않을까, 이상한 사람으로 보이지나 않을까, 혹은 날 좋아하지 않겠지 하는 두려움을 가지고 있다. 그래서 이들은 침묵이나 소극적인 참여로 저항한다. 예컨대 "내가 숨김없이 말한다면 날 좋아하지 않을 걸요.", "다른 사람들에게 내가 어떻게 비칠지 두렵군요.", "여기에서 왜 우리 감정과 생각을 노출해야 하나요?" 등의 말로 저항이 표출된다. 집단지도자는 이러한 두려움과 저항을 민감하게 포착해서 집단원이 현재의 경험을 직접 언어화하는 것이 자신과 다른 집단원에게 어떤 도움이 되는지를 인식하도록 다루어 나가야 한다. 이를 위해 다양한 기법이 활용되고 있는 예를 보면서 어떻게 두려움과 저항을 다루어 나가는지 숙고해보자.

집단원 A : 솔직하게 내 감정과 생각을 이야기한다면 아마 날 좋아하지 않을 걸요.

지도자 : 여기 있는 사람 중 누가 당신을 좋아하지 않을 것 같습니까?

집단원 A : 글쎄요. 직접 말씀드리기가 곤란한데요.

지도자 : 당신의 어떤 점 때문에 좋아하지 않을 것 같습니까?

집단원 B : A씨는 전혀 자신을 드러내지 않으니, 마치 속으로 우리를 평가하고 있는 것 같아서 좀 불쾌하군요.

집단원 A : 나를 표현하지 않은 것이 더 문제가 되는군요. 사실 저도 말을 하고 싶지만 왠지 말을 하려고 하면 바짝 긴장되고 더듬거리게 돼요.

집단원 C : 집단 밖의 일상생활 속에서도 그렇습니까?

집단원 A : 거의 그렇지요.

지도자 : 집단원 A에게 다음 문장을 완성해서 두려움의 목록을 만들도록 하여, 마음속에 떠오르는 것을 자연스럽게 말하도록 한다. "남 앞에서 말을 하려고 할 때, 나에게 떠오르는 것은 _____이다."

두려움을 감추고, 자신을 표현하지 않은 이유를 다른 집단원에게 투사하고 있는 집단원 A의 반응에 대해 지도자가 핵심어(좋아하지 않을 것 같다)를 좀 더 구체적으로 말하도록 질문하고 있다. 집단원 B의 직면 반응이 집단원 A 자신에게 초점을 맞추게 하고, 그 피드백을 수용함으로써 자신을 탐색하는 과정이 일어나고 있다.

집단 진행 과정에서 너무 격렬한 감정이 노출되어도 불안과 저항이 일어날 수 있다. 즉 "우리가 여기서 이렇게 감정을 온통 드러내 놓고 이야기할 필요가 있나요?"하는 의문이 제기될 수 있다. 이때 지도자는 집단의 역동을 파악하기 위해, 다른 집단원도 이런 의문을 가지고 있는지, 그리고 격렬한 감정을 주고받은 느낌이 어떤지, 그런 경험을 통해 얻은 것이 무엇인지 물어볼 수 있다. 반면에 집단의 역동이 너무 침체되어 있어도 불만이 터질 수 있다. 이때 지도자는 집단의 흐름을 객관적으로 탐색해볼 필요가 있으며, 실제 집단원이 무엇을 느끼고 경험하는지를 말로 표현하도록 고무해야 한다. 다음은 지도자가 집단원의 반응에서 핵심어를 기초로 질문을 이끌어 나가고 있는 예이다.

집단원 P : 마치 어딘가에 갇혀 있는 것 같군요.

지도자 : 다른 분들도 그런 느낌입니까? 우리 갇혀 있는 것 같은 느낌에 대해 이야기를 나누어볼까요? 어디에 갇혀 있는 것 같습니까?

집단원 Q : 마치 늪에 빠져서 허우적거리고 있는 것 같아요.

지도자 : 여기서 늪은 무엇을 의미합니까? 왜 늪에 빠지게 된 것 같습니까?

집단원 Q : 사실 이 집단에 참여하면 제 문제가 해결될 줄 알았거든요. 그런데 도무지 해결의 실마리를 찾을 수 없을 것 같아서 답답해요. 제가 지금 왜 여기에 앉아 있는지 모르겠어요.

지도자 : 집단이 문제에 대한 해결책을 제시해 줄 것이라고 기대하시는군요. 다른 분들은 집단에 대해 어떤 기대를 갖고 참여하셨습니까?

집단원 R : 누군가 묘안을 제시해준다기보다는 본인이 자신에 대해서 책임을 지고 해결책을 찾아야 할 것 같습니다. 다만 집단은 문제를 통찰하고 변화를 일으키도록 도와줄 뿐인 것 같습니다.

지도자 : 늪에서 빠져나올 방도가 있을까요?

집단원 R : 우선 Q씨의 이야기를 좀 더 자세히 듣고 싶군요.

집단원 Q : 여기서 제 이야기를 자세히 할 필요가 없을 것 같아요. 모두 젊은 사람들인데, 딸에게 섭섭한 어미의 심정을 어떻게 이해하겠어요?

지도자 : 여기서 따님과 가장 비슷하다고 느껴지는 사람은 누구입니까? 한 명만 고르세요. 그리고 마음속에 있는 섭섭함을 그 사람을 보면서 말해 보세요.

과도기는 집단의 목표를 재검토하기에 적절한 시기이다. 한 집단원이 처음 참여할 때의 기대가 어그러진 데 대한 반응을 보이자, 집단의 목표를 재검토해보고 있다. 그리고 이러한 반응을 작업하는 좋은 기회로 전환시키고 있으며, 역할극을 활용해서 자신의 감정을 표출하게 하고 있다.

지도자에 대한 도전 다루기 초기에는 지도자가 하는 대로 따랐던 집단원이 과도기가 되면 지도자에게 대면하기 시작한다. 이것은 이제 집단원이 서로 자유롭게 대면할 준비가 되었다는 것을 의미할 뿐 아니라, 자연스럽게 작업 단계로 들어가도록 길을 닦아주는 효과가 있다. 흔히 집단원은 지도자로서의 역할이나 능력, 개인적 특성에 대해 도전을 한다. 지도자가 집단원으로부터 리더십이나 집단 진행에 대한 불평과 비판을 받았을 때 이를 수용하지 않고 너무 방어적일 경우, 집단원 상호 간의 대면을 방해할 뿐 아니라 집단 안의 신뢰수준을 떨어뜨린다. 이러한 국면은 피드백을 어떻게 수용해야 하는지, 자기노출은 어떻게 해야 하는지에 대한 모델링을 지도자가 직접 보여줄 절호의 기회이다.

집단원의 도전은 다양하게 나타날 수 있다. 즉 집단 진행 방법이나 방향이 마음에 안 든다고 하든지, 자신이 얻고 싶은 것을 얻지 못했다든지 하는 불만이 터질 수 있다. "도무지 이 집단이 나에겐 아무 도움이 되지 않는군요. 계속해서 다른 사람들의 고민만 듣고 있자니 지겨운 생각이 들고 나까지 우울해지는 것 같아요. 꼭 이렇게 부정적인 문제에만 초점을 두어야 하나요? 지금 여기서 리더가 무슨 역할을 하고 있는지 전혀 보이지가 않는군요. 제가 계속 참여해야 할지 알 수가 없어요."

이러한 불평이 터져 나왔을 때, 지도자는 집단 진행 과정에서 거쳐 가는 통과의례이겠지 하고 무시해서도 안 되지만, 진행에 실패했다고 지레짐작을 하고 당황할 필요는 없다. 상대방의 반응을 수용하고 기꺼이 거기에 응하고자 하는 의지를 보여주어야 한다. 이때 "제가 어떻게 하면 도움이 되겠습니까?", "집단이 어떻게 달라졌으면 좋겠습니까?", "저에게서 무엇을 얻기를 원하십니까?"하는 질문을 활용할 수가 있다. 또한 지도자로서 집단 진행방향에 대해 전적으로 책임지기를 원하지 않으며, 집단원 모두가 책임을 공유하기를 바란다고 말함으로써 집단원의 역할과 책임을 분명히 해 둘 수도 있다. 다른 하나의 방법은 불평을 토로하는 집단원에게 지도자의 역할을 맡기면서 집단 진행을 한번 해보도록 하는 것이다.

또한 어떤 집단원은 지도자에게 개인적인 문제를 노출하도록 요구하는 경우도 있다. 예를 들면 "지도자님은 자신에 대해서는 전혀 노출을 안 하시네요. 지도자님의 이야기도 좀 듣고 싶은데요. 저희들의 문제만 노출했잖아요"하고 요청하는 경우이다. 이때 어떻게 해야 할까? 지도자가 집단원의 기대에 부응해서 꼭 자신의 문제를 노출할 필요는 없다. 물론 집단지도자는 집단원에 관한 개인적인 감정이나 생각을 나눌 수는 있지만, 집단 안에서 내담자의 문제를 제쳐두고 자신의 문제를 털어놓고 다루는 것은 바람직하지 못하다. 이러한 상황에서 지도자는 지도자와 집단원의 역할이 다르다는 점을 집단원에게 주지시키는 방법을 활용할 수 있다. 즉 "지도자와 집단원은 각자의 역할이 있지요. 지도자는 자신의 문제를 치료하기 위해서가 아니라, 집단원을 돕기 위해 여기에 와 있습니다"라고 말해줄 수 있다.

그러나 집단원이 왜 이러한 요청을 하는지 그 의도나 동기가 무엇인지는 탐색해볼 필요가 있다. 가끔은 지도자를 덜 위협적인 존재로 인식하기 위해서, 혹은 내담자 내면의 불안감이나 압박감에서 벗어나기 위해 이런 도전을 할 수가 있다. 따라서 아주 방어적이지 않고 반영적인 태도로 "내 자신에 대한 이야기를 한다면 당신에게 어떤 도움이 되겠습니까?"하고 물어볼 수도 있다. 만약에 자신을 개방해야할 필요가 있다면, 자신도 마찬가지로 삶 속에서 여러 가지 문제로 고투하면서 살고 있다는 정도의 사실을 알릴 수는 있지만 자신의 문제를 부각시켜 다루면서 집단의 흐름을 방해해서는 안 된다. 특히 자신은 세상사에 도통한 우월하고 완벽한 존재라는 인상을 주어서는 안 된다.

대부분의 지도자들이 집단을 진행할 때는 혹시 실수하지 않을까 하는 두려움이 있으며, 부적절한 개입이나 기법 사용에 대한 후회가 있을 수 있다. 그러나 실수는 항상 있을 수 있으며, 중요한 것은 그것을 얼마나 솔직히 인정할 수 있느냐이다. 실수를 솔직히 인정할 때 집단원의 신뢰는 더욱 높아질 것이다. 무엇보다 실수를 줄이는 방법은 그러한 두려움에서 벗어나는 것이다. 그리고 기법 뒤에 숨어서 자기 나름대로의 일정을 강행한다기보다는 자연스럽게 집단의 흐름을 따라가면서 직감과 창조성을 발휘할 때 집단은 가장 잘 운용될 것이다.

집단체험 3

과도기 단계 : 인간관계집단

◆ (부록 2.1)을 활용하여 자신의 도움관계망과 지지의 내용에 대해 이야기하고 감정과 생각을 나눈다.

◆ (부록 2.2)를 활용하여 자신의 갈등관계망과 갈등 원인에 대해 이야기하고 감정과 생각을 나눈다.

◆ 과제 : 부록 2.3/2.4

과도기 단계 : 생애설계집단

◆ (부록 3.1)을 활용하여 젊은 시절 꿈, 인생의 전환점, 절정기, 위기, 성공과 실패, 성장과 감퇴, 미래 전망에 대해 이야기하고 느낌과 생각을 나눈다.

◆ 과제 : 부록 3.2/3.3(지도자는 방어적 행동을 탐색해서 다룬다.)

---

4) 작업 단계

집단원이 자발적으로 다른 집단원의 작업에 참여하여 서로 자유롭게 상호작용이 시작될 때, 이것은 그 집단이 작업 단계에 이르렀다는 신호이다. 이 단계에서는 돌아가면서 개인적인 문제를 작업했던 이전과는 달리, 2명 이상의 집단원이 동시에 공통된 주제에 대해 작업하면서 응집력이 증가한다. 이 단계에서는 집단지도자가 "오늘은 누가 자신의 문제를 다루기를 원하나요?"하고 물었을 때, 대부분의 참여자들이 자신의 문제를 다루기를 희망한다. 비록 위협적인 문제일지라도 위험을 감수하면서 기꺼이 자신을 노출하며, 개방적으로 의사소통한다. 이제 이들은 집단에서 자신이 무엇을 원하는지 보다 명확히 알고 그것을 얻고자 한다.

이 단계에서도 역시 **지금-여기**에서의 감정과 생각에 초점이 맞추어진다. 특히 생산적인 집단에서는 비록 과거의 문제나 집단 밖 삶 속의 문제일지라도, 그것을 '지금-여기'로 끌어들여 그 문제에 대한 현재의 생각과 감정을 상징적으로 다룬다. 이제 집단원 간의 상호작용은 보다 솔직하고 직접적이며, 직면하는 방법도 평가적이고 비판적이지 않고 존중과 배려에 기초하고 있다. 상호 유용한 피드백을 주고받으며 이를 방어 없이 수용한다.

이제 집단원은 자신의 목표와 관심을 더욱 분명히 확인하고 여기에 대한 책임도 떠맡을 준비가 되어 있다. 대부분이 집단의 일원으로서 소속감을 느끼며, 지도자에 대해서도 신뢰감이 높아지고 그의 해석과 제안을 따른다. 하지만 지도자의 개입 없이도 집단원들 스스로 직접 의사소통이 활발하게 이루어지며, 갈등이 생겨도 이를 숨기지 않고 인식하여 효과적으로 다루어 나가게 된다. 이들은 변화에 대한 희망을 가지고 집단에서 작업한 것을 실제 생활 속에서 시도해보고, 그 경험을 집단에서 나누기도 한다.

그러나 모든 집단의 작업 단계에서 문제가 깊이 탐색되고 강한 정서적 노출과 함께 **정화작용**(catharsis)이 일어나는 것은 아니다. 예컨대 심리교육집단, 구조화된 집단, 주제-지향적 집단에서는, 비록 서로 솔직하고 개방적으로 의미 있는 의사소통을 한다고 할지라도, 덜 심각한 개인적 문제에 초점이 맞추어지고 강한 정서적 개입이 일어나지 않는다.

또한 모든 집단이 작업 단계에 도달할 수 있는 것은 아니다. 그 이유는 지도자가 무능해서라기보다는 다른 다양한 이유들이 있다. 즉 집단원이 피상적인 노출을 하면서 안전을 유지하는 수준에서 소극적으로 개입하거나, 처음부터 상대방을 배려하지 않은 거친 말투와 반응이 오가면 아무도 깊은 수준의 자기노출을 하는 위험을 감수하려 하지 않을 것이다. 작업 단계에서 깊은 정서적 노출과 개입이 일어나기 위해서는 안전하고 신뢰하는 치료적 분위기가 갖추어져야 한다. 하지만 집단의 신뢰감과 응집력은 일단 형성되었다고 해서 그대로 유지되는 것이 아니라 매우 유동적이어서, 높아졌다가 사라지고 또다시 생기기도 한다.

지도자의 역할　우선 지도자는 집단 안의 공통적인 주제를 찾아서 집단원이 여기에 초점을 맞추도록 연결시켜야 한다. 그리고 집단원의 상호과정에서 위험을 감수한 노출, 다른 사람을 배려하는 직면, 응집력과 생산적 작업을 촉진하는 반응을 격려하고 강화할 필요가 있다. 지도자 자신이 효율적인 직면과 피드백에 대한 모델링을 해줄 수 있다. 또한 적절한 때에 행동양식을 해석해 줌으로써 자기탐색을 더욱 깊이 할 수 있도록 도와야 하며, 대안적인 행동을 실행에 옮기도록 격려할 필요가 있다.

집단원의 역할　집단원은 자신이 탐색하고 싶은 문제를 기꺼이 노출하고, 다른 사람들과 열린 마음으로 피드백을 주고받을 필요가 있다. 그리고 집단역동 과정에서 자신이 어떻게 영향을 받고 있는지 솔직하게 느낌과 생각을 표출하고 자신을 직면할 수 있어야 한다. 다른 사람에 대해서도 도전과 지지를 해주면서 집단에 적극적으로 참여할 필요가 있다. 그리고 집단에서 실험해본 것을 실제 생활 속에서 행동에 옮겨보고 그 경험을 다시 집단에 가져와 나누어볼 수 있다.

보편적 주제 다루기　작업 단계에서는 보다 안전하고 신뢰하는 분위기 속에서 다양한 주제가 제기된다. 이러한 주제들을 효과적으로 다루는 최적의 기법들이 정해져 있는 것은 아니다. Corey는 기법이란 지도자의 성격과 치료

스타일, 그리고 집단의 특수한 상황에 맞게 고안될 때 가장 효율적이라고 주장하고 있다. 그는 기법을 도입하는 과정에서 지도자의 창조성과 자발성을 강조하고 있다. 지도자는 기법을 활용할 때 합리적인 이론적 근거를 가지고 있어야 하며, 집단의 특수성에 맞게 창의성을 발휘해야 한다는 것이다. 그러면 작업 단계에서 보편적으로 흔히 제기되는 몇 가지 주제를 어떻게 다루어 나가는지, 그가 소개한 다양한 기법을 살펴보자(Corey et al., 2004).

혼란 집단원 S씨가 "무엇을 어떻게 해야 할지 정말 혼란스럽군요"라고 말한다. 여기서 '혼란스럽다'는 말은 여러 가지로 해석될 수 있으나, 이 사람이 더 이상 앞으로 나아갈 수 없는 어떤 것이 있을 것이라는 가정은 할 수 있다. 그래서 그가 이 가능성을 탐색하도록 돕기 위해, "지금 무엇을 하고 싶으십니까? 당신이 원하는 것은 무엇이든지 말해보세요"라고 질문을 한다. 이러한 기법은 저항을 피해 가도록 하는 효과가 있다. 혹은 아들러 학파(Adlerian)의 'as if' 기법을 응용해서 "마치 당신이 혼란하지 않은 것처럼 상상해보세요. 이제 당신은 무엇을 하고 싶으십니까?"라고 질문을 한다. 그리고 이를 강화하기 위해서 다음 일주일 동안 마치 자신이 분명하고 확신에 찬 것처럼 행동을 해보도록 숙제를 내준다. 이러한 기법은 비효율적인 사고(예 : 혼란스럽다)나 행동이 구태의연하게 반복되는 것을 멈추게 하고 자신에 대한 책임감을 증가시킨다.

대인관계 두려움 다음은 대인관계에 어려움을 겪는 사람들에게서 흔히 나타나는 주제이다. 노인대학에 다니는 D씨가 "사람들과 가까워지는 것이 두렵습니다"라고 말한다. 이 말은 이 사람이 진정으로 사람들과 친해지고 싶지 않은 건지, 아니면 친해지고 싶은데 뭔가 잘 안 되는 것인지 진의를 파악하기가 어렵다. 만약에 지도자가 이 사람이 이런 두려움을 갖게 된 기저에 심각한 문제가 있다는 것을 알아차렸다면, 그가 '지금-여기'에서 그 두려움의 원천을 탐색하도록 다음과 같은 질문을 해볼 수 있다. "지금 여기에서 누구와 가까워지고 싶습니까? 그런데 무엇이 그것을 방해합니까?", "여기에 있는 사람들은 당신을 얼마나 친근하게 느낀다고 생각하십니까?", "무엇이 당신을 사람들에게 끌리게 하고, 또 그들을 밀어내게 합니까?", "생각은 있지만 말하지 못한 것을 여기 누군가에게 말하고 싶은 것이 있습니까?" 이러한 기법은 다른 사람들에게서 피드백을 이끌어냄으로써 그의 친밀감에 대한 두려움을 공통주제로 함께 다루어 나가도록 한다.

가끔은 이러한 대인관계 기피증이 '가만히 있으면 중간은 간다'는 신념에 근거할 수도 있다. 즉 누군가를 가깝게 사귀지 않으면 자존심에 상처도 받을 일이 없을 것이라는 생각이다. 이럴 경우, "과거 대인관계에서 상처받은 일이 있습니까?", "당신 인생에서 누가 인간관계의 모델이 되었습니까?"하는 질문을 통해 그 원천을 탐색해서 다룸으로써, 그의 대인관계 두려움에 대한 통찰을 증가시키고 사고와 행동의 변화를 이끌어낼 수 있다.

통제력 상실에 대한 두려움 대체로 집단에서 가장 많이 나타나는 두려움은 자신에 대한 통제력을 잃어버리고 미친 듯이 화를 내거나 울어버리지 않을까 하는 두려움이다. 중년 여인 Y씨가 "내 감정을 통제할 수 없을 것 같아 두려워요" 하면서 이러한 두려움을 표출한다. 어떻게 작업할 것인가? 사실상 지도자가 주의를 기울여야 할 두려움은 밖으로 표현된 두려움이 아니라, 표현되지 않은 숨겨진 두려움이다. 지도자의 중요한 역할 가운데 하나는 집단원이 내면의 두려움을 표현하고 집단 안에서 시험해볼 수 있도록 하는 것이다. 이 집단원이 자신의 통제력 상실에 대한 우려를 표현하고 있는 것은 어떤 의미에서 집단이 잘 기능하고 있다는 것을 의미하기도 한다.

따라서 지도자는 우선 "여기에서는 가능한 한 감정을 억제하지 말고 표출하도록 격려하고 있는데도 그렇게 말씀하시면, 통제력을 잃어버린다는 것이 당신에겐 무엇을 의미하는지 궁금하군요", "만약에 당신이 통제력을 상실한다면 어떤 모습일 것이라 상상됩니까?"라고 물어볼 수 있다. 여기서 중요한 점은 그의 관심을 수용하고 거기에 직면시키는 것이다. 때론 보다 유머러스한 역할극을 통해서 자신이 부질없이 두려움에 떨고 있었다는 사실을 인식시킬 수도 있다. 예컨대 "이와 유사한 두려움을 가지고 계신 분들이 있으십니까?"하고 다른 집단원을 불러내서, "만약에 당신이 통제력을 잃어버린다면 어떻게 행동하시겠습니까?"하고 자신의 행동을 상상해서 연출하도록 한다.

이러한 상호작용을 통하여 참여자들은 자기통제력을 상실했을 때의 환상이 제각기 다름을 보면서 가치 있는 정보를 얻게 될 것이다. 현실요법에서 가정한 것처럼, Corey 역시 자기통제력을 잃고 미친 듯이 행동하는 것은 가끔은 고통스러운 상황에서 심리적 생존을 위해 불가피하게 선택한 행동양식일 것이라고 상당히 수용적인 입장을 취하고 있다. 말하자면 우리는 일상생활 속에서 가끔은 통제력을 상실할 수도 있으며, 그것을 지나치게 우려한다기보다는 정서감정을 자연스럽게 표출하는 것이 더 생산적이라는 것이다.

격렬한 감정의 소용돌이 다루기 집단을 진행하다 보면 때로는 집단원 전체가 격렬한 감정의 소용돌이 속에 빠지는 경우가 있다. 이러한 현상은 집단원이 자신의 고통스러운 기억을 재경험하면서 정서감정을 억제하지 못할 때 발생하는데, 경우에 따라서는 이러한 정서적 에너지가 생산적이고 긍정적일 수 있다. 다만 지도자가 이를 어떻게 다루어야 할지 모를 때 해(害)가 될 수 있다.

우선 지도자는 현재 작업하고 있는 사람뿐 아니라 모든 집단원에게 매우 민감해야 하는데, 이때 공동지도자가 있으면 큰 도움이 된다. 격렬한 정서감정을 가라앉히는 하나의 기법은 재빨리 누구와 작업할지 결정을 내리고 그 사람한테 초점을 두는 것이다. "지금 이 방이 온통 격정에 휘말리는 것 같군요. 우리 Q씨의 문제를 다루어 볼까요?"라고 개입할 수 있다. 동시에 방 전체에 눈길을 주어야 하는데, 이들 모두가 서로를 위한 잠정적 자원을 소유하고 있고 건설적으로 상호작용할 수 있기 때문이다.

또한 한 사람보다 여러 사람의 감정이 표출되는 것이 더 나을 것이란 느낌이 들 경우, 몇 명의 작업을 한데 묶는 방법이 있다. 즉 5~6명이 가운데에 둥그렇게 앉아 서로의 감정을 공유하거나, 아니면 2명씩 짝을 지어 서로 감정을 노출하고 위안과 지지를 나누도록 할 수 있다. 이때 지도자는 이 과정이 자발적으로 아주 자연스럽게 흘러가도록 내버려둘 필요가 있다.

사람들이 정서감정에 대한 통제력을 상실하는 데는 다양한 이유가 있다. 지금까지의 과정이 통상 정서적 표출을 강화하는 작업이었다면, 이제 역으로 정서를 가라앉히고 자신을 한 걸음 물러서서 바라볼 수 있도록 돕는 작업이 필요하다. 우리가 누군가에 대한 억눌린 정서감정을 상징적으로 표출할 때는 감정이 격렬해지지만, 그 감정에 대해서 이야기하고 그 과정에서 무엇을 얻게 되었는지를 나누다 보면 차츰 마음을 가라앉히게 된다. "Q씨! 아드님이 지금-여기 있지는 않습니다. 방금 아드님에 대해서 표출한 감정을 말씀해 주시겠어요? 그리고 이 작업을 통해서 무엇을 얻고 싶으신 건지 말씀해보세요."

우리가 격렬한 정서감정을 방출하고 나면, 제정신이 돌아오고 마음이 평온해지듯이 **정화작업**(catharsis)은 이런 정도의 치료 효과가 있다. 하지만 지도자는 한 걸음 더 나아가서, 내담자가 이러한 정서적 방출을 통해서 자신에 대한 통찰력을 얻도록 도와야 한다. 즉 자신이 그 대상에 대해서, 혹은 그 상황에서 왜 그토록 격렬한 감정이 일어났는지를 깨닫고, 상황을 열린 마음으로 볼 수 있도록 도와야 한다.

자기인식과 투사 다루기   60대 여성인 K씨가 "저는 남편만 보면 괜히 무거워요. 옆에 가까이 오면 더 무거워져요"하고 하소연한다. 이 여성은 안색이 몹시 피곤해 보이고 기운이 없어 보인다. 지도자는 이 여성이 자신의 감정을 좀 더 탐색하도록 상황을 과장해서 상상해보도록 요청한다. "무거운 쌀자루를 어깨에 메고 있다고 상상해보세요. 그리고 당신이 말할 때마다 얼마나 무거움을 느끼는지 말해보세요." 지도자는 이 여성에게 각 집단원 앞에 서서 "당신이 _____하기 때문에, 내가 너무 무거워요"라는 문장을 완성하면서 돌아가도록 한다. 아마도 여러 가지 이유가 표출될 것이다. 예를 들면 "당신은 나만 보면 '밥 줘', '물 줘'하기 때문에 너무 짐스러워요", "당신은 매일 옷을 벗어던지니, 빨래하기가 너무 힘들어요", "당신은 뭐든지 자기 하고 싶은 대로 해달라고 고함을 치니 너무 부담스러워요" 등.

이렇게 한 바퀴를 돈 다음, 이번에는 "나는 _____때문에 스스로 부담을 느낀다"는 문장을 완성하면서 한 바퀴 돌게 한다. '여자로서 역할을 못한다고 할까봐서', '착한 여자로 보이고 싶어서', '인정을 못 받을까봐 두려워서' 등의 말이 표출될 수 있다. 이러한 기법은 게슈탈트 치료법의 일환으로, 이 여성이 왜 남편만 보면 그렇게 무거움을 느꼈는지에 대한 자기인식과 통찰을 제공한다.

적절한 시점에 이르러 지도자는 기법을 바꾸어 역할극을 시도할 수 있다. "K씨! 지금 Q씨 앞에 서 계시네요. 그럼 이제 Q씨가 당신 남편이라고 상상해보세요. 그리고 당신이 얼마나 힘이 들었는지 말씀해보세요." 이 두 사람이 아내와 남편의 역할을 번갈아 할 때, 때로는 자신을 아내로 혹은 남편으로 동일시하면서 분노, 죄책감 같은 감정이 표출될 수 있으며, 이것이 다른 집단원을 자극할 수 있다. 이때 지도자는 다른 집단원이 이 작업에 동참해서 피드백을 주고받도록 고무시킬 필요가 있다. 집단의 효과는 관련된 주제에 여러 사람이 동참할 때 극에 달한다고 볼 수 있다.

이제 K씨는 자신이 왜 남편만 보면 무거움을 느꼈는지, 그 이유가 남편은 물론 자기 자신에게도 있었다는 것을 깨달을 수 있을 것이다. 하지만 계속 불평을 하면서도 일단 형성된 행동은 버리기가 매우 어렵다. 그래서 사고와 행동의 변화를 일으키기 위해서는 행동주의 요법이나 현실요법을 응용해볼 수 있다. 즉 지도자는 K씨에게 행동계획을 세우도록 숙제를 내 준다—다음 일주일 동안, 남편이 뭔가를 해달라고 요구할 때 너무 부담스러우면, "내가 지금 너무 힘들거든요. 오늘은 당신이 좀 해주시겠어요?"라고 말하도록 한다. 그리고 하루에 몇 번이나 실행을 했는지 일주일 동안 실행 횟수를 기록해서 제출하도록 한다.

집단경험과 현실경험의 차이   H씨는 매우 소심한 성격이어서 복지관 동료들에게 자신의 생각과 감정을 제대로 표현하지 못하고, 이런 자기 자신에 대해 매우 속상해하고 있다. 그는 동료들에게 이야기할 때마다 혹시 이 사람 감정을 건드리지 않을까, 상처를 주지는 않을까, 혹은 비난받지 않을까 극도로 염려하면서 상대방 눈치를 살핀다. 하지만 실은 그는 자기 마음속에 있는 말을 자유롭게 하고 싶다고 호소한다.

여기서 지도자는 상황을 파악한 후, **게슈탈트 기법**과 **역할극**을 활용하고자 한다. 지도자는 집단원 몇 명을 선정하여 H씨의 복지관 상황을 연출하게 한다. 그리고 H씨에게 요청한다. "H씨! 평소에 복지관에서 어떻게 행동하셨는지 말씀해보시겠어요?" 그런 다음 "이제 이 분들을 마주보고 평소에 말하고 싶었지만 하지 못한 것들을 하고 싶은 대로 큰 소리로 말씀해보세요"하고 요청한다. 이번에는 왜 그가 타인들 앞에서 솔직한 표현을 주저했는지 그 이유를 탐색하기 위한 개입을 한다. "나는 _____때문에 당신에게 마음대로 말을 할 수가 없었다"는 문장을 완성하면서 한 바퀴를 돌게 한다. 그는 자신이 인정받기 위해서, 비난과 멸시가 두려워서, 혹은 습관적으로 그렇게 행동한 자신을 발견한다.

이제 집단원 중 한 사람에게 초점을 맞추게 한다. "H씨! P씨를 쳐다보고 평소에 했던 것과 달리 하고 싶은 대로 말씀을 해보세요. 어떤 느낌이 드십니까?" 이때 지도자와 다른 집단원은 함께 동참하여 자신의 느낌과 생각을 피드백해 줄 수 있다. 이 과정에서 H씨와 집단원은 자신의 행동이 타인에게 어떤 영향을 미치는지, 대인관계에서 어떻게 효율적으로 사람들을 대할 수 있을지를 배우게 된다.

H씨는 다음 주에 복지관에 나가서 동료들에게 집단에서 연습한 대로 말을 해본다. 그런데 이들의 반응은 집단원의 반응과는 매우 달리 공격적이어서 상당히 당황한다. 그는 다음 회기에 집단에 와서 "집단경험과 현실경험은 상당히 다르더군요"라고 말한다. 이처럼 집단 활동을 통해서 익힌 것을 현실세계 속에서 시험해볼 때 생기는 괴리를 당신은 어떻게 다룰 것인가?

대체로 집단 활동에서 획득한 것을 실제 일상생활 속에서 그대로 수행하는 데는 어려움이 있다. 그 이유는 현실세계는 집단 안처럼 그렇게 안전하고 지지적인 분위기가 아니기 때문이다. 따라서 변화된 행동을 그대로 수행할지는 선택의 문제이다. 중요한 것은 개인이 당면한 상황이 얼마나 신뢰할 수 있으며 안전한지를 파악하기 위하여, 그리고 거기에 따라 자기개방의 수준을 결정하기 위하여 또 다른 연습이 필요하다. 예컨대 만약에 집단 안에서 한 것처럼 일상생활 속에서 가족, 직장동료, 친구들에게 말한다면 어떤 결과가 올지 의견을 나누어본다. 그리고 대상과 상황에 따라 무엇을 말하고 무엇을 말하지 말아야 할지를 판단할 수 있도록 상호 피드백을 주고받는다. 이러한 작업은 집단경험과 실제세계 사이의 간격을 좁히도록 도와줄 것이다.

집단체험 4

작업 단계 : 인간관계집단

◆ 부록 2.3, 부록 2.4를 활용하여 인간관계에서 경험한 보상과 대가, 역할기대
와 수행의 불일치, 역할과중과 역할갈등에 대해 이야기하고 피드백을 나누면
서 갈등의 원인을 분석해본다.

◆ 부록 2.5를 활용하여 자신의 대인관계스타일을 재평가해보고 상호 피드백을
통해 개선점을 탐색해본다.

작업 단계 : 생애설계집단

◆ 부록 3.2, 부록 3.3을 활용하여, 과거-현재-미래 삶의 핵심 가치와 목표, 라
이프 밸런스를 비교해보면서 피드백을 주고받는다(지도자는 혼란, 통제력 상
실, 격렬한 감정의 소용돌이를 다루어 나간다).

5) 종결 단계

집단을 끝내는 것은 시작하는 것과 마찬가지로 가장 중요한 작업이다. 그 이
유는 시작은 집단의 방향을 설정하는 시점인 반면에, 끝은 집단 활동에서 배
운 것을 공고히 하고 새로운 행동계획을 세우는 시기이기 때문이다. 만약에
배운 것을 검토해보고 실행에 옮기려는 노력을 하지 않는다면 집단에서 얻은
것들을 곧 잊어버리게 될 것이다.

집단회기가 미리 결정되어 있는 집단에서는 마지막 회기 이전 회기에서 종
결을 다루어야 한다. 종결 단계에서 수행해야 할 과제는 집단경험 정리하기,
이별의 문제 다루기, 새로운 행동계획과 미래 설계하기 등이다. 이제 집단원
은 집단을 끝내는 데 대한 자신의 느낌과 생각, 상실감을 표현하도록 고무받
게 된다. 지도자는 다음과 같이 말함으로써 집단원이 남은 시간을 최대한으
로 활용하도록 북돋을 수 있다. "이제 시간이 얼마 남지 않았군요. 이번이 당신이

원하는 문제를 다룰 마지막 기회라고 가정해보세요. 어떻게 시간을 활용하시겠습니까?"

집단경험 정리하기 우선 지도자는 집단원이 집단 활동에서 겪은 절정경험들, 즉 갈등, 긴장과 불안, 따뜻함과 친밀감을 느낀 중요한 순간들을 다시 회상하면서, 이를 통해 배운 중요한 삶의 교훈을 통합하도록 기회를 준다. "이제 그동안 우리가 함께 해왔던 시간들을 회상해봅시다. 초기의 회기들을 생각나는 대로 떠올려보세요. 당신에게 가장 의미 있었던 경험, 혹은 가장 기억에 남은 인상적인 것은 무엇입니까?"

또한 어려웠던 순간들, 말하지 못한 것이 후회되는 점들을 나눌 수가 있다. "이 집단에서 가장 힘들었던 순간은 언제입니까? 유익하지 않았던 점이 있으면, 솔직하게 나누어 주세요. 말하지 않는 것은 말하는 것보다 훨씬 더 나쁘다는 것을 명심하세요." 이때 비록 솔직하게 반응하도록 격려할지라도 서로에게 비판적이거나 부정적인 것을 말해서는 안 되며, 가능한 한 긍정적으로 기억되도록 도와야 한다.

집단원이 집단경험을 정리할 때는 일반적이고 포괄적인 말보다는 구체적으로 말하도록 촉진할 필요가 있다. 예를 들면 "그동안 참 좋은 경험을 했고, 많이 배웠습니다"라고 말할 때, "특별히 어떤 점이 좋았습니까? 특별히 배운 것은 무엇입니까?"라고 촉진할 수 있다. 이러한 구체적인 기술은 변화를 위한 행동 계획을 세우는 데 좋은 지침이 될 수 있다.

또한 피드백 역시 구체적이어야 한다. 그동안 배운 것을 공고히 해야 하는 이 시점에 새로운 반응, 새로운 문제를 쏟아내는 것은 바람직하지 않다. 구체적인 반응들, 특별히 인상 깊었던 것, 그리고 간략한 코멘트가 가장 바람직하다. 그리고 듣는 사람도 피드백에 대해 반응하기보다는 조용히 듣는 것이 더 좋다. 마지막 피드백 과정은 '문장 완성하기'를 활용해서 진행될 수도 있다. 나는 당신의 _____이 가장 인상적이었습니다. 당신에게서 가깝게 느꼈던 점은 _____이었습니다. 당신이 두려운 점은 _____이었습니다. 당신에게 바라는 점은 _____입니다.

이별의 상실감 다루기 가끔 집단원 가운데는 종결에 대한 저항을 보이는 경우가 있는데, 지도자는 그 신호에 주의를 기울여야 한다. 즉 농담이나 주지화가 많고 집중도가 떨어질 때, 오래전에 작업했던 문제를 새삼스럽게 꺼낼 때, "이제야 작업을 할 수 있는 것 같은데 집단이 끝난다"는 불평이 나올 때는 종결에 대한 저항의 신호이다.

이러한 신호가 보일 때, 지도자는 집단원에게 집단을 끝마치는 데서 느끼는 이별의 감정을 솔직히 나누도록 할 필요가 있다. 어떤 집단원은 실제 현실 속에서는 집단에서처럼 친밀함과 배려, 지지가 없기 때문에 믿고 개방할 수 없을 것이라며 상실감을 겪을 수도 있다. 이때 지도자는 "이 집단에서 친밀감이 형성된 것은 결코 우연한 일이 아니지 않습니까? 그동안 우리가 어떻게 해서 친밀하고 신뢰하는 분위기를 형성하게 되었습니까?"하면서 그 과정을 재인식시키고, 이를 실제생활과 연관시키도록 격려할 수 있다.

행동계획과 미래설계 이제 새로운 행동계획을 구체화해서 미래를 설계하는 과제가 남아 있다. 지도자는 집단원에게 미래(6개월, 1년, 3년 후)에 자신이 어떻게 변화되었으면 하는지, 그리고 이러한 변화를 이루기 위해 무엇을 할지를 물어볼 수 있다. 이때 단순히 자신의 소망을 말하기보다는, 전체 집단원이 미래의 어느 시점에, 어느 장소에서 만나는 것을 상상해서, 그 상황을 '지금-여기'로 끌어들여 서로의 생각을 나누는 심리극 형태를 빌릴 수도 있다. 또 하나의 기법은 자신이 이루고 싶은 변화에 대해 기록하도록 하고 이

계약서를 큰 소리로 읽고, 다른 사람들은 이를 수행하는 데 필요한 구체적인 제안을 해주고 실현가능성에 대한 코멘트를 해줄 수 있다.

추후 지도　집단의 효율성을 평가하고 집단원이 집단경험을 통해 얻은 것을 극대화하기 위해 추후 지도를 할 수 있다. 그 방법은 집단이 끝난 후, 2~3주, 2~3개월 후에 집단원과 개별적인 면담을 하거나, 집단 전체가 모이는 추후 회기를 정할 수도 있다. 이때에는 자신의 행동계획을 어느 정도 수행하고 있는지, 수행하는 데 어떤 어려움이 있는지, 혹시 미해결된 과제가 있는지 등의 문제를 이야기하면서 다른 집단이나 개인상담을 추천해 줄 수도 있다. 그리고 집단이 끝난 후에는 집단원들이 전화나 직접 만남을 통해서 주기적으로 만나서 서로 자극과 지지를 받도록 고무시킬 필요가 있다.

지도자는 집단상담의 효과를 알아보기 위해서 마지막 회기와 추후지도 회기에서 각각 집단원의 평가를 받아볼 수 있다. 집단이 종료된 직후와 어느 정도 시간이 흐른 후에 집단원이 집단 활동에 대해서 느끼는 것은 다를 수 있기 때문이다. 평가지 중 하나는 집단에 대한 만족도와 자신의 집단 참여 수준을 평가하도록 요구하는 것이다. 다른 하나는 집단 활동 중 가장 의미 있는 경험, 가장 도움이 되었던 것과 도움 되지 않았던 것, 삶에 있어서의 변화, 가장 영향력 있는 기법 등을 개방형으로 물어볼 수도 있다.

집단체험 5

◆ 부록 1.3을 활용하여 절정, 갈등, 긴장의 순간을 반추하고 좋은 경험, 배운 것 등을 이야기하면서 집단경험을 정리하며, 이별의 느낌과 감회를 나눈다.

◆ 미래 생애설계 및 행동계획을 기록한 계약서를 작성하여 선포한다.

◆ 부록 4 '심리적 안녕감 척도'를 실시한 후, 첫 번째 실시 결과와 비교해본다.

◆ 추후 지도에 대해 언급한다.

부록

1) 목표설정 질문지[13]

집단 초기 집단원들이 목표설정을 구체화하도록 촉진하기 위해 활용할 수 있다.

1) 내가 이 집단활동을 통해 가장 원하는 것은 _____ 이다.

2) 마지막 만남에서 내가 말할 수 있기를 가장 바라는 것은 _____ 이다.

3) 다음 몇 주 동안 이 집단에 참여할 것을 생각하니, _____ 이다.

4) 이 집단에 참여하는 것에 대해 나는 _____ 두려움이 있다.

5) 이 집단에서 다루고 싶은 개인적인 관심사 중 하나는 _____ 이다.

6) 나는 가끔 _____을 느낀다.

7) 내 자신에게서 가장 바꾸고 싶은 것은 _____ 이다.

8) 내 자신에 대해 내가 특별히 좋아하는 점은 _____ 이다.

2) 집단원 자기평가 양식(초기)[14]

집단 초기 단계에서 몇 회기 동안 집단원의 참여수준을 자기평가하도록 하는 데 활용될 수 있다. 다음 각 문항을 읽고, '매우 그렇다'(3점), '약간 그렇다'(2점), '그렇지 않다'(1점)로 구분하여 1~3점까지 표시해보라.

1) 나는 적극적으로 집단활동에 참여하려는 열의가 있다.

2) 나는 이 집단에서 꺼내고 싶은 내용이 무엇인지 명료하다.

---

13. *Group techniques*(3rd ed.)(Corey et al., 2004) pp. 56 발췌.

14. *Group techniques*(3rd ed.)(Corey et al., 2004) pp. 87 발췌.

3) 나는 내가 가지고 있는 문제를 기꺼이 다른 사람들과 나누어보고자 한다.

4) 나는 집단에서 내가 얻고자 하는 목표가 분명하다.

5) 나는 내가 느끼는 감정과 생각을 솔직하게 표현할 수 있다.

6) 지루함, 분노, 불안, 불신감 등 부정적인 감정도 솔직하게 표현할 수 있다.

7) 나는 다른 사람들의 말을 경청하고, 이들에게 직접적으로 반응을 해 준다.

8) 나는 다른 집단원들로부터 어떤 영향을 받고 있는지를 솔직하게 알려준다.

9) 나는 다른 사람의 반응에 대해 배려하고 존중하는 자세로 피드백한다.

10) 나는 다른 사람에게 충고, 조언, 질문보다는 관심과 공감적 이해를 하려고 한다.

11) 나는 타인들의 피드백에 대해, 변명이나 반박하지 않고, 무슨 말을 하려는지를 이해하고자 한다.

12) 나는 이 집단에서 새로운 행동을 실험해보고, 이를 실제 삶 속에서 실행해볼 작정이다.

3) 집단원 자기평가 양식(종결)[15]

집단 종결 시, 마지막 회기나 추수 지도 회기에 필요한 문항들을 발췌해서 활용할 수 있는 질문지이다.

1) 이번 집단경험이 당신의 삶에 어떤 영향을 주었습니까?

2) 이번 집단경험 중 당신에게 가장 중요한 경험은 어떤 것이었습니까?

3) 집단경험을 통해 당신 자신, 인간관계, 삶의 양식 등에 대해 특별히 깨달은 점이 있으십니까?

---

15. *Group techniques*(3rd ed.)(Corey et al., 2004) pp. 178 발췌.

4) 집단경험으로 인해 특별히 당신 삶에 찾아온 변화는 무엇입니까?

5) 집단지도자의 지도 스타일에 대해 어떻게 생각하십니까? 특별히 인상적이었던 기법이 있었습니까?

6) 집단에서 한 결정을 실제 생활 속에서 실행하려고 할 때, 당신이 직면한 문제는 무엇입니까?

7) 당신의 집단참여로 인해 주변의 주요 인물들에게 어떤 영향을 미쳤나요?

8) 만약에 이 집단에 참여하지 않았다면, 당신의 삶은 어떻게 달라졌을까요?

4) 집단지도자 자기평가 양식[16]

집단지도자는 공동지도자와 함께 자신들의 효율성을 평가해봄으로써 집단 진행에 도움이 되는 의논을 해볼 수 있다. 다음 각 문항을 읽고, '매우 그렇다'(3점), '약간 그렇다'(2점), '그렇지 않다'(1점)로 구분하여 1~3점까지 표시해보라.

1) 나는 내 성격, 가치, 동기, 욕구를 잘 알고 있다.

2) 나는 집단 모임에 열의를 가지고 개입하고 있다.

3) 나는 집단원을 기본적으로 존중하고 있다.

4) 집단원이 자신의 목표를 구체화하도록 제대로 도와주고 있다.

5) 집단 내에서 나의 영향력, 방향성, 반응성을 민감하게 검색해서 조율하고 있다.

6) 나는 내담자의 경험을 그의 주관적 입장에서 이해하고 배려하고 있다.

7) 나는 적절하게 모델링(솔직한 반응, 배려하는 직면, 자기노출)을 제공하

---

16. *Group techniques*(3rd ed.)(Corey et al., 2004) pp. 88-89 발췌.

고 있다.

8) 공통의 주제를 찾아 집단원의 활동을 연관지어 주고 있다.

9) 나는 기법들을 타이밍이 맞게 적절하게 사용하고 있다.

10) 나는 이론적 토대에서 기법을 사용하지만, 내 자신의 독특한 스타일로 발전시키는 경향이 있다.

11) 기법 사용에 실수한 경우 이를 수용하고 회복 방안을 모색한다.

12) 나는 집단원의 적극적 참여, 자기노출을 압박하고 있다.

13) 나는 회기를 시작하기 전, 회기에서 성취하고 싶은 것에 대해 잠시 생각한다.

14) 나는 회기가 끝날 때마다 요약과 통합을 위한 시간을 갖고 있다.

15) 나는 공동지도자와 효과적으로 활동하고 있으며, 그렇지 못할 경우 솔직하게 문제를 의논하고 있다.

2 인간관계 탐색하기

1) 나의 도움관계망은?

나에게 가장 지지와 도움을 주는 사람은 누구입니까?"

1차 도움관계망 : 가장 친밀하고 나를 지지해주는 사람

2차 도움관계망 : 아주 친밀하지는 않지만 도움이 되는 사람

나를 어떻게 도와줍니까? 도움과 지지의 내용을 적어보세요.

물질적	
심리적	

2) 나의 갈등관계망은?

평상시 나를 가장 괴롭히고 스트레스를 주는 사람은 누구입니까?

1차 갈등관계망 : 평상시 나를 가장 괴롭히고 속을 썩이는 사람

2차 갈등관계망 : 그다음으로 나를 괴롭히고 피곤하게 하는 사람

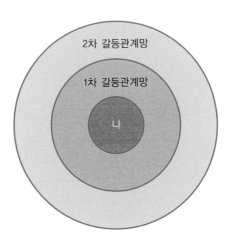

우리 사이 갈등의 원인은 무엇이라고 생각하십니까?

1.

2.

3) 보상과 대가의 공평성은?

나와 가장 친밀하고 지지와 도움을 주는 사람과의 관계를 생각해보세요. 둘 사이에서 보상과 대가의 균형은 어느 정도입니까?

	보상(받은 것)	대가(준 것)
심리적		
물질적		

나와 가장 갈등관계에 있는 사람과의 관계를 생각해보세요. 둘 사이에서 보상과 대가의 균형은 어느 정도입니까?

	보상(받은 것)	대가(준 것)
심리적		
물질적		

4) 역할기대와 수행의 불일치는?

현재 내가 하고 있는 역할은 몇 개나 됩니까? 그 역할의 수행 여부를 '상, 중, 하'로 표시해 주세요.

역할	수행 여부
1.	상 중 하
2.	상 중 하
3.	상 중 하
4.	상 중 하
5.	상 중 하

1차 도움관계망에 있는 사람이 나에게 기대하는 역할과 수행 여부는?

1차 갈등관계망에 있는 사람이 나에게 기대하는 역할과 수행 여부는?

	역할	수행 여부
도움 관계망	1.	상 중 하
	2.	상 중 하
	3.	상 중 하
갈등 관계망	1.	상 중 하
	2.	상 중 하
	3.	상 중 하

5) 나의 마음의 창은?

자기

	앎	모름
앎	이상형 (공적인 자아)	난폭형 (사각지대)
모름	면접자형 (사적인 자아)	거북이형 (무지의 영역)

타인

Johari의 마음의 창

나는 평소 나의 감정과 생각을 어느 정도 표현합니까?(자기표현)

나는 평소 다른 사람의 언어적, 비언어적 표현을 얼마나 경청하고 수용합니까?(경청과 수용) 그 정도를 아래 좌표에 표시하고 점선을 따라 그어보세요.

현재 당신 마음의 창은 어느 창이 가장 큽니까? 마음의 창은 교육과 훈련에 의해 움직일 수 있습니다.

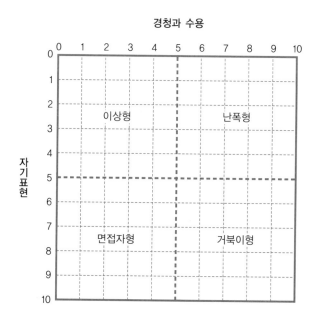

경청과 수용

3 나의 삶 돌아보고 내다보기

1) 인생선 그리기

나의 인생여정을 하나의 선으로 그려보세요. 인생의 전환점, 성취의 절정기, 위기, 실패, 새로운 기회, 성장과 감퇴를 직선 혹은 곡선으로 표시해보세요.

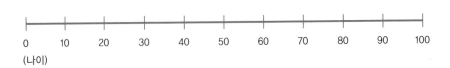

젊은 시절 나의 꿈은?	
인생의 주요 전환점은?	
인생의 절정기는?	
가장 어려웠던 시기는?	
위기경험은? 언제? 그 내용은?	
미래 나의 삶의 전망은?	

2) 삶의 핵심 가치와 목표는?

당신의 삶에서 가장 중요한 것은 무엇입니까?	과거 :
	현재 :
	미래 :
나이 들면서 긍정적으로 변한 것은 무엇입니까?	
나이 들면서 부정적으로 변한 것은 무엇입니까?	
당신의 삶에서 가장 행복한 것은 무엇입니까?	
당신의 삶에서 가장 불행한 것은 무엇입니까?	
당신이 가장 되고 싶은, 희망하는 나는 무엇입니까?	
당신이 가장 되고 싶지 않은, 두려운 나는 무엇입니까?	

3) 나의 라이프 밸런스는?

당신은 아래의 각 삶의 장면에 시간과 에너지를 어느 정도 투여합니까?

과거-현재-미래를 생각해보고 아래의 좌표에 그 정도를 0~10까지 표시해서 점을 연결해보세요. 성인 초기, 중년기, 노년기의 라이프 밸런스가 어떻게 변화하고 있습니까?

[성인 초기]

[중년기]

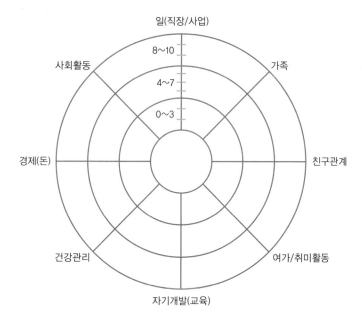

[노년기]

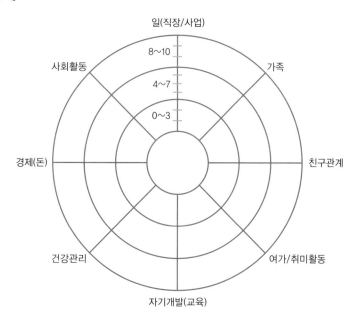

다음 각 문항의 내용이 당신 자신과 얼마나 일치하는지를 '보기' 옆의 자에
1~5점까지 표시해보세요.

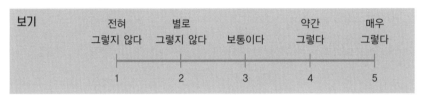

1) 내 인생을 돌아볼 때, 지금까지 살아온 바에 만족한다.

2) 나는 가깝고 친한 사람이 별로 없는 편이다.

3) 다른 사람이 뭐라 해도, 나는 내 생각대로 하는 편이다.

4) 나는 일상생활에서 내가 맡은 책임을 잘 수행하는 편이다.

---

17. 이 척도는 Ryff(1989)가 제작한 심리적 안녕감 척도를 김명소 등(2001)이 한국 성인들에게 실시하여 요인분
석한 결과(45문항)와 그 축소판(18문항)을 안정신 등(2004)이 문항분석한 결과에 근거하여, 김애순과 김범
준(2007)이 24개 문항으로 수정 보완하여 연구용으로 사용한 것이다. 이 연구에서 24개 문항의 신뢰도는
Cronbach'a=.826이었다.

5) 나는 내가 성취하고 싶은 인생의 목표가 있다.

```
     1         2         3         4         5
     ├─────────┼─────────┼─────────┼─────────┤
```

6) 나의 인생은 끊임없이 배우고, 변화하고, 성장하는 과정이었다.

```
     ├─────────┼─────────┼─────────┼─────────┤
```

7) 많은 면에서 내가 성취한 것에 대해 실망을 느낀다.

```
     ├─────────┼─────────┼─────────┼─────────┤
```

8) 나는 남들과 서로 믿고 따뜻한 관계를 유지하고 있다.

```
     ├─────────┼─────────┼─────────┼─────────┤
```

9) 다른 사람의 판단보다는 내 자신의 판단을 중요시 여긴다.

```
     ├─────────┼─────────┼─────────┼─────────┤
```

10) 전반적으로 나는 계획성 있게 사는 편이다.

```
     ├─────────┼─────────┼─────────┼─────────┤
```

11) 나는 장래에 대한 별 생각 없이 하루하루를 살아가고 있다.

```
     ├─────────┼─────────┼─────────┼─────────┤
```

12) 나는 아직 새로운 경험이나 도전하는 것을 좋아한다.

```
     ├─────────┼─────────┼─────────┼─────────┤
```

13) 내 자신에 대해 자부심과 자신감을 갖고 있다.

```
     ├─────────┼─────────┼─────────┼─────────┤
```

14) 나는 가족이나 친구, 동료들과 어울리는 것을 즐긴다.

```
1       2       3       4       5
├───────┼───────┼───────┼───────┤
```

15) 남과 의견이 다를 때면, 내 의사를 분명히 표시하기가 어렵다.

```
├───────┼───────┼───────┼───────┤
```

16) 매일매일 내가 해야 할 일들이 힘겹게 느껴질 때가 많다.

```
├───────┼───────┼───────┼───────┤
```

17) 매일 하는 일들이 사소하고 중요하지 않은 것처럼 느껴진다.

```
├───────┼───────┼───────┼───────┤
```

18) 나는 한 개인으로서 꾸준히 발전해 왔다.

```
├───────┼───────┼───────┼───────┤
```

19) 내 성격이나 태도가 마음에 들지 않는 면이 많다.

```
├───────┼───────┼───────┼───────┤
```

20) 정말 필요할 때 마음을 터놓을 만한 사람이 별로 없다.

```
├───────┼───────┼───────┼───────┤
```

21) 중요한 결정을 할 때, 다른 사람의 영향을 받지 않는 편이다.

```
├───────┼───────┼───────┼───────┤
```

22) 내 생활을 내 마음대로 꾸려 나가기가 쉽지 않다.

```
├───────┼───────┼───────┼───────┤
```

23) 새로운 계획을 세우고 그것을 실천하려고 노력한다.

24) 내 삶을 크게 개선하고 싶은 엄두가 나지 않는다.

척도내용 : 이 척도는 Ryff(1989)가 정의한 심리적 안녕감의 여섯 가지 차원으로 그 하위 요인이 구성되어 있다－자기수용(문항번호 : 1, 7, 13, 19), 긍정적 인간관계(2, 8, 14, 20), 자율성(3, 9, 15, 21), 환경에 대한 통제감(4, 10, 16, 22), 삶의 목적(5, 11, 17, 23), 개인적 성장(6, 12, 18, 24)에 각 4문항씩 총 24문항이다.

평가방법 : 각 문항은 '전혀 그렇지 않다'(1점)에서 '매우 그렇다'(5점)까지 1~5점으로 평가한다. 채점 시 문항번호 2, 7, 11, 15, 16, 17, 19, 20, 22, 24는 점수를 거꾸로 환산해서 채점한다(예 : 1 → 5로). 최하점은 24점, 최고점은 120점이다. 한국 중·노년층(44~76세)을 대상으로 한 김애순과 김범준(2007)의 연구에서 나타난 평균치는 85.2점이었다. 성별로 보면 남성 87.6점, 여성 84.04점이었고, 세대별로 보면 60대 80.88점, 50대 87.12점, 40대 85.68점이었다. 이 척도는 진단용은 아니나, 상담 초기와 종결 시 심리적 안녕감의 차이를 비교해봄으로써 상담효과를 가늠해볼 수 있을 것이다.

5 연습문제 해답

[연습문제 4.1] 정서 감정과 생각 읽기

2. 1) 무기력한, 좌절, 절망적인, 포기

   2) 불안, 걱정, 예감이 좋지 않은, 두려운

   3) 지루함, 권태, 무료함

3. 1) 정서 감정 : 섭섭함, 불화에 대한 두려움, 주저, 망설임

   사고내용 : 자식들에게 섭섭한 마음이 있지만, 그것을 내색했다가 오

히려 역효과가 날까봐 주저하고 있다.

2) 정서 감정 : 황당함, 죄책감, 걱정, 난감함

사고내용 : 며느리의 팔이 부러진 황당한 사고가 마치 자신이 심부름을 보내서 생긴 것 같아 죄책감이 들고 몹시 난감하다.

3) 정서 감정 : 부끄러움, 자격지심, 이목에 대한 두려움

사고내용 : 본인이 저지른 실수 때문에 남의 이목이 두려워 복지관에 나갈 수 없을 것 같다.

4) 정서 감정 : 자신감 없음, 주저함

사고내용 : 나이가 들어서 무언가를 배운다는 것이 어렵다는 생각이 든다. 전에 교육받은 경험도 없어서 더욱 자신감이 없고 주저된다.

5) 정서 감정 : 어처구니 없음, 섭섭함, 분노, 괘씸함, 배신감, 허탈함

사고내용 : 아들 내외의 행동(시가에 들르지 않고 처갓집에 가서 명절을 보냄)이 상식 밖의 철없는 행동이라고 생각되어 어처구니가 없고 몹시 분하다. 아들한테 배신당한 것 같아 괘씸하기도 하고 허탈하다.

[연습문제 4.2] 방어기제 식별하기

1) 방어기제 : 전위, 자기정당화

참된 감정과 내용 : 남편에 대한 분노를 엉뚱하게 자식들에게 쏟아붓고 나니 어쩐지 미안하고 속이 편치가 않다.

2) 방어기제 : 투사

참된 감정과 내용 : 그동안 남편과 잘 지내보려고 노력했지만 뜻대로 되지 않은 듯하다.

3) 방어기제 : 부정

참된 감정과 내용 : 관절염이라는 사실을 믿고 싶지가 않다. 하지만 혹시

나 하는 불안 때문에 정밀검사를 더 해보고 싶다.

[연습문제 4.3] 반영적 경청하기

1. 1) 오래 기다리셔서 몹시 화가 나셨군요!

   2) 내가 연락도 없이 너무 늦게 들어와서 걱정도 되고 화가 많이 났군요!

   3) 다른 분들이 어르신을 소외시키는 것 같아 기분이 언짢으시군요. 다른 반으로 옮기고 싶으세요?

   4) 남편이 퇴직하시고 계속 집에 계시니 몹시 답답하신가 봐요?

   5) 집에 계시기가 거북해서 복지관을 찾아오시긴 했는데, 여기서 무엇을 할 수 있을지 궁금하시군요.

[연습문제 4.4] 공감적 이해 3수준 반응하기

1. 1) 기본, 인습, 심층

   2) 인습, 기본, 심층

2. 1) 인습적 수준 : 할머니 왜 자꾸 그런 생각을 하세요. 자식들이 그 정도라도 돌보아주니 다행으로 생각하세요.

   기본적 수준 : 늙어서 몸이 아프면 다들 서글프기 마련이지요.

   심층적 수준 : 몸이 아파 자식들 도움을 받다 보면 눈치도 보이고, 쓸모 없이 너무 오래 사는 것 같아 짐이 된다는 생각이 들고 서글퍼지지요.

   2) 인습적 수준 : 어떤 할아버지세요? 몇 번이나 만나셨는데요? 너무 자주 만나면 곤란하지요.

   기본적 수준 : 할머니, 자제분들 말에 몹시 섭섭하셨군요!

   심층적 수준 : 할아버지 몇 번 만난 걸 가지고 자제분들이 너무 심한 말을 하셔서 속이 싱하셨군요. 나이 든 사람이 남자친구를 사귀면 색

안경을 끼고 보는 것이 몹시 못마땅하고 섭섭하시군요.

3) 인습적 수준 : 자제분들이 바빠서 그러겠지요. 할머니 도움 없이도 잘 살아가는 것을 오히려 다행으로 생각하셔야죠.

기본적 수준 : 할머니, 자식들이 불러주지 않아서 무척이나 섭섭하셨 군요.

심층적 수준 : 자식들이 이제 더 이상 할머니를 필요로 하는 것 같지 않아 마치 쓸모없는 존재가 된 것 같은 느낌이 드셨군요. 어딘가 정을 주고 마음을 붙일 곳을 찾고 계시네요?

4) 인습적 수준 : 여자들이 나이가 들면 다들 그래요. 그런 줄 알고 참고 사셔야죠.

기본적 수준 : 부인께서 너무 여행을 자주 다니시는군요. 혼자서 상당 히 외로우시겠어요?

심층적 수준 : 부인께서 가정 살림은 뒷전으로 하고 뒤늦게 너무 자유 분방한 생활을 하시는 통에 요즘 상당히 힘드시군요. 아내가 그동 안 노고를 인정해주고 함께 노후를 즐겼으면 하는데 말입니다.

5) 인습적 수준 : 나이 들면 다 그런 것 가지고 뭘 그러세요! 걱정이 지나 치시군요.

기본적 수준 : 그렇게 기억력이 없으세요? 실수가 많으셨어요?

심층적 수준 : 요즘 건망증이 부쩍 심해지셨나 보군요. 메모를 해두 어도 그것을 점검하는 걸 잊어버리니 실수할까봐 불안하기도 하고요. 혹시 치매 아닌가 확인하고 싶으신 거지요?

[연습문제 4.5] 무조건적 존중 3수준 반응하기

1. 1) 인습, 기본, 심층

2) 기본, 인습, 심층

3) 기본, 심층, 인습

2. 1) 인습적 수준 : 이제 젊은 사람들에게 맡겨두셔야죠. 늙은이들이 무슨 도움이 되겠어요.

기본적 수준 : 자제분들이 부모님과 의논을 잘 안 하나 보지요? 그래도 집안 어르신인데 말입니다.

심층적 수준 : 오랜 경륜과 노하우를 갖고 계신 집안 어르신인데, 매사를 의논하면 조언도 해 주고 많은 도움이 될 텐데 자녀분들이 일처리를 마음대로 해버려서 괘씸한 생각이 드셨군요.

2) 인습적 수준 : 다 팔자소관이지요. 능력이 없으면 할 수 없는 거 아니겠어요?

기본적 수준 : 나이 들면 모든 것이 평준화된다고 하지 않습니까? 지금 모습만으로도 좋아 보이시는데요.

심층적 수준 : 가족들 무탈하고, 건강한 모습으로 친구들 만날 수 있는 것만도 성공적으로 사신 것 같은데요. 어르신이 그만큼 가정과 자기관리를 성실하게 하신 결실 아니겠어요?

3) 인습적 수준 : 지금 그 나이에 무얼 하시려고요. 그냥 편히 쉬세요.

기본적 수준 : 초라해 보이긴요. 자식들 별 탈 없이 키운 것만도 인생의 반은 성공하신 것 아니겠어요?

심층적 수준 : 자식들 다 키운 후에 새로운 생활을 찾기 위해 의욕을 보이시는 것만도 대단한 것이지요. 뜻이 있는 곳에 길이 있다고, 아마도 열심히 노력하면 좋은 일거리를 찾으실 수 있을 것 같은데요.

4) 인습적 수준 : 나이 들었다고 다 그러나요? 능력 있는 분들도 얼마나 많은데요.

기본적 수준 : 나이 들면 아무래도 실수가 늘기 마련이죠. 그렇지만 아직 능력이 있으시잖아요.

심층적 수준 : 몇 번 실수에 아주 민감하신 것을 보면 그동안 아주 완벽하게 일을 해 오신 것 같네요. 비록 나이 들어 실수가 잦더라도, 젊은이 못지않은 경륜과 노하우를 갖고 계시잖아요.

5) 인습적 수준 : 당연한 처사지요. 누가 능력 있는 젊은이를 쓰지 나이 든 사람을 쓰겠어요.

기본적 수준 : 그 연세에 보조강사로 취업할 수 있는 것만도 대단하시네요.

심층적 수준 : 평생 컴퓨터 전문가로 활동하셨고 재교육도 받아서 젊은이 못지않게 잘 해내실텐데, 연령차별을 받는 것 같아 기분이 몹시 상하셨군요.

[연습문제 4.6] 솔직성 3수준 반응하기

1. 1) 심층, 기본, 인습

   2) 기본, 인습, 심층

   3) 인습, 심층, 기본

   4) 인습, 기본, 심층

   5) 기본, 심층, 인습

2. 1) 인습적 수준 : 원래 둘째 아이들이 샘이 많고 불평불만이 많지요.

   기본적 수준 : 보통 첫아이에게 정이 많잖아요. 그래서 은연중에 관심이 더 갈 수도 있겠지요.

   심층적 수준 : 어머님 속마음은 똑같았을지 몰라도, 큰 아드님과 둘째 아드님에게 사랑을 베푸신 태도에 조금 차이가 있었던 것처럼 느껴지

는군요.

2) 인습적 수준 : 많이 참고 사셨네요. 그렇게 참기만 하니까 그런 말을 듣지요.

기본적 수준 : 속상해도 전혀 내색을 하지 않으셨다니 놀랍군요. 아무래도 겉으로 좀 나타날 텐데⋯ 전혀 반응이 없어도 조금 답답하긴 하지요.

심층적 수준 : 많이 참고 사시면서 실제 생각이나 감정을 솔직히 드러내지 않으려고 애쓰셨던 것 같군요. 말로는 표현하지 않았지만, 평소 얼굴표정, 제스처에 불만이 배어 있지 않았었나 하는 생각이 드는군요.

3) 인습적 수준 : 할아버지 아주 로맨틱하시네요.

기본적 수준 : 할머니는 그냥 친구로 생각하시는데, 할아버지가 좀 오버하신 것 같네요!

심층적 수준 : 할아버지가 할머니의 순수한 감정을 이해하지 못하시고, 너무 성급하게 성적인 접근을 하고 계신다는 생각이 드네요.

[연습문제 4.7] 명료화하기

1) 사람들 앞에 서 있기가 두렵다고 하셨는데, 사람들 앞에 서 있을 때면 주로 어떤 느낌과 생각이 드십니까?

2) 실낱처럼 나를 지탱해 준 것이 있었다고 하셨는데, 그것이 무엇이었는지 구체적으로 말씀해 주실 수 있습니까?

3) 남은 인생을 자유롭게 살고 싶다고 하셨는데, 현재와는 어떻게 다른 삶을 기대하시는지 듣고 싶군요.

[연습문제 4.8] 직면시키기

1) 나이가 들어 외롭고 친구가 필요하다고 하시면서도, 실제로 친구들이 부

르면 어울리기가 싫다고 하시는군요. 특별한 이유라도 있습니까?

2) 약에 진저리가 나셨다고 하시면서도, 아직 좋다는 약을 자식들이 안 사
주면 섭섭하신가 봐요?

3) 부부 사이가 아주 심각한데, 개의치도 않고 담담하시다고 하니, 언뜻 이
해가 가지 않는군요.

[연습문제 4.9] 해석하기

1) 노후자금을 따님 유학비용으로 모두 써버리고 계시니 노후에 대한 불안
감이 있으시군요. 그럼에도 따님 어린 시절에 충분히 재능을 키워주지
못한 죄책감 때문에 어쩔 수가 없다고 생각하고 계시고요.

2) 나이 든 사람들만 어울려 살면 어둡고 우울해질 터이니, 가능하면 젊은
이들과 어울려 살아야 생기도 나고 건강하게 살 수 있다고 생각하시는군
요. 그러나 동년배들과 어울려 사는 데도 좋은 점이 많지요.

3) 대학을 못 나오신 것 때문에 항상 학력에 대해 자신감이 없으시군요. 그
래서 여러 사람 앞에서 그것이 드러날까 봐 신경이 쓰이고 긴장되는군요.
생활수준의 차이에서 오는 위화감도 있고요. 그러나 학력이나 생활수준
이 그 사람의 교양수준이나 가치를 결정짓는 것은 아니지요. 요즈음은
사회교육기관을 통해 다양한 평생교육프로그램이 제공되고 있어서 누구
나 평생 자신을 개발하고 발전시킬 수가 있습니다.

[연습문제 4.10] 자아개방하기

1) 저도 휴가 때 남편과 집에만 있다 보면 그런 생각이 날 때가 있지요. 지
난 가을엔 말없이 새벽에 산악회 버스를 타고 훌쩍 떠난 적이 있었어요.
갔다 오니 마음이 홀가분해지더군요.

2) 나이가 찬 자식들이 아직 미혼이니 참 답답하시겠습니다. 저도 자식이 둘인데, 아직 혼인을 안 하고 있지요. 그 심정 충분히 이해가 갑니다. 하지만 요즈음 젊은이들의 삶은 우리와 달라서 꼭 혼인해야 할 적기가 있다고 생각하지는 않는 것 같아요. 저는 스스로 자신의 삶을 계획해서 꾸려 나가도록 관망하고 있습니다. 그러니 마음이 덜 조급해지더군요.

[연습문제 4.11] 질문하기
1) "복지관에 나오시니 기분이 어떠세요?"
2) "며느님과 무슨 일로 다투셨는지 궁금하군요."
3) "아드님과 함께 사시는 걸 며느님은 어떻게 생각하나요?"

[연습문제 4.12] 즉시성
1) "연세가 많으신 분이 젊은이한테 뭔가를 말한다는 것이 쉽지는 않겠지요?" 혹은 "연세 때문에 젊은이에게 뭔가를 터놓기가 주저되시는군요."
2) "우리 서로 너무 눈치를 보고 있는 것 같군요."

김명소, 김혜원, 차경호(2001). 심리적 안녕감의 구성개념 분석: 한국 성인 남녀를 대상으로. 한국심리학회지 사회 및 성격, 15(2), 19-39.

김애순(1987). 성인기 연령증가와 상황평가에 따른 대처행동양식의 차이. 연세대학교 대학원 석사학위논문.

김애순 역(1996). 남자가 겪는 인생의 사계절(D. Levinson 등 저, *The seasons of a man's life*, 1978). 서울: 이화여자대학교 출판부.

김애순(2012). 장·노년 심리학. 서울: 시그마프레스.

김애순, 김범준(2007). 중·노년기 라이프 밸런스와 심리적 안녕감. 한국발달심리학회 2007 학술대회 및 심포지엄: 행복을 향한 삶의 여정—전 생애적 관점. 서울: 한국심리학회 산하 한국발달심리학회.

김정석, 김익기(2000). 세대 간 지원교환의 형태와 노인들의 생활만족도. 한국노년학, 20(2), 155-168.

김태현, 김동배, 김미혜, 이영진, 김애순(1998). 노년기 삶의 질 향상에 관한 연구(1). 한국노년학, 18(1).

안정신, 한경혜, 차승은(2004). 한국 중년 성인의 심리적 복지감 척도 구조와 척도 개발. 서울대학교 생활과학연구소 연구비 지원 보고서.

이규태(1986). 이규태 코너. 서울 : 조선일보사 판매국.

이은경, 이지연 역(2006). 집단상담의 실제: 진행과 도전(G. Corey, M. Corey, & R. Haynes 저, *Group in action: Evolution and challenges*). 서울: 시그마프레스.

이임순, 이은영, 임선아 역(2003). 행동수정(G. Martin & J. Pear 저, *Behavior modification*, 2003). 서울: 학지사.

이장호(2004). 상담 심리학(3판). 서울: 박영사.

주영숙 역(1988). 노년을 즐기는 지혜(B. F. Skinner 저, *Enjoy old age-Living fully in your later years*, 1983). 서울: 배영사.

Allan, G.(1986). Friendship and care for elderly people. *Aging and Society*, *6*, 1-12.

Baltes, P. B., & Baltes, M. M.(Ed.)(1990). *Successful aging: Perspectives from the behavior sciences*. Cambridge: Cambridge University Press.

Belsky, J. K.(1999). *The psychology of aging(3rd ed.)*. Pacific Grove, CA: Brooks/Cole.

Bowlby, J.(1980). *Attachment and loss, Vol. 3*. London: Hogarth.

Butler, R. N.(1974). Successful aging. *Mental Health, 58(3)*, 7-12.

Carstensen, L. L.(1992). Evidence for a life-span theory of socioemotional selectivity. *Psychological Science, 4(5)*, 151-156.

Corey. G.(2004). *Theory & practice of group counseling*. Belmont, CA: Brooks/Cole-Thomson Learning.

Corey, G., Corey, M. S., Callanan, P., & Russell, J. M.(2004). *Group techniques(3rd ed.)*. Pacific Grove, CA: Brooks/Cole-Thomson Learning.

Costa, P. T. Jr., & McCrae, R. R.(1994). Set in plaster? Evidence for the stability of adult personality. In T. F. Heatherton & T. L. Weinberger(Eds.), *Can personality change?(pp. 21-40)*. Washington, DC: American Psychological Association.

Costa, P. T. Jr., & McCrae, R. R.(1996). Mood and personality in adulthood. In C. Maggai & S. H. McFadden(Eds.), *Handbook of emotion, adult development, and aging*. San diego: Academic Press.

Dougherty, L. M., Abe, J. A., & Izard, C. E.(1996). Differential emotions theory and emotional development in adulthood and later life. In C. Maggai & S. H. McFadden(Eds.), *Handbook of emotion, adult development, and aging*. San diego: Academic Press.

Erikson, E. H.(1963). *Childhood and society*. NY: W. W. Norton & Company, INC.

Folkman, S., & Lazarus, R. S.(1980). An analysis of coping in a middle aged community sample. *Journal of Health and Social Behavior, 21*, 219-239.

George, R., & Cristiani, T. S.(1981). *Theory, methods, and processes of counseling and psychotherapy*. Englewood Cliffs, N. J. : Prentice-Hall.

Gutmann, D. L.(1967). Aging among the Highland Maya a comparative study. *Journal of Personality and Social Psychology, 7*, 28-35.

Jung, C. G.(1954). *The development of personality*. New York: Pantheon.

Labouvie-Vief, G.(1996). Emotion, thought, and gender. In C. Maggai & S. H. McFadden(Eds.). *Handbook of emotion, adult development, and aging*. San diego: Academic Press.

Levenson, R. W., Carstensen, L. L., & Gottman, J. M.(1993). Long-term marriage: Age, gender, and satisfaction. *Psychology and Aging, 8,* 301-313.

Nydegger, C. N.(1991). The development of parental and filial maturity. In K. Pillemer & K. McCartney(Eds.), *Parent-child relationships throughout life(pp. 93-110).* hillsdale, NJ: Erlbaum.

Rogers, C. R.(1961). *On becoming a person: A therapist's view of psychology.* Boston: Houghton Mifflin.

Ryff, C. D.(1989). Happiness is everything, or is it? Explorations on the meaning of psychological wellbeing. *Journal of Personality and Social Psychology, 57(6).*

Troll, L. E., & Fingerman, K. L.(1996). Connections between parents and their adult children. In C. Maggai & S. H. McFadden(Eds.), *Handbook of emotion, adult development, and aging(pp. 185-200).* San diego: Academic Press.

Woodruff-Pak, D. S.(1997). *The neuropsychology of aging.* Malden, MA: Blackwell Publishers Ltd.

Wright, P. H.(1989). Gender differences in adults'same and cross-gender friendships. In R. G. Adams & R. Blieszner(Eds.), *Older adult friendship(pp. 197-221).* Newbery park: Sage publication.

Wubbolding, R. E.(2000). *Reality therapy for the 21st century.* Philadelphia, PA: Brunner-Routledge(Taylor & Francis).

찾아보기

저자 소개

김애순(金愛順)

연세대학교 대학원 심리학과에서 석사학위(M.A.)와 박사학위(Ph.D.)를 받았다. 연세대학교 심리학과 인간행동연구소 전문연구원으로 활동했으며, 지난 30여 년 동안 연세대학교 심리학과에서 청년 심리학, 장·노년 심리학에 대한 강의를 해 왔다. 현재도 여러 사회 및 보건복지대학원에서 장·노년 심리 및 장·노년 상담을 강의하고 있다.

주요 저서로는 『성인발달과 생애설계』, 『장·노년 심리학』, 『청년기 갈등과 자기이해』, 『혼돈의 20대, 자신을 말하다』가 있으며, 주요 역서로는 『남자가 겪는 인생의 사계절』, 『여자가 겪는 인생의 사계절』이 있다. 주요 논문으로는 성인기의 대처양식, 중년기 위기감, 은퇴 후 심리사회적 영향, 노년기 삶의 질 향상, 장·노년기의 친구관계 등이 있다.

삽화 장근영

연세대학교 대학원 심리학 박사

한국청소년 정책연구원 연구위원